Lichtsekunden
Dominikanische Predigten
zum Lesejahr B

Rudolf Stertenbrink (Hrsg.)

Lichtsekunden

Dominikanische Predigten
zum Lesejahr B

Herder
Freiburg · Basel · Wien

Umschlagbild: Regenbogen II

Herstellung: Freiburger Graphische Betriebe 1993
ISBN 3-451-23233-2

Vorwort

Gott kennt viele Wege zum Menschen. Zuweilen bedient er sich irgendeines äußeren Ereignisses, um einen Lichtstrahl in unsere augenblickliche Lebenssituation zu werfen. Vielleicht lesen wir ein Buch, hören eine Musik, betrachten ein Gemälde, vertiefen uns in ein Gebet, oder wir hören eine Predigt. Dabei kann es geschehen, daß uns völlig unerwartet in Sekundenschnelle ein bislang verborgener Sinn hell aufleuchtet. Wir fühlen uns tief und nachhaltig ergriffen. Wer hätte so etwas noch nicht erlebt?

In seinem Roman „Doktor Schiwago" schildert Boris Pasternak eine Szene, in der die unglückliche und schuldbeladene Lara eine Kirche betrat, um zu beten, obwohl sie weder fromm noch besonders gläubig war. Den inneren Zustand dieser jungen Frau offenbart der Hinweis: „Sie glaubte, die Erde müsse sich unter ihren Füßen auftun und das Gewölbe des Kirchenschiffes über ihr zusammenbrechen. Sie meinte, sie hätte nichts Besseres verdient, und dann sei wenigstens alles zu Ende." Sie war gerade zu Beginn des Gottesdienstes gekommen. Die Kirche war halbleer. Vorne wurden die neun Seligpreisungen vorgelesen: „Selig sind die geistlich Armen ... Selig sind die Leidtragenden ... Selig sind, die da hungern und dürsten nach Gerechtigkeit ..." Lara fuhr zusammen. Sie erkannte, daß man von ihr sprach und daß sie gemeint war. Sie hatte den Eindruck, diese Worte seien einzig und allein für sie gesprochen worden. „Er hatte gesagt: Selig sind die Leidtragenden, die Schwachen und Unterdrückten. Sie haben der Welt etwas Besonderes zu sagen, ihnen gehört die Zukunft. Das also hatte Er gedacht. Das war Seine Meinung. Das hatte Christus gelehrt."

Hier wird deutlich, wie der Titel dieses Buches zu verstehen ist. „Lichtsekunden" bezeichnen jene kurzen Augenblicke, in denen plötzlich das Licht des Himmels in die Tiefe unserer Seele fällt und uns ganz neue Augen schenkt. In der Heiligen Schrift ist von solchen „Lichtsekunden“ öfters die Rede. Man denke an die Öffnung des Himmels bei der Taufe Jesu am Jordan (Mk 1,9–11) oder an seine Verklärung auf dem Berg Tabor (Mk 9,2–10), an die Begegnung der beiden Jünger mit dem Auferstandenen auf dem Weg nach Emmaus (Lk 24,13–35) oder an das Lichterlebnis des Saulus vor Damaskus (Apg 9,1–9). Die Geschichte der Kirche zeigt, daß sich solche „Lichtsekunden“ immer und überall wiederholen können – auch in unserem Leben. Daher ist es unser Wunsch, daß sich der Himmel der vorliegenden „Predigten zum Lesejahr B“ immer wieder bedient, um die Leser und Hörer solche „Lichtsekunden“ erleben zu lassen, damit sie „der Welt etwas Besonderes zu sagen haben“.

Rudolf Stertenbrink OP

Inhalt

Wie man mit Briefen umgehen kann

Ich danke Gott jederzeit euretwegen.
Ihr seid an allem reich geworden.
1 Kor 1,4.5

Was tut sich in Ihnen, wenn Sie Ihre Post durchsehen? Man kann es beobachten: Die Leute gucken anders als vorher. Schon das schnelle Lesen von Absendern hat verwandelnde Kraft. Bei mir sehen die nächsten Minuten etwa so aus: In Ruhe lese ich zunächst einmal die mehr persönlichen Briefe. Darauf folgen die eher dienstlichen. Dann kommen die Drucksachen. Sie werden mehr oder weniger schnell dem Papierkorb oder der Ablage zugeführt. Zum Schluß nehme ich die persönlicheren Briefe noch einmal in die Hand. Ehe ich sie beantworte, werde ich sie sicher ein weiteres Mal lesen. Manchen Brief, der mir besonders wertvoll erscheint, bewahre ich auf.

Wenn ich später etwas Zeit finde, schaue ich gern erneut in einen Brief aus längst vergangenen Jahren. Über manches lächle ich dann. Bei anderem werde ich vielleicht traurig, wenn ich bedenke, was aus dem Schreiber geworden ist. Dieses oder jenes erscheint mir in einem völlig neuen Licht. Manches mag bedeutungslos geworden sein. Wie auch immer: Alte Briefe, neu gelesen, können sich als aktuell, spannend und weiterführend erweisen. Anders als Telefonate können sie den Augenblick überdauern und zeitübergreifende Bedeutung gewinnen.

Es mag sich merkwürdig anhören, wenn ich nun sage: Genauer als sonstwo läßt sich beim Gottesdienst bestimmen, wann die „Post“ kommt. Denn mit nahezu unüberbietbarer Regelmäßigkeit hören wir hier: „Lesung aus dem Brief des …“ Um welche Art von „Post“ geht es da? Ist sie dienstlich? Post also, die mehr Arbeit als Freude macht? Oder gehört diese Post zu den Drucksachen, die sich, bei allem Bemühen ansprechend und attraktiv zu sein, vor allem durch Langeweile auszeichnen? Ist es Post, bei der wir schon beim flüchtigen Lesen oder Hören des Absenders unseren Gesichtsausdruck verändern? Oder ist es persönlichere Post, bei der das Herz etwas schneller schlägt?

Auch heute, zum Beginn der Adventszeit, haben wir Post bekommen. Genauer gesagt, wir haben einen alten Brief zur Hand genommen und ihn vorgelesen. Es ist der erste uns erhaltene Brief des Apostels Paulus an die Gemeinde in Korinth; ein ziemlich langer Brief. Aber es gab auch einiges in dieser Gemeinde, wozu Paulus etwas sagen wollte. Ausdrücklich hebt er hervor: Zank und Streit, Eifersucht und Wichtigtuerei, rücksichtsloses kapitalistisches Gebaren, sexuelle Ausschweifungen, Raub und schweren Diebstahl – gottloses Verhalten in jeder Hinsicht.

Wir können uns leicht ausmalen, wie die Christen in Korinth bei solchen Gelegenheiten übereinander gesprochen haben, wie sie miteinander umgegangen sind, was sie voneinander gehalten haben. Wir können es uns deshalb leicht ausmalen, weil wir nur darauf zu schauen brauchen, wie wir miteinander umgehen, wenn sich jemand eine kleine Blöße gegeben hat oder wenn ihm etwas mißglückt ist, vor allem aber wenn es wirklich Grund zur Aufregung gibt, wenn jemand kommunistisch, sozialistisch oder wie auch immer angehaucht ist, wenn jemand im Gefängnis gesessen hat, wenn er das Pech hat, Ausländer, Asylant, Penner oder sonst so etwas zu sein. An sie alle, an uns alle, wie an die Korinther, richtet Paulus seine Post. Und so fängt sein Brief an: „Ich danke Gott jederzeit euretwegen. Ihr seid an allem reich geworden."

Was Paulus hier schreibt, ist verblüffend. Noch verblüffender wird es, wenn man den Brief von Anfang an liest. Da spricht Paulus all die kleinen und großen Gauner, die wirklich Frommen und die, die sich für fromm halten, gleichermaßen als Heilige an, mit denen Gottes Gnade und Friede ist.

Wer dies nicht wie eine Drucksache oder wie Geschäftspost liest, sondern wie einen ganz persönlichen Brief, der spürt etwas von dem Zündstoff, der in diesen Worten liegt. Machen Sie doch einmal die Probe aufs Exempel: Stellen Sie sich jemanden vor, mit dem Sie seit langem Krach haben, jemanden, der Sie schwer beleidigte oder kränkte, jemanden, der Sie übers Ohr haute, Böses und Nachteiliges von Ihnen erzählte, jemanden, der eine völlig andere religiöse, politische, künstlerische oder sonstige Ansicht vertritt, kurz, einen, dessen Existenz oder Verhalten Sie selbst erheblich belastet, oder einen, den Sie aus irgendeinem Grund verachten. Haben Sie jemanden? – Und jetzt sprechen Sie in Gedanken langsam und mit dem Versuch, ehrlich zu sein, den Satz: „Ich danke Gott seinetwegen jederzeit. Er ist mit Gnadengaben reich beschenkt."

Von unseren alltäglichen Erfahrungen her legt es sich nahe, Paulus und diesen seinen Brief für verrückt zu erklären. Doch das sollten wir nicht überstürzt tun. Vielmehr sollten wir uns fragen: Wie konnte Paulus überhaupt auf eine solche Idee kommen?

Seine Sicht sieht so aus: Um den Menschen ist es grundsätzlich nicht besonders gut bestellt. Seine vielfältigen, vor allem seine moralischen Schwächen sind nicht zu übersehen. Auch Gott hat sie nicht übersehen. Deshalb wird er in Jesus Christus Mensch. Auf diese Weise bindet er sich untrennbar an die Menschheit und an jeden einzelnen Menschen und diesen wiederum an sich. Dieses Geschenk wird dem Menschen nur im Glauben zuteil und führt ihn so zu seinem Glück und Heil. Aber selbst da, wo dieses Geschenk nicht angenommen wird, zieht es Gott nicht zurück; denn auch der Mensch, der sich gottlos nennt, wird Gott nicht los. Auch wer Gott aufgibt, wird von Gott nicht aufgegeben. Nur schwer, wenn überhaupt, kann jemand so tief fallen, daß er aus der Liebe Gottes herausfällt. Davon ist Paulus zutiefst überzeugt. Das ist der Kern seines Christentums.

Was ist also mit diesem verrückten Brief? Wo gehört er hin: in den Papierkorb oder in die Ablage? „Wenn ich etwas Zeit und Ruhe finde, nehme ich gern einen alten Brief in die Hand. Über manches lächle ich dann. Manches erweist sich aber auch als aktuell, spannend, weiterführend." Könnte die Adventszeit nicht auch für Sie eine Zeit sein, in der Sie einen alten Brief zur Hand nehmen? Vielleicht sogar diesen, den Paulus eigentlich an die Christen in Korinth geschrieben hat? Wenn er Ihnen zu lang ist, dann habe ich einen Tip für Sie. Lesen Sie einfach nur das 13. Kapitel.

Manuel Merten OP

2. Adventssonntag: Mk 1,1–8

Was hat die Leute an diesem Exoten fasziniert?

Johannes trat in der Wüste auf
und verkündigte Umkehr und Taufe zur Vergebung der Sünden.
Ganz Judäa und alle Einwohner Jerusalems
zogen zu ihm hinaus.
Mk 1,4.5

Was ist das für eine seltsame Gestalt, dieser Johannes der Täufer? Ist er nicht ein wirklicher Sonderling? Ausgerechnet dieser Mann wird uns als ein adventlicher Mensch vor Augen gestellt. Daher ist es gut, diesem sonderbaren Propheten ein wenig nachzuspüren.

Zunächst: Johannes war ein Mann mit einem unmöglichen Aufenthaltsort. Haben Sie schon einmal darüber nachgedacht, was es heißt, in der Wüste zu leben, in einem Gebiet, in dem die Tagestemperaturen oft auf fünfzig Grad ansteigen, natürlich im Schatten? Aber was nützt es, wenn wir den Hinweis „im Schatten" hinzufügen, da es gar keinen Schatten gibt, in dem man sich vor der glühenden Sonne verbergen kann? Wenn man noch keinen Stich hat, dann bekommt man ihn spätestens nach einer halben Stunde: einen Sonnenstich. Hinzu kommt ein krasser Temperatursturz bis an den Gefrierpunkt in der Nacht. Das jüdische Bergland ist eine besonders gefürchtete Wüste, mit einem unpassierbaren Steilabfall zum Jordantal hin.

Wie kann man eine solch unwirtliche Gegend zu seinem Aufenthaltsort machen? Wie kann man einen solchen Ort wählen, um als Prediger aufzutreten? Wer das tut, kann nicht ganz normal sein. Johannes hätte besser daran getan, in Jerusalem aufzutreten. Dort hätte er ein großes Publikum gehabt; denn nach Jerusalem pilgerten alle Juden.

Hinzu kommt: Johannes war ein Mann mit unmöglicher Kleidung. Er trug kein wallendes Gewand, wie es damals üblich war, sondern ein Kleid aus Kamelhaar mit einem Ledergürtel. Damit Sie keine falsche Vorstellung bekommen: Das war kein flauschigweicher Kamelhaarmantel. Das Gewand, das Johannes trug, war vielmehr unbearbeitet. Somit war es der Gipfel dessen, was sticht und kratzt. Die Bekleidung des Johannes war so luxuriös wie der Sack, in den sich Franz von Assisi kleidete.

Schließlich: Johannes war ein Mann mit einer unmöglichen Ernährung. Das verdeutlicht sich, wenn wir betrachten, was er täglich aß. Das war alles andere als eine gesunde, ausgeglichene, ökologische Kost. Sein Müsli war nicht besonders einfallsreich. Es bestand aus Heuschrecken und wildem Honig. Das zeigt: Johannes ernährte sich von dem, was er an Eßbarem in der Wüste fand.

Was faszinierte die damaligen jüdischen Normalbürger eigentlich an diesem Mann, so daß sie in großen Scharen in die Wüste zogen? Ohne Auto oder Bus mit Aircondition! Vielmehr nahmen sie die Mühe eines anstrengenden Mehrtagemarsches auf sich, um Johannes zu sehen, ihn predigen zu hören, ihre Sünden zu bekennen und sich taufen zu lassen. Und dabei ging dieser Gottesmann mit ihnen keineswegs zimperlich um. „Ihr Schlangenbrut!" So beschimpfte er sie. Seine Zuhörer reagierten nicht einmal sauer. Und sie schrien auch nicht zurück: „Was fällt dir ein!"

Wie würden Sie sich verhalten, wenn ich Ihnen sagen würde: „Ihr Schlangenbrut, wer hat euch gesagt, daß ihr dem kommenden Gericht davonlaufen könnt?" Wahrscheinlich würden Sie das als den Inbegriff aller Unverschämtheit ansehen und sagen: „Haben wir es nötig, uns so beschimpfen zu lassen?" Und selbst wenn Sie meine Rede noch hinnehmen würden, weil Sie entschuldigen, daß ich eine unglückliche Formulierung wählte und es gewiß nicht so meinte, würden Sie es fertigbringen und sagen: „Er hat recht! Mit meinem Leben kann ich nicht vor Gott bestehen. Ich muß umkehren und Buße tun“? Würden Sie sich aufraffen und scharenweise in den Beichtstuhl kommen, um Ihr sündiges Leben zu bekennen? Ich würde mich freuen, wenn das geschehen würde. Aber wahrscheinlich geschieht es nicht.

Zurück zur Frage: Was hat die Menschen an diesem Exoten Johannes so fasziniert? War es die Sehnsucht des Menschen nach Sensation, nach etwas, das nicht so gewöhnlich und alltäglich ist wie das, was man Tag für Tag erlebt? Wie der Ehepartner, der einem schon längst langweilig geworden ist, wie die Kollegen, deren Sprüche man vorwärts und rückwärts kennt, wie die Pfarrer, deren lebensfremdes Zeug man Sonntag für Sonntag hören kann?

Was die Menschen faszinierte, war das Gespür: Dieser Mann redet nicht nur, sondern er lebt, was er predigt. Hier sehe ich ein großes Problem; denn als Prediger bleiben wir immer hinter unserem Wort zurück. Oft genug erfahre ich es als sehr schmerzlich, daß fast alles, was ich Ihnen sage, zunächst einmal mir selbst gilt. Bevor Sie meine Predigt hören, habe ich sie mir schon mehrmals selbst anhören müssen. Wir stehen also nicht auf zwei Seiten: Sie dort und ich hier. Vielmehr stehen wir gemeinsam unter dem, was Gott durch sein Wort immer wieder zu uns spricht.

Aber da ist noch etwas anderes: Was Johannes den Menschen sagte, hatte er sich nicht selbst ausgedacht, sondern der Geist Gottes hatte es in ihm bewirkt. Es gibt ja genügend Leute, die alle möglichen Botschaften haben, die alle möglichen Weltverbesserungsvorschläge predigen und alles mögliche verändern wollen, nur eines nicht: sich selbst. Solche Botschaften sind Lippenbekenntnisse; sie haben keine Kraft. Johannes sprach als Prophet, als einer, der etwas von Gott vernommen hatte und der zuerst sich selbst änderte, bevor er anderen abverlangte, sich zu ändern.

Und auch dies wird unmittelbar erkennbar: Johannes hat sich selbst ganz zurückgenommen: „Nach mir kommt einer, der ist stärker als ich; ich bin es nicht wert, mich zu bücken, um ihm die

Schuhe aufzuschnüren. Ich habe euch nur mit Wasser getauft; er aber wird euch mit dem Heiligen Geist taufen“ (Mk 1,7–8).

Viele Menschen nehmen sich äußerst wichtig und leiden doch an einem Minderwertigkeitskomplex. Kaum einer kann sagen: „Ich bin nicht wichtig; ich bin nur ein Werkzeug für Jesus, den Herrn. Ich bin wie die Vorzimmerdame, die eine Verbindung herstellt, und dann geht sie aus der Leitung.“ Könnte es nicht für andere wichtig sein, daß ich Sie auf Jesus hinweise, weil der Herr für mein Leben wichtig ist und ich ohne ihn nicht mehr leben kann? Mit anderen Worten: Durch uns könnte der Herr bei anderen Menschen ankommen.

Cletus Wingen OP

3. Adventssonntag: Joh 1,6–8.19–28

Wer bist du eigentlich?

Sie fragten Johannes: Wer bist du?
Wir müssen denen, die uns gesandt haben, Auskunft geben.
Was sagst du über dich selbst?
Er sagte: Ich bin die Stimme, die in der Wüste ruft:
Ebnet den Weg für den Herrn.
Joh 1,22–23

Es gibt wohl keinen unter uns, der im Verlauf seines Lebens nicht durch die eine oder andere Krise hindurchgehen mußte. Auch weiß sicherlich jeder, daß es sehr unterschiedliche Gründe gibt, die zu einer Krise führen.

Das Leben nimmt jeden mit auf einen Weg, der durch unterschiedliche Landschaften führt. Man muß die eine verlassen, um in eine andere zu gelangen. Daher gerät zwangsläufig in eine Krise, wer auf seinem Lebensweg nicht immer wieder aufbrechen, sondern stehenbleiben will. Der Dichter und Dramatiker Samuel Beckett hat diese Fehlhaltung dem Leben gegenüber in seinem weltweit diskutierten Stück „Warten auf Godot“ sehr anschaulich dargestellt.

Neben solchen Krisen gibt es andere, in die gerät, wer nicht sehen will, was sich mehr und mehr anzubahnen beginnt. „So möchte einer nicht wahrhaben, obwohl es sich da und dort deutlich zeigt, daß seine Beziehung zum Ehepartner sich aushöhlt; der andere übersieht ..., daß sich ihm die heranwachsenden Kinder entfremden; wieder ein anderer schließt die Augen vor einer sich anbahnenden Gewohnheit, die seiner Gesundheit und seiner persönlichen Entwicklung schadet ... Solche Krisen wachsen uns zu aus der Art, wie wir leben“ (Theresia Hauser). Das dahinterliegende Gesetz beschreibt der große mittelalterliche Theologe Thomas von Aquin mit den Worten: „Ein kleiner (unbesehener) Fehler am Anfang führt zu einem großen am Ende.“

Schließlich gibt es Krisen, weil plötzlich etwas über uns hereinbricht, das unser bisheriges Leben völlig verändert, Schicksalsschläge, die wir nicht voraussehen, auf die wir uns also auch nicht unmittelbar vorbereiten und einstellen können.

So unterschiedlich die Hintergründe sind, die zu einer Krise führen, einheitlich ist hingegen die Frage, die sich in all diesen Situationen stellt: „Wer bin ich eigentlich?“ Sie stellt sich dem jugendlichen Menschen auf dem Weg zu seiner Selbstfindung. Sie stellt sich dem Erwachsenen, wenn er spürt, daß die Dinge nicht mehr so selbstverständlich laufen, wie er es gewohnt war. Sie stellt sich dem älteren Menschen, der sich selbst auf einmal fremd erscheint: „Zuweilen frage ich mich: Wer ist eigentlich dieses Ich? Es kommt mir manchmal recht fremd vor.“ Dieselbe Frage kann uns überfallen, wenn wir vor einem Spiegel stehen und uns selber in die Augen schauen. Sie erhebt sich in Augenblicken des Leids, wenn eine Liebe zerbricht, wenn ein Freund uns von der Seite weggerissen wird. Als Augustinus das erlebte, schrieb er: „Da wurde ich mir selbst zur großen Frage.“

Es legt sich nahe, in solchen Augenblicken andere zu Rate zu ziehen: „Wie siehst du mich? Für wen hältst du mich eigentlich?“ Wenn sie es uns sagen, können wir eine Überraschung erleben.

Es wird uns bewußt, wie wenig das Bild, das wir von uns selbst haben, mit dem Bild übereinstimmt, das sie von uns haben. Und doch: der andere sieht uns immer durch die Brille seiner Subjektivität. In seine Meinung kann sich vieles von der eigenen Unzulänglichkeit hineinfärben. Eigentlich kann nur derjenige etwas unbedingt Wahres über einen anderen sagen, der vollkommen eins mit sich selber ist. Aber wer ist das schon? Daher scheint es angebrachter, die Antwort in sich selbst zu suchen.

Kipling erzählt einmal von einem jungen Mann, der in Indien lebte und sowohl seinen Vater als auch seine Mutter verloren hatte. Daher fühlte er sich oft einsam und verlassen. Im Winkel einer geräuschvollen Bahnhofshalle sitzend, überfiel ihn der Gedanke: „Keiner ist so allein wie ich. Würde ich heute sterben, keiner würde davon sprechen." Die Hände im Schoß gefaltet, versuchte er alle Gedanken loszuwerden. Nur noch eine Frage stand vor ihm: „Wer bist du eigentlich?" Doch so tief er sich der Antwort auch entgegenfallen ließ, er erfuhr sie nicht. Da näherte sich ihm ein Hindu, ein heiliger Mann, der offensichtlich mitbekommen hatte, worum sich dieser junge Mann bemühte. „Ich weiß, es geht nicht", sagte er ihm. „Was soll das?" fragte der junge Mann, erhob sich und ging. Der heilige Mann aber rief ihm nach: „Gehe in Hoffnung, Bruder. Es ist ein weiter Weg zu den Füßen des Einen. Aber dahin wandern wir alle."

Dieses Wort kann uns ein Wegweiser zum Geheimnis des 3. Advents sein. „Es ist ein weiter Weg zu den Füßen des Einen." Es ist ein unendlich weiter Weg. Daher, so sagt der christliche Glaube, haben sich die „Füße des Einen" auf den Weg gemacht und sind uns entgegengekommen. Es sind die Füße dessen, der Gott mit dem Menschen und den Menschen mit Gott eint. Es ist der Gottmensch Jesus Christus. Es ist der, auf den Johannes der Täufer hingewiesen hat, als er sagte: „Mitten unter euch steht der, den ihr nicht kennt und der nach mir kommt; ich bin es nicht wert, ihm die Schuhe aufzuschnüren" (Joh 1,26–27).

Was ist damit gesagt? Je mehr ich mich mit dem Gottmenschen Jesus Christus in Glaube, Hoffnung und Liebe verbinde, um so tiefer geht mir auf, wer ich selber bin. Das ist es, was an der religiösen Persönlichkeit des Täufers sichtbar wird. Johannes mußte durch viele tiefgreifende Krisen hindurchgehen, bis er zu jenem wurde, von dem Jesus sagte, unter allen Menschen habe es keinen größeren gegeben. Oft genug mußte er mit der Frage: „Wer bist du eigentlich?" in der Wüste seines Herzens ringen, bevor er denen eine ebenso klare wie einfache Antwort geben konnte, die mit dieser Frage zu ihm kamen. Johannes der Täufer ist der Mensch, der in Jesus seine Einheit mit Gott gefunden hat. Er ist derjenige, der sich ganz von Gott her versteht. Daher sagt er: „Ich bin die Stimme, die in der Wüste ruft: Ebnet den Weg für den Herrn!" (Joh 1,23).

„Ebnet den Weg für den Herrn!" (Joh 1,23). Mit diesem Wort kommt der Advent auf uns zu; denn dieses Wort bedeutet: Laß dich durch Jesus Christus mit Gott vereinen. Dann wirst du dich selbst und alles in deinem Leben von Gott her verstehen. Eins mit Gott wirst du eins mit dir und darin den von dir ersehnten Frieden finden. So begreifst du, wer du eigentlich bist: eine Stimme Gottes in der Wüste dieser Welt. *Rudolf Stertenbrink OP*

4. Adventssonntag: Lk 1,26–38

Gottes ungewöhnliche Wege

Siehe, ich bin die Magd des Herrn;
es geschehe mir, wie du es gesagt hast
Lk 1,38

Seit einiger Zeit sind Märchen wieder gefragt. Sie werden im Buchhandel neu verlegt. Sie erscheinen auf Kassetten und Schallplatten, altbekannte und auch moderne. Dennoch sind nicht wenige den Märchen gegenüber skeptisch. „Erzähl mir keine Märchen!" So sagen sie, weil sie der Überzeugung sind, Märchen seien nicht wahr; mit der Realität hätten sie nichts zu tun. Wer so denkt, hat noch nicht bemerkt, daß in den Märchen die Sehnsüchte, Wünsche, Erwartungen und Träume der Menschen sowie deren Erfüllung in geheimnisvoller Weise gegenwärtig sind. Daher bemühen sich Fachleute und Wissenschaftler, sie zu deuten.

In der gleichen Weise urteilen nicht wenige abwertend über die Geschichten, die die Evangelisten Matthäus und Lukas aus der Kindheit Jesu erzählen. Sie sagen: „Das sind doch nur Märchen, nichts anderes als fromme Legenden, etwas für Kinder." Wie aber kann man das Geheimnis vom Kommen Gottes in diese Welt, seine Menschwerdung, in Worte fassen, wenn nicht in geheimnisvoller Weise? Um Gottes Tun darzulegen, reichen nüchterne Begriffe nicht aus. Daher sind die Erzählungen über die Kindheit Jesu, aber auch die Erzählungen, die sich in den Evangelien finden, keineswegs nur schöne und erbauliche Geschichten. Vielmehr halten sie uns in anschaulicher Weise vor Augen, wie Menschen im Glauben auf das Kommen Gottes geantwortet haben. Es geht in ihnen also immer um den Glauben: um den Glauben von Maria und Elisabet, um den Glauben von Josef und Zacharias, um den Glauben der Hirten und der Weisen. Sie alle glauben, daß Gott uns in Jesus Christus das ersehnte Heil geschenkt hat. Ja-Sagen zu Gottes Kommen, das ist eine adventliche Haltung, über die wir heute nachdenken wollen.

Gehen wir von dem aus, was Gott Maria durch den Engel verkünden läßt: „Der Herr ist mit dir." In diesem Wort hat Gott seinen Namen, sein Wesen geoffenbart. Denn sein Name lautet „Immanuel". Das ist hebräisch und heißt zu deutsch: „Gott ist mit uns". Daher bedeutet die Botschaft des Engels an Maria: „Der Gott deiner Väter und Mütter ist mit dir. Er ist mit deinem jungen Leben. Er ist mit deiner ganzen Lebensgeschichte. Er ist mit dir in deinem Glück und in deiner Freude, in deiner Not und in deiner Bedrängnis. Er hält dich. Er trägt dich. Er führt dich, wie er sein Volk Israel durch alle Zeiten geführt hat, durch die guten und durch die bösen."

Aber das ist noch nicht die ganze Botschaft. Was folgt, ist unvergleichlich größer: „Gott will in dir zur Welt kommen; in dir will er Mensch werden." Eine größere Zuwendung, eine intensivere Nähe Gottes zum Menschen als diese kann man sich nicht vorstellen: Gott wird in einem Menschen Mensch; ein Mensch bringt Gott zur Welt. Wie wenig dies zu verstehen ist, zeigen die Fragen, die Maria im Gespräch mit dem Engel stellt. Wenn sie schließlich trotz ihrer Bedenken ihr Ja-Wort sagt, dann ist dieses Wort keine Antwort, die sich aus Fragen und Beantwortung von Fragen ergibt, sondern es ist eine Antwort des Glaubens, der aus dem Vertrauen in die Erfahrung mit diesem Gott erwächst. Weil Maria durch ihr gläubiges Ja Gott den Zugang zu uns Menschen geschaffen hat, deshalb nennen wir sie das „Urbild des Glaubens".

Diesen Glauben Marias bringen viele Künstler in ihren Darstellungen der Verkündigungsszene zum Ausdruck. Gesammelt und ganz geöffnet hört Maria die Botschaft Gottes. Wach und sensibel nimmt sie diese Botschaft in sich auf. In manchen Darstellungen tritt Maria aus dem Haus und geht dem Boten entgegen. Das veranschaulicht ihre Bereitschaft, aus dem Gewohnten herauszutreten. Wie Abraham ist sie bereit, in ihrem Leben dem Ruf und dem Willen Gottes zu folgen: „Siehe, ich bin die Magd des Herrn; es geschehe mir, wie du es gesagt hast" (Lk 1,38).

Die Menschwerdung Gottes in Maria ist einmalig und auch einzigartig. Dennoch dürfen wir nicht meinen, es gehe hier um etwas, das einzig und allein an Maria geschehen ist, so daß es von uns nur als ein Wunder an ihr bestaunt werden kann. Was an Maria geschah, weitet sich auf alle Menschen zu allen Zeiten aus. Denn der verheißene Immanuel ist auch heute der „Gott mit uns". Wie er in Maria Gestalt angenommen hat als Jesus von Nazaret, so will er in allen Menschen zur Welt kommen. Die Botschaft an Maria ist also auch uns gesagt: „Der Herr ist mit dir!" Das heißt: Gott will auch mit mir sein. Er will auch mich halten, mich tragen, mich führen. Und er will auch in mir zur Welt kommen. Das geschieht, wenn ich Gott in meinem Leben Raum gebe: in meiner Liebe, Güte und Geduld, in meinem Mittragen der Lasten anderer und in meinem Aushalten von Leid und Schicksalsschlägen. Gott braucht das Ja jedes einzelnen Menschen, um in ihm in diese Welt zu kommen.

Marias Glaube ist uns Vorbild. Das Hineinlassen Gottes in ihr Leben hatte für sie Konsequenzen, die sie nicht voraussehen konnte. Doch weil Gott mit ihr war, fand sie die Kraft, ihr Ja immer neu zu sprechen. Sie sprach es selbst unter dem Kreuz ihres Sohnes. Ohne dieses Ja wäre Gott nicht Mensch geworden. Das ist auch uns gesagt; denn Gott will auch heute unter den Menschen wohnen. Deshalb gilt auch heute, was Johannes damals schrieb: „Ich stehe vor der Tür und klopfe an. Wer meine Stimme hört und die Tür öffnet, bei dem werde ich eintreten, und wir werden Mahl halten, ich mit ihm und er mit mir" (Offb 3,20).

Es gibt eine kleine Lehrerzählung, die auf den Punkt bringt, worum es uns an diesem 4. Advent ging: Ein Rabbi war bei frommen Gelehrten zu Gast. Er überraschte sie mit der Frage: „Wo wohnt Gott?" Sie lachten über ihn und sagten: „Was redest du! Die ganze Welt ist doch voll von seiner Herrlichkeit." Der Rabbi aber beantwortete seine eigene Frage so: „Gott wohnt dort, wo man ihn einläßt."

Gerfried A. Bramlage OP

Wer erfährt die Wahrheit von Weihnachten?

Der Engel des Herrn trat zu den Hirten,
und der Glanz des Herrn umstrahlte sie.
Sie fürchteten sich sehr.
Der Engel aber sagte zu ihnen: Fürchtet euch nicht;
denn ich verkünde euch eine große Freude.
Lk 2, 9.10

Einer der großen Theologen der Christenheit, Thomas von Aquin, sagt hinsichtlich der Menschwerdung Gottes: „Das Geheimnis der Menschwerdung übersteigt von allen göttlichen Werken am meisten die menschliche Vernunft. Man kann sich nichts Wunderbareres als Tat Gottes ausdenken, als daß der wahre Gott, Gottes Sohn, wahrer Mensch würde. Und weil dieses Geheimnis unter allen das wunderbarste ist, so folgt …“

Brechen wir hier die Aussage von Thomas von Aquin einfach ab und fragen wir: Was folgt für uns daraus? Nichts anderes, als daß Weihnachten das allerletzte ist, was man zum Beispiel nüchtern denkenden Studenten einer Technischen Universität nahebringen könnte.

Aber nicht nur junge Techniker und Naturwissenschaftler haben fast vollständig die Fähigkeit verloren, göttliche Wundertaten einfach Wundertaten sein zu lassen. Es betrifft in irgendeiner Weise uns alle; denn auch unsere Wirklichkeitserfahrung ist durch logisches Denken und technisierten Lebensstil in solchem Ausmaß geprägt, daß uns das Wunder der Heiligen Nacht geradezu als Absurdität erscheint.

Andererseits ist das Weihnachtsfest unter den christlichen Festen dasjenige, das noch am ehesten einen Zugang zum menschlichen Herzen findet. Die Gottesdienste sind nie besser besucht und die Menschen zeigen sich für das Religiöse nie aufgeschlossener als an Weihnachten. Aber das ändert nichts daran, daß die Botschaft von der Menschwerdung Gottes auch in unseren Ohren wie chinesische Musik klingt.

Und doch: trotz aller Schwierigkeiten muß es möglich sein, einen Zugang zum weihnachtlichen Geheimnis zu finden. Mir scheint: Johannes Scheffler, der Meister des kurzen Sinnspruchs, der aus Breslau stammt und Angelus Silesius – schlesischer Engel – genannt wird, kann uns hier helfen. Er schrieb die Verse:

„Denkt doch, was Demut ist! Seht doch, was Einfalt kann! / Die Hirten schauen Gott am allerersten an. / Der sieht Gott nimmermehr, noch dort, noch hier auf Erden, / Der nicht ganz inniglich begehrt, ein Hirt zu werden."

„Denkt doch, was Demut ist!" Zweifellos wird damit von keinem verlangt, zur naiven Mentalität der damaligen Hirten zurückzukehren. Es gibt für uns kein Zurück in eine unkritische Kindergläubigkeit. Was jedoch von uns gefordert wird, betrifft unseren Hochmut. Wir sollten ihn ablegen. Das gilt vor allem von unserem vermeintlichen Stolz auf die scheinbar unbegrenzte Leistungsfähigkeit unseres Verstandes, von dem nicht wenige annehmen, er würde eines Tages alle Geheimnisse entzaubern.

Aber auch berechtigter Stolz kann blind machen, beispielsweise dafür, daß Leid, Schuld und Tod unabschaffbare Gegebenheiten unseres Daseins sind und daß Weisheit, Güte und Liebe nicht einfach unser eigenes Werk sind. Wir betonen dies, weil es offensichtlich Grenzen gibt, die vom Menschen nicht überschritten werden können.

So kommen wir von hierher zwangsläufig zu jener geistigen Haltung zurück, die mit dem antiquiert anmutenden Ausdruck ‚Demut' gemeint ist. Sie war vor allem den Hirten zu eigen. Deshalb waren sie die ersten, die Gott anschauten. „Wer (daher) nicht begehrt, ein Hirt zu werden", das heißt: wer sich einbildet, grundsätzlich alles verstandesmäßig lösen zu können und an dieser Einbildung festhält, „der sieht Gott nimmermehr, weder dort im Himmel, noch hier auf Erden"; denn überall verfehlt er Gottes Wirklichkeit. Für ihn ist selbstverständlich auch die Weihnachtsgeschichte nichts anderes als ein Märchen, das man Kindern erzählt.

Für den gläubigen Menschen, der sich seiner Grenzen bewußt geworden ist, gilt hingegen: Man muß den Sinn dieser Erzählung entdecken wollen. Dabei genügt es für den Anfang, sich diese Geschichte wie ein Märchen erzählen zu lassen, ohne sich über ihre Historizität Gedanken zu machen noch über das Weltbild des Erzählers, der eben damals und nicht heute lebte.

Wer das tut, gelangt zu einer merkwürdigen Entdeckung. Was der Evangelist über die Ereignisse in der Heiligen Nacht erzählt, betrifft nicht nur die Geburt des Kindes in der Krippe. Doch allzuoft lassen wir uns durch die Art und Weise täuschen, wie die Kunst dieses Thema darstellt oder wie wir selbst eine Weihnachtskrippe zu bauen pflegen. Im Mittelpunkt sehen wir das Kind auf dem Stroh. Der Evangelist Lukas lenkt unseren Blick aber darüber hinaus. Für ihn sind vor allem die Hirten wichtig. Diese namenlosen, ungebildeten Nachtwächter sind die wahren Helden der Geschichte.

Gewiß, am Anfang der Erzählung geht es um Jesus. Die Angaben über Zeit, Ort und Umstände seiner Geburt haben die Kürze und die Präzision einer Urkunde. Doch dann sind wir alsbald bei den Hirten auf dem Feld. Wir befinden uns gleichsam in einem Märchenland. Das ist keine Nacht, wie sonst die Nächte sind. Der Engel vom Himmel läßt den Stall mit der Heiligen Familie links liegen und sucht Hirten auf, die irgendwo in der Gegend Nachtwache halten. Durch den Mund seines Boten wendet sich Gott persönlich an sie: „Fürchtet euch nicht, denn ich verkünde euch eine große Freude, die dem ganzen Volk zuteil werden soll. Heute ist euch der Retter geboren …“ (Lk 2,10–11).

Für uns Menschen und zu unserem Heil ist Gott vom Himmel gekommen. Das bedeutet: In erster Linie ist nicht der Mensch für Gott da, sondern von nun an ist Gott für den Menschen da, und das um seiner Freude willen. Das ist es, was die Botschaft des Engels sagt. Sie wird den Hirten verkündet, weil sie die anonymen Vertreter der ganzen Menschheit sind, die sich zutiefst nach Freude sehnt. Das ist der Sinn der Weihnachtsgeschichte. Ist sie mehr als ein Märchen? Ist sie eine wahre Geschichte? Dazu können wir nur sagen: Die Wahrheit erfährt nur, wer „ganz inniglich begehrt, ein Hirt zu werden“. *Silvester Beckers OP*

Fest der Geburt des Herrn (Am Morgen): Lk 2,15–20

Nicht wir haben den Glauben, der Glaube hat uns

Die Hirten sagten zueinander:
Kommt, wir gehen nach Betlehem.
Sie erzählten, was ihnen über das Kind gesagt worden war.
Und alle, die es hörten, staunten über die Worte der Hirten.
Lk 2,15.17–18

Franz Kafka (1883–1924) hat eine Parabel geschrieben, die den Titel „Die kaiserliche Botschaft“ trägt. Der Kaiser, so erzählt sie, hat ausgerechnet dir, dem fernsten Untertanen, dem vor der kaiserlichen Sonne in die Ferne geflüchteten Schatten, von seinem Sterbebett aus eine Botschaft gesandt. Den Boten hat er an seinem Bett niederknien lassen, um ihm die Botschaft ins Ohr zu flüstern. Diese Botschaft war ihm so wichtig, daß er sie sich noch einmal wiederholen ließ, um gewiß zu sein, daß der Bote sie richtig verstanden hat.

Der Bote machte sich sofort auf den Weg. Er ist ein kräftiger und unermüdlicher Mann. Er schafft sich Bahn durch die Menge, indem er seine Arme gebraucht. Er kommt auch leicht vorwärts. Aber die Menge ist so groß. Sie nimmt kein Ende. Nutzlos müht er sich ab. Immer noch zwängt er sich durch die weiten Räume des kaiserlichen Palastes. Niemals wird er sie überwinden. Und selbst wenn es ihm gelingen würde, nichts wäre gewonnen; denn die Treppe hinab müßte er sich kämpfen, die Höfe wären zu durchmessen, und wieder ein Palast und wieder Höfe. Und stürzte er endlich aus dem äußersten Tor, aber niemals kommt er so weit, so liegt die Residenzstadt vor ihm. Niemand dringt hier durch und erst recht nicht mit der Botschaft eines Toten. – Zum Schluß heißt es dann nur noch so: „Du aber sitzt an deinem Fenster und erträumst sie dir, wenn der Abend kommt."

Vergleichen wir diese „Verkündigungsgeschichte" von Kafka mit jener vom Evangelisten Lukas (2,15–20), so lassen sich unschwer einige Gemeinsamkeiten feststellen. Hier wie dort geht es um eine göttliche Botschaft. Hier wie dort wird die Richtigkeit der Botschaft bestätigt. Sowohl die Hirten bei Lukas als auch der Bote bei Kafka brechen sofort auf. Hier wie dort soll die Botschaft an die weitergesagt werden, welche in der Dunkelheit des Lebens sitzen, damit sie in ihrer Dunkelheit Licht und Freude, Friede und Sinn erfahren.

Aber neben diesen Gemeinsamkeiten gibt es wesentliche Unterschiede. Hier ist von einem Kind die Rede, das noch ein ganzes Leben vor sich hat; dort von einem sterbenden Kaiser, dessen Leben vorbei ist. Die Hirten kommen mit ihrer Botschaft an, der Bote nicht. Bei Lukas lesen wir: „Alle, die es hörten, staunten über die Worte der Hirten" (2,18). Bei Kafka heißt es: „Du aber sitzt an deinem Fenster und erträumst sie dir, wenn der Abend kommt."

Weil die Parabel von Kafka unserer heutigen Glaubenssituation offensichtlich mehr entspricht als die Hirtenerzählung von Lukas, tun wir gut daran, zunächst die Botschaft von Kafka zu vernehmen. Vielleicht hören wir dann die Botschaft der Hirten wieder neu.

Wer ist dieser sterbende Kaiser, der alles daransetzt, den Menschen in der Ferne, in der Gottferne, Kunde von sich selbst zu geben? In seiner Gestalt erkennen wir den heute scheinbar ohnmächtig gewordenen und im Sterben liegenden Gott. Für viele ist er bereits tot. Trotzdem sind sie von einer tiefen Sehnsucht nach Gott ergriffen; denn auch sie wollen wissen, wofür man eigentlich lebt. Auch sie suchen letzte Geborgenheit. Auch sie schauen aus nach einer Hoffnung über den Tod hinaus. Aber die Botschaft erreicht sie nicht. Woran liegt es? Der Bote kommt nicht durch. Zu viele Hindernisse stellen sich ihm in den Weg. Sie wachsen mit dem Weg, den er sich erkämpft, ins Unendliche. Was ist mit diesen Hindernissen gemeint? Welcher Art sind sie?

Die Antwort, die Kafka gibt, wird überraschen. Das einzige Hindernis ist der Bote selbst. Aus seinem Inneren steigt das immer wiederkehrende Gefühl der Aussichtslosigkeit auf. Alle äußeren Hindernisse, die Kafka schildert, die große Masse, die sich dem Boten in den Weg stellt, die vielen Räume des Palastes, die er zu durchqueren hat, die lange Treppe, die er nicht hinunterkommt, die Höfe, die er überwinden muß, die zahllosen Paläste, an denen er vorbei muß, das äußerste Tor, das er nie erreicht, die Residenzstadt, die keiner durchdringt – das alles sind Projektionen, Angstgebilde, die aus seinem Inneren angesichts seines gewichtigen Auftrages aufsteigen und ihn kraftlos machen.

Geht es nicht uns allen so? Überfallen nicht auch uns solche Gefühle der Ohnmacht und der Angst, sobald wir uns vor schwierige Aufgaben und Situationen gestellt sehen? Was wird in uns lebendig, wenn uns eine hohe Verantwortung oder ein schwerwiegender Auftrag übergeben wird? Fragen dann nicht auch wir ängstlich: „Wie wirst du es schaffen?" Wachsen aus dieser Sorge nicht auch in uns Vorstellungen, die uns alles aussichtslos erscheinen lassen? Solche Ängstlichkeit ist es, die uns davon abhält, mit der Botschaft Jesu Ernst zu machen. Welche Folgen könnte beispielsweise der Satz: „Dein Wille geschehe" für unser Leben haben? Weil wir uns selbst nicht an das Wort Gottes wagen, verschließen wir uns in uns selbst.

Deshalb also kommt jener Bote nicht vorwärts, deshalb kommt die Botschaft, die er zu bringen hat, nicht an. Weil er aus mangelnder Bereitschaft zum Risiko in sich selbst, in seinem fensterlosen Ich, verschlossen bleibt, weil die Angst und die Vorstellungen ihm den Weg versperrten, kommt er nicht zum Du, das am Fenster sitzt und sehnsüchtig auf die Botschaft wartet. Jener Bote – der sind wir!

Wie kommen wir hier weiter? Genau das sagt uns die Hirtenerzählung des Evangelisten Lukas. Die Hirten vertrauen sich der Botschaft unbekümmert an. Sie lassen diese nicht nur ins Ohr, sondern vor allem ins Herz. Nicht sie tragen die Botschaft, sondern die Botschaft trägt sie. Weil sie sich von ihr getragen wissen, sagen sie zueinander: „Kommt, laßt uns gehen!“ So laufen sie hin und berichten, was ihnen gesagt worden war. Und alle, die es hören, staunen über ihre Worte.

Das umsorgte und verletzbare Ich muß sich also öffnen und sich im Vertrauen der Botschaft von Gottes Liebe überlassen. Denn das bedeutet Glaube: Nicht wir haben die Botschaft Gottes, sondern die Botschaft Gottes hat uns. Wer sich an diese Botschaft wagt, wird frei von sich selbst. Er wird erlöst von seiner Ängstlichkeit, seinem Mißtrauen und aller Aussichtslosigkeit. Nur wenn der Bote von seiner Botschaft ergriffen und verwandelt wird, kommt er mit ihr bei denen an, die nicht an Gott glauben und sich dennoch nach ihm sehnen.

Rudolf Stertenbrink OP

Fest der Geburt des Herrn (Am Tag): Joh 1,1–18

Die Liebe denkt sich das Verrückteste aus

Und das Wort ist Fleisch geworden
und hat unter uns gewohnt.
Joh 1,14

Ich habe dieser Tage das Christkind auf dem Arm gehabt. Nicht, wie Sie jetzt vielleicht meinen, eine Krippenfigur oder eine Puppe. Es war wirklich das Christkind. Es befand sich allerdings nicht in einem kalten Stall, sondern in einem warmen Schlafzimmer. Auch lag es nicht in einer Krippe mit Stroh, sondern in einem kleinen Himmelbett. Zudem heißt mein Christkind nicht „Jesus“, sondern „Gregor“. Seit dem letzten Sonntag ist es mein Patenkind.

Wahrscheinlich haben Sie alle schon einmal ein kleines Kind, einen Säugling auf dem Arm gehabt. Haben nicht auch Sie dabei etwas vom Geheimnis der Menschwerdung gespürt? Denn ein solches Kind, so klein, schutz- und liebebedürftig es ist, ist bereits zu einem vollständigen Menschen herangereift. Alles, was aus ihm einmal wird, trägt es schon in sich. Wer daher ein wenig begreifen will, was Menschwerdung Christi eigentlich bedeutet, der tut gut daran, sich an seinen Umgang mit einem Kleinkind zu erinnern. Denn auch Jesus war anfangs genauso klein, schutz- und liebebedürftig wie mein kleines Patenkind Gregor. Daher können wir verstehen, warum der Herr später sagt: „Wer ein solches Kind um meinetwillen aufnimmt, der nimmt mich auf" (Mt 18,5).

Aber ist es nicht trotzdem eine Übertreibung, wenn ich sagte, ich hätte dieser Tage das Christkind auf dem Arm gehabt? Mir scheint, daß es nicht so ist. Unser Glaube sagt uns doch, daß ein Kind durch die Taufe wie Christus wird. Das ist ja das Erstaunliche, daß Gott sich durch die Taufe so intensiv mit einem Menschenkind verbindet, daß aus diesem sein eigenes Kind, ein „Christuskind" wird; denn es ist Christus selbst, der in einem solchen Kind durch die Taufe Gestalt annimmt. Daher ist es keine Übertreibung, wenn ich sagte, ich hätte dieser Tage das Christkind auf dem Arm gehabt. In diesem Kind ist Christus erneut ein Mensch geworden, den man anfassen und lieben kann. So kann im Leben eines jeden Kindes durch die Taufe Weihnachten, das heißt Menschwerdung Gottes, werden.

In diesem Zusammenhang wird deutlich, warum es zu bedauern ist, wenn Eltern ihren Kindern diesen Teil der Menschwerdung versagen, indem sie diese von der Taufe fernhalten und auf diese Weise verhindern, daß aus dem Menschenkind ein Christuskind, ein Christkind wird.

Ich nehme an, daß alles, was ich bislang sagte, von den meisten nachvollzogen werden kann. Das wird sich möglicherweise ändern, wenn ich nun herausstelle, daß das Kind in der Krippe von Betlehem Gottes ureigener Sohn, also Gott selbst ist. Wie sollen wir verstehen, daß dieses kleine wehrlose Kind in der harten Futterkrippe eines schmutzigen Stalles Gott selbst ist? Noch unmißverständlicher hat es der Evangelist Johannes ausgedrückt: „Das Wort (Gottes, das heißt Gott selbst) ist Fleisch geworden und hat unter uns gewohnt“ (1,14).

Wie gewöhnlich ist doch, was mit diesem Wort „Fleisch“ bezeichnet wird. Würde uns gesagt, Gott sei als Geist in unserer Welt erschienen, dann hätten wir damit keine Schwierigkeiten; denn Gott ist absoluter Geist. Daher versuchen auch nicht wenige, sich beispielsweise durch Meditation zum Geist zu erheben. Dahinter steckt die Überzeugung: „Du mußt den Absprung von deinem Fleisch wagen; dann wirst du reines Bewußtsein.“ Das hören die Menschen gern; denn wer leidet nicht an seinem Leib, an seinem Fleisch und ist deshalb nicht bemüht, von seinem Leib loszukommen, um nur noch „Bewußtsein“ zu sein? Daher ist es in der Tat eine Zumutung, wenn uns an Weihnachten verkündet wird, Gott sei Fleisch geworden. Versuchen wir also zu erahnen, welche Bedeutung dem zukommt.

Nehmen wir an, Sie haben einen Menschen, den Sie über alles lieben. Überlegen Sie sich dann nicht, wie Sie ihm diese ihre Liebe zeigen können? Möglicherweise sagen Sie sich: „Ich muß irgend etwas Verrücktes tun!“ Würden Sie dann Ihr ganzes Vermögen verkaufen, um der geliebten Person einen mit Diamanten besetzten Goldring zu schenken, was wird diese ihnen sagen? Wahrscheinlich wird sie Ihnen erklären: „Du bist verrückt!“ Aber so ist es eben: Wer wirklich liebt, tut das Verrückteste, um seine Liebe zu zeigen.

Dasselbe gilt auch für Gott. Seine Liebe zu jedem einzelnen von uns ist so unvorstellbar, daß er sich das Verrückteste ausgedacht hat, um uns zu zeigen, wie sehr er uns liebt und wie sehr er danach verlangt, von uns geliebt zu werden. Dabei kam er auf die Idee, ein Kind zu werden. Ein Kind, ein kleines wehrloses Kind muß eigentlich jeder lieben. Man muß schon ein sehr hartes, ein versteinertes Herz haben, wenn man nicht in sich das Bedürfnis verspürt, ein solches Kind auf den Arm zu nehmen und es liebevoll an sich zu drücken. Aus diesem Grund streckt das Jesuskind in vielen Krippen dem Betrachter seine Arme entgegen. Auf diese Weise bringt es sein Verlangen zum Ausdruck, uns lieben zu dürfen und von uns geliebt zu werden. Wie könnte Gott uns also noch treffender zeigen, was er möchte? Als Kind, das keinem böse ist, will er uns seine grenzenlose Liebe schenken; zugleich aber möchte er von uns geliebt werden.

Eine Frau, die von ihrem Mann mit einem Ring mit Diamanten beschenkt worden ist, könnte diesen Ring auch aus Wut über eine solche Verschwendung auf den Boden werfen und mit ihren Füßen zertreten. Tun wir Menschen das nicht auch immer wieder mit diesem ungewöhnlichen Geschenk Gottes? Und ist nicht gerade dieses unser Verhalten Gott zum Schicksal in dieser Welt geworden? Wurde er denn nicht am Ende seines irdischen Lebens aus Wut und Unverständnis auf den Boden geworfen, und wenn auch nicht mit den Füßen zertreten, so doch mit den Händen an das Kreuz geschlagen? Aber wo liegt hier der Unterschied? Das sind Fragen, die uns am heutigen Tag ein wenig nachdenklich machen können. *Cletus Wingen OP*

Man müßte jung sein wie Stephanus

Stephanus, erfüllt vom Heiligen Geist,
blickte zum Himmel empor, sah die Herrlichkeit Gottes
und Jesus zur Rechten Gottes stehen und rief:
Ich sehe den Himmel offen
und den Menschensohn zur Rechten Gottes stehen.
Da erhoben sie ein lautes Geschrei, hielten sich die Ohren zu,
stürmten gemeinsam auf ihn los, trieben ihn zur Stadt hinaus
und steinigten ihn. Die Zeugen legten ihre Kleider
zu Füßen eines jungen Mannes nieder, der Saulus hieß.
Apg 7,55–58

Was war das Besondere an Stephanus? Seine Weisheit? Sein Mut? Seine Ruhe angesichts des Todes, der ihn nicht zu überraschen schien? Seine Jugend? – Vielleicht am ehesten seine Jugend! Aber es ist nicht einfach dies, daß Stephanus jung an Jahren war. Auch Saulus, der uns in der Stephanusgeschichte erschrecken läßt, war jung an Jahren, aber nicht „jung".

Stephanus war „jung". Er verbündete sich mit einer „jungen" Bewegung, stellte sich sofort und kompromißlos in ihren Dienst und übernahm gleich auch ein Amt in dieser Jesusbewegung, das gerade erst eingerichtet worden war, sozusagen ad experimentum.

Ob er, als er das Wort ergriff und sich sogleich exponierte, die Situation klug analysierte, ob er die Dinge „ausgewogen" dargestellt hatte? – Selbst die Apostel konnten nicht glücklich mit ihrem Zögling gewesen sein, denn die Verkündigung, die Predigt des Evangeliums, hatten sie sich selbst vorbehalten, während die neu erwählten Diakone, zu denen Stephanus zählte, stummen Dienst an den Tischen, das heißt bei der Eucharistiefeier, tun sollten.

Stephanus fand sich nicht einfach mit seiner Rolle ab, zumindest schöpfte er sie bis an die Grenzen aus. Er war „jung" vor allem dadurch, daß er eine neue Zeit kommen sah, sie für möglich hielt, und er konnte träumen von dieser Zukunft, von Gott, der sie heraufführt: Den Himmel sah er geöffnet und den Menschensohn zur Rechten Gottes sitzen.

Stephanus lebte in einer Welt der „Alten", die nicht unbedingt alt an Jahren waren. Sie hatten ihre Erfahrungen mit der Geschichte und wollten, daß Ordnung sei. Alles war fest umschrieben: das Leben, die Religion, Gott. Wer aufbegehrte, wie Stephanus, wurde in die Schranken verwiesen. Früher oder später – um sie leblos und unbeweglich wie sich selbst zu machen – steinigten die „Alten", ob sie an Jahren alt oder jung waren, die „Jungen".

Jesus war „jung", als er jung war; Stephanus war „jung", als er jung war; Abraham war „jung", als er alt war. – Wie alt sind wir? Unsere Jahre gehen dahin, und wir „altern", wenn wir alt werden: Der Blick wird nüchterner, die Urteile „vernünftiger". Das Unmögliche wollen wir nicht mehr, das Ungewöhnliche haben wir als nicht brauchbar durchschauen gelernt – schlimme „Schule des Lebens"! Wir haben unsere Kompromisse gemacht, sind beladen mit den kleinen und großen Lebenslügen, mit den zu Grabe getragenen Hoffnungen und Sehnsüchten – wir sind „alt", oft mitten in der Blüte der Jahre. Irgendwann hat sich der Mensch so sehr abgefunden, daß er nichts mehr aufnimmt und annimmt. „Laßt mir meine Ruhe"; „Laßt mich in Frieden" – obwohl er die Ruhe nicht kennt und auch nicht friedfertig ist, so, wie er ist. „Das ertrage ich nicht mehr"; „Wo würde man hinkommen!" So reden alle „Alten", ob sie jung sind an Jahren oder alt, weil sie nirgendwo mehr hinkommen wollen, bzw., was dasselbe ist, von nirgendwoher mehr aufbrechen wollen: Zäh und, wenn nötig, gewaltsam behaupten sie ihren Besitzstand.

Zuletzt werden die Trennungslinien, an die sich die Menschen schließlich gewöhnt haben, zu unüberwindlichen Mauern zwischen ihnen und den anderen. Sie sind ganz „alt", haben die Fähigkeit verloren, Grenzen zu überspringen, umfassend und unter Spannungen zu kommunizieren, Freundschaften zu gründen, Beziehungen aufzubauen, Emotionalität zu zeigen, ihre Trauer, ihr Glück oder ihre Verzweiflung auszudrücken. Oder gar ihren Protest! Und das Träumen überlassen sie den Kindern.

Sie sehen keinen Himmel mehr offen, und es quält sie, je „älter" sie werden, die Frage, wie sie hineinkommen können in den Himmel.

Man müßte „jung" sein wie Stephanus! Saulus war „alt", als er jung war und Stephanus steinigen ließ: ein angepaßter, öffentlich angesehener Extremist. Aber später, bei Damaskus, fuhr etwas wie ein Blitz in ihn. Drei Tage war er blind. Er aß nichts und trank nichts. Das Wunder erreichte ihn in dieser äußersten Leere: Er wurde sich seines bisherigen Nichtseins bewußt, wurde „jung" und sah die Wirklichkeit mit völlig neuen Augen. Als er, alt geworden, in Rom enthauptet wurde, weil ihn die Synagogalen von Jerusalem, seine ehemaligen Mitstreiter, angezeigt hatten, war er „jung" wie einer, der das ganze Leben vor sich hat.

„Jung" sein! Nicht, um sich einem verlogenen Traum der heutigen Zeit anzubiedern: Der Fetisch „Jugend" ist im Grunde von „Alten" produziert, die weder die Kraft noch die Hoffnung aufbringen, sich vorzustellen, auch im Alter „jung" und „dynamisch" sein zu können; die die Jugend deshalb verherrlichen und modisch hofieren; Jugend als Konserve – ein seniler Hohn auf die „Jugend"!

Man müßte „jung" sein, das heißt, fähig, Neues wahrzunehmen – auch in den „Bewegungen" der Jugend selbst; damit rechnen, daß der Mensch, der wir sein können, noch nicht da ist, sondern erst noch entsteht. „Ich bin. Aber ich habe mich nicht. Darum werden wir erst" (E. Bloch); lernen aufzubegehren dort, wo wir Gefangene unserer Rollen, unseres Milieus, unserer Erfolge und Kompromisse zu werden drohen; den Mut besitzen, wie Stephanus, unwahr gewordenes und verheißungsloses Leben zu entlarven; versuchen, die ureigenen Hoffnungen, Sehnsüchte, Erkenntnisse und Erfahrungen auszudrücken, mitzuteilen, zu verteidigen, statt sie in sich hineinzufressen, bis sie uns „alt" und ausgebrannt zurücklassen; „jung" sein, das heißt, hören können – mit Herz und Ohren – auf den Ruf des Geistes, auf die prophetische Einrede, auf Gottes herausforderndes Wort.

Tiemo Reiner Peters OP

Es ist das Kind in uns, das glaubt

Aufgrund des Glaubens gehorchte Abraham dem Ruf,
wegzuziehen in ein Land, das er zum Erbe erhalten sollte;
und er zog weg, ohne zu wissen, wohin er kommen würde.
Hebr 11,8

An diesem Familiensonntag geht es um die Frage, was Erwachsene vom Kind lernen können. Diese Frage kommt nicht von ungefähr. Einmal ist Weihnachten vor allem die Zeit des Kindes. Zudem sind die Kinder das Herzstück einer Familie. Von ihnen wird gesagt, sie hätten schon mehr Ehen gerettet als ganze Generationen von Eheberatern.

Gehen wir von der bitteren Wahrheit aus, daß das Kind in nicht wenigen sogar ehrenwerten und gebildeten Familien einen schweren Stand hat. Immer wieder ist zu erfahren, wie selbst in solchen Familien das Kind nicht selten zurückgestoßen, verachtet, verletzt, geschlagen oder gar mißhandelt wird. Besonders hart trifft Kinder die Scheidung ihrer Eltern. In der Bundesrepublik zerbricht heute fast jede dritte Ehe. Auf diese Weise verlieren die Kinder die Geborgenheit der Familie mit Vater und Mutter. Die Kinder leiden nicht nur in der Phase des Auseinanderbrechens der Ehe und in der Zeit unmittelbar nach der Trennung. Eine Scheidung hat für sie Folgen, die sie oft erst viele Jahre später zu spüren bekommen. Sie fühlen sich hin- und hergerissen zwischen den zerstrittenen Elternteilen, die sie beide lieben. So ist es möglich, daß sie dem Fieber der Angst verfallen und nicht selten lebenslang von Schwermut heimgesucht werden. Sie können sich in Einsamkeit, Zorn und Verbitterung zurückziehen.

Es mag nun sonderbar klingen, doch es ist tatsächlich so: Der Grund, weshalb wir Kinder lieben, ist oft derselbe, weshalb man nicht gut zu ihnen ist. Die Einfalt des Kindes, seine Harmlosigkeit, Anhänglichkeit und Zutraulichkeit erwecken in der Regel unsere Zuneigung. Genau das kann aber auch böses Blut erregen. Romano Guardini hat sich einmal auf dieses eigentümliche Phänomen eingelassen. Lassen wir uns deshalb von ihm den Weg weisen, um hier genauer zu sehen.

Mit der Geburt eines Kindes kommt etwas völlig Neues in unsere Welt. Es beginnt eine neue Generation. Diese lebt bereits von klein auf gegen den Erwachsenen, der sich längst in seine Gepflogenheiten und Gewohnheiten eingerichtet hat. So stellt das Kind alsbald Vertrautes neu in Frage; mit den Vorgegebenheiten ist es nicht lange zufrieden. Es macht Arbeit, sprudelt vor Lebensenergien und hat seinen eigenen Willen. Daher wird das Kind vielfach als lästig, störend und unbequem empfunden, was im Herzen der Erwachsenen unter aller Liebenswürdigkeit und Zärtlichkeit einen oft unbewußten Groll und Unwillen aufkommen läßt. Dagegen ist das Kind schutz- und wehrlos. Gegen die geistige und körperliche Überlegenheit der Erwachsenen kommt es nicht an. Weil es noch nichts geleistet hat, hat es den Mund zu halten und zu gehorchen.

Dadurch bildet sich eine neue Stelle empfindlicher Reizbarkeit. Ich möchte es einmal so formulieren: Früher bekam man ein Kind, heute schafft man sich ein Kind an. Von allem aber, was man sich heute zulegt, erwartet man, daß es funktioniert. Andernfalls kann man es zurückgeben. Nun kann man natürlich ein Kind, das den eigenen Vorstellungen und Wünschen nicht entspricht, nicht mehr zurückgeben, aber man kann ihm seine Aufmerksamkeit und Liebe entziehen.

Vielleicht verstehen wir hier ein wenig, warum Gott als Kind geboren werden wollte. Vom allerersten Anfang seines irdischen Lebens an wollte er sich auf die Seite der Hilflosen, Schwachen und Wehrlosen stellen. Das bedeutet: Wo wir nur ein hilfloses und schwaches Wesen sehen, da hält sich Gott verborgen. Wer also dem Kind eine Wunde schlägt, der hat Gott getroffen; denn nirgendwo ist Gott so leicht verwundbar wie in einem Kind.

Jesus tritt aber nicht nur schützend vor das Kind. Er stellt es uns Erwachsenen sogar als Vorbild vor Augen: „Ich sage euch:

Wenn ihr euch nicht bekehrt und werdet wie die Kinder, werdet ihr nicht in das Himmelreich eingehen“ (Mt 18,1ff). Man hat fast den Eindruck, Jesus wolle uns damit sagen, daß wir vom Kind Wichtigeres lernen können als das Kind von uns. Was hat denn das Kind, das dem Erwachsenen fehlt, so daß wir wie die Kinder werden müssen, um von Gott anerkannt zu werden?

Der Erwachsene ist beispielsweise bemüht, sich in seinem Dasein abzusichern, und wird dabei leicht eng, rücksichtslos, selbstsüchtig und hart. Das Kind kennt diesen ausgeprägten Trieb der Selbstsicherung noch nicht, sondern steht dem Dasein vertrauensvoll gegenüber. Der Erwachsene betrachtet die Dinge des Lebens in der Regel unter dem Gesichtspunkt des Nutzens und der Verwendbarkeit. Das führt nicht selten zu kühler Berechnung, zu Hintergedanken und Nebenabsichten. Wieviel Unwahrhaftigkeit und Unaufrichtigkeit verbirgt sich auf diese Weise in unserem Verhalten? Das Kind hingegen sagt, was es denkt, und zeigt, was es empfindet. Es ist offen, einfach und unkompliziert. Der Erwachsene steht sich oft selbst im Weg. Daher tut er sich schwer, den Weg zu anderen zu finden. Auch hier ist das Kind anders.

Mir scheint, in alldem liegt etwas, was für Jesus wichtig war. Weil das Kind vertrauensvoll, mutig, absichtslos, einfach, aufrichtig und offen ist, deshalb es ist auch voll ansprechbar für das Geheimnisvolle. Für das Kind ist noch alles mit Gott verwandt. Bei ihm sind die Türen zur Ewigkeit noch offen. Daher fällt ihm der Glaube nicht schwer. In diesem Sinn bedeutet „Kindlichkeit“ dasselbe wie „Gläubigkeit“. Kindliche Gläubigkeit, das ist für Jesus das Entscheidende, damit Gott beim Menschen Aufnahme findet und der Mensch auf den Weg zu seiner ewigen Verheißung kommt. Unter diesem Gesichtspunkt erweist sich das Kind auf seine Art als der beste Glaubenslehrer in der Familie. Wer zu solch kindlicher Gläubigkeit findet, weiß, daß die wichtigsten Fragen zugleich die unlösbarsten sind. Er weiß auch, daß er aufgrund seines kindlichen Vertrauens alle diese Fragen aus der Hand legen kann und so zu einem Frieden findet, der mehr ist als Bescheidwissen.

Daß so etwas möglich ist, das zeigt die Glaubensgestalt des Abraham. Von ihm heißt es in der heutigen Lesung: „Aufgrund des Glaubens gehorchte Abraham dem Ruf, wegzuziehen in ein Land, das er zum Erbe erhalten sollte; und er zog weg, ohne zu wissen, wohin er kommen würde“ (Hebr 11,8). Dieser kurze Hinweis zeigt: Abraham, der vertrauensvolle, absichtslose, einfache, aufrichtige, offene, kindlich gläubige Mensch, vernahm die Anweisung Gottes; er stand auf und macht sich auf den Weg, ohne zu wissen, wohin er kommen würde.

Gottes Anweisung vernehmen, aufstehen und sich vertrauensvoll auf den Weg in eine unbekannte Zukunft machen – das ist kindliche Gläubigkeit. Wir lernen sie vor allem vom Kind; denn immer ist es das Kind in uns, das in dieser Weise glaubt.

Rudolf Stertenbrink OP

Jahresabschluß: Lk 2,1–14

In der Annahme einer konkreten Situation vollzieht sich unsere Menschwerdung

So zog auch Josef von der Stadt Nazaret in Galiläa
hinauf nach Judäa in die Stadt Davids, die Betlehem heißt.
Lk 2,4

Es ist gut, wenn wir uns in dieser Stunde, da wir von diesem Jahr Abschied nehmen, noch einmal die Weihnachtsgeschichte vor Augen halten. Denn diese Geschichte enthält manches, das Licht hineinwirft in das alte wie in das neue Jahr.

Zunächst erzählt sie uns von der Anordnung des damaligen Kaisers Augustus, alle Bewohner des Römischen Reiches in Steuerlisten einzutragen. Diese Anordnung des Kaisers hatte die Menschen auf die Straße gebracht und mit ihnen keinen Geringeren als Gott selbst. In Maria verborgen, zog er den beschwerlichen Weg von Nazaret nach Betlehem mit.

Ob Gott nicht immer in verborgener Weise auf den beschwerlichen Wegen unseres alltäglichen Lebens mit uns unterwegs ist? Er war es an allen Tagen dieses Jahres. Er war bei uns an allen Tagen, an denen wir glücklich und zufrieden waren; aber er war auch bei uns, als es uns nicht gut ging, da wir durch so manches Dunkel hindurch mußten und kaum an seine Gegenwart glauben konnten. Denn das ist ja das Geheimnis unseres Glaubens, daß wir seit der Menschwerdung Gottes nicht mehr alleine sind, daß wir vielmehr einen haben, der in jeder Situation unseres Lebens uns begleitet, der uns führt, auch wenn wir nicht daran denken, und der uns tröstet, wenn es in uns und um uns dunkel wird. Wer diesen Glauben hat, der geht gewiß mit Vertrauen in das neue Jahr; denn so wie in diesem Jahr geht Gott mit uns auch in das Dunkel des kommenden Jahres.

In diesem gläubigen Vertrauen überließ sich Edith Stein mit all ihren Sorgen und Hoffnungen der Hand ihres Gottes. Daher ihre kindliche Einfachheit, ihre Unbekümmertheit und Gelassenheit, ihre Ruhe und Fröhlichkeit, ihr Humor. All das ergab sich für sie aus ihrem Glauben, in Gottes Hand zu sein und von dieser Hand auf all ihren Wegen geführt zu werden. In einem Vortrag über das „Weihnachtsgeheimnis“ sagte sie: „Alle kennen das Gleichnis von den Vögeln unter dem Himmel und den Lilien auf dem Felde. Aber wenn sie einem Menschen begegnen, der unbekümmert um seine Zukunft lebt, dann schütteln sie den Kopf.“ Von hier aus verstehen wir, warum Edith Stein das folgende Gebet, das sie in einer Zeitschrift fand, sehr liebte: „Laß blind mich, Herr, / die Wege gehn, die deine sind, / will deine Führung nicht verstehn. / Bin ja dein Kind. / Bist Vater der Weisheit auch Vater mir. / Führest durch Nacht du, / Führst doch zu dir.“

In diesem Glauben gingen Maria und Josef nach Betlehem. Sie dachten, in der dortigen Herberge Unterkunft zu finden. Aber die Dinge kamen anders. Daß in der Herberge kein Platz war, ist gewiß nicht auf den bösen Willen des Herbergsbesitzers zurückzuführen. Die Bibel macht ihm auch keinerlei Vorwürfe. Sie stellt einfach fest, daß das Haus bei dem Andrang besetzt war. Es paßte keiner mehr hinein. Da sich das junge Paar nicht für etwas Besonderes hielt, machte es daraus keine Affäre. Vielmehr nahmen die beiden die Situation an, wie sie war. Sie erklärten sich mit den Gegebenheiten einverstanden und suchten weiter.

Wie oft widerfährt uns Ähnliches! Schauen wir in dieses Jahr zurück. Wir nahmen uns etwas vor, machten uns auf den Weg, um hierhin oder dorthin zu kommen; wir bemühten uns, dieses oder jenes zu erreichen, und dann kam auf einmal alles anders, als wir es uns vorgestellt hatten. Hier wird deutlich: Daß sich unsere Pläne und Absichten oft genug nicht so erfüllen, wie wir es uns wünschen, gehört zu unser aller Leben. An Maria und Josef aber sehen wir: In der ruhigen und gefaßten Annahme und im vertrauensvollen Sich-Einlassen auf die konkrete Situation, so unerwartet und beschwerlich sie auch sein mag, vollzieht sich unsere Menschwerdung.

Daher lädt uns diese Stunde dazu ein: Nimm dieses Jahr an, wie es gewesen ist, und mit ihm dein ganzes Leben. Wer sich darin übt, wird immer wieder dieselbe Erfahrung machen, eine Erfahrung, die uns mit Zuversicht auch in das neue Jahr gehen läßt. Um welche Erfahrung geht es hier? In jeder Situation, in die wir hineingeraten können, zeigt sich irgendein Weg, auf dem wir weiterkommen, und wenn es der Weg von der Herberge zum Stall ist.

Maria und Josef hatten mit der Herberge gerechnet, aber der Verlauf der Dinge hatte sie zum Stall gebracht. Offensichtlich wollte Gott gerade dort geboren werden. Immer wieder führt uns Gott dorthin, wohin zu gehen uns schwerfällt. Wohin wird er uns im kommenden Jahr führen? Wir wissen es nicht. Es ist wie bei einem geschlossenen Brief. Wir kennen seinen Inhalt nicht. Doch wir kennen seinen Absender, und wir wissen, wie gut es dieser mit uns meint. Und das muß uns genügen.

Vielleicht wird man sagen: „Dieser Stall von Betlehem ist weit von uns entfernt, zeitlich und räumlich.“ Doch es könnte sein, daß das genaue Gegenteil die Wahrheit ist, daß uns nämlich der Stall, in dem Gott geboren werden will, so nahe ist, daß wir es kaum glauben können; denn der Stall, um den es hier geht, liegt in uns selbst. Er bezeichnet den Bereich des Triebhaften in uns, den Bereich unserer blinden Leidenschaften, unserer ungezügelten Triebkräfte, der unkontrollierten Reaktionen, der unüberlegten Handlungen, den Bereich der Gier, des unersättlichen Habenwollens, der Selbstsucht, des Neides, der Mißgunst, der Eifersucht, der finsteren Gedanken, der Rechthaberei und der Feindseligkeit.

Wenn wir nun in diesen Stall, der in uns selber liegt, hineingehen, wenn wir den Mut haben, in all das Schattenhafte, Dunkle und Finstere in uns hinabzusteigen, dann begegnen wir darin jenem göttlichen Kind, das in all das eingegangen ist und es angenommen hat, so daß auch wir es anzunehmen vermögen, um es mit seiner Hilfe in den Himmel Gottes hinein zu öffnen und so zu verwandeln. Auf diese Weise überwinden wir schrittweise die Grenzen, die uns in diesem nun bald vergangenen Jahr gefangenhielten. Es tun sich uns Welten auf, angesichts deren wir sprechen werden: „Ehre sei Gott in der Höhe und Frieden auf Erden den Menschen, die aus seiner Kraft so leben, wie es ihm gefällt.“ Wir können also furchtlos in den Stall, der in uns selber liegt, hinabsteigen, weil wir wissen, daß uns darin Gott selbst in der Gestalt eines Kindes erwartet, das uns Wegweiser aus der Finsternis zum Licht sein möchte. In diesem Glauben wünsche ich Ihnen schon am heutigen Abend ein gesegnetes neues Jahr.

Rudolf Stertenbrink OP

„Tu adesto – Du sollst dabei sein!"

Der Herr segne dich und behüte dich.
Der Herr lasse sein Angesicht über dich leuchten und sei dir gnädig.
Der Herr wende sein Angesicht dir zu und schenke dir Heil.
Num 6,24–26

Eine Redewendung sagt: „Das Einsamste ist das Gemeinsamste!" Wenn ich dieses Wort richtig verstehe, bedeutet es: In den Tiefen unseres Herzens empfinden wir alle dasselbe. Daher können wir wahrscheinlich alle gut nachempfinden, was Papst Johannes Paul I. einmal im Rückblick auf seine Schulzeit erzählt:

„Als ich ein kleiner Junge war und noch in die Grundschule ging, wartete ich sehnsüchtig auf die Stunde, da ich dem Lehrer das alte, schon ganz vollgeschriebene Heft geben konnte, um es gegen ein neues Heft einzutauschen. Das alte gefiel mir nicht mehr. Darin hatte ich gestrichen und radiert, Fehler und Kleckse hinterlassen. Im neuen jedoch hoffte ich, schöne Sätze hinzusetzen, viel besser auf saubere Buchstaben und richtige Schreibweise zu achten, kurz: als kleiner Schuljunge ein Meisterwerk zu versuchen. So ähnlich ist es am Anfang des neuen Jahres. Das vergangene Jahr ist das alte Heft, in dem verlorene Zeit, Verfehlungen, Schwächen und Mängel stehen. Das neue Jahr ist das neue Heft (aber niemand von uns ist sicher, ob er die 365 Seiten zur Verfügung hat!), von dem wir träumen, mit Gottes Hilfe ein kleines Meisterwerk zu machen, trotz der unausbleiblichen Schwierigkeiten."

In diesem kurzen und treffenden Gleichnis ist die ganze Liebenswürdigkeit, die unmittelbare Herzlichkeit, die menschliche Wärme, das tiefe Einfühlungsvermögen, die lächelnde Einfachheit, die bescheidene Weisheit, die entwaffnende Güte, die intellektuelle Sensibilität und die lebendige Gläubigkeit jenes Mannes gegenwärtig, der 1978 zum Papst gewählt wurde und nach kaum 33 Tagen spät nachts ganz unvorhergesehen und völlig einsam starb: „Niemand von uns ist sicher, ob er die 365 Seiten zur Verfügung hat!“ Wie seltsam dieser Hinweis in diesem Zusammenhang klingt! So weiß auch keiner von uns, ob es ihm gegeben ist, die letzte Seite seines neuen Jahresheftes noch zu füllen.

Doch wenden wir uns zunächst noch einmal unserem alten Jahresheft zu. Blättern wir es noch einmal kurz durch, bevor wir es aus der Hand geben. Gewiß gewinnen auch wir dabei den Eindruck, daß es darin manche unansehnliche Kleckse gibt, daß wir hier und da Fehler, vielleicht sogar schwere Fehler, gemacht haben, von denen wir manche korrigieren konnten, während andere unverbessert stehengeblieben sind.

Würde uns aber nur dies in die Augen fallen, dann hätten wir nur die eine Hälfte der Wahrheit erkannt. Denn mit Sicherheit gibt es doch in diesem unserem alten Jahresheft mit seinen 365 Seiten auch manche, die wir sauber, gut und fehlerfrei gestalten konnten, Seiten also, auf die wir gern zurückschauen, weil wir sie nicht besser hätten füllen können.

Daher lädt uns dieser Gottesdienst ein, dieses alte Jahresheft unseres Lebens, so wie es ist, dankbar auf den Altar Gottes zu legen, und dies in jenem gläubigen Bewußtsein, daß Gott alles, was wir auf seinen Altar legen, annimmt und in seine unvorstellbare Liebe hineinverwandelt. Auf diese Weise wird selbst das noch gut, was im vergangenen Jahr nicht gut gewesen ist. Denn Gott ist ein gütiger Lehrer, vor allem seinen schwachen und dauernd versagenden Schülern gegenüber. Zudem weiß er wohl allein, wieviel guter Wille in so manchem Jahresheft verborgen ist. Dennoch ist es sein Wille, daß wir uns ein wenig Zeit nehmen, um so manchen Wiederholungsfehler offen und ehrlich mit ihm zu besprechen, damit wir mit seiner Hilfe ihre Hintergründe tiefer verstehen und auf manches in Zukunft besser achten, „trotz der unausbleiblichen Schwierigkeiten“, wie Papst Johannes Paul I. nüchtern und besonnen hinzufügt.

Inzwischen liegt nun ein neues Heft vor uns. In der letzten Nacht haben wir bereits seine erste Seite aufgeschlagen. Keiner von uns weiß, wie es am Ende des Jahres aussehen wird. Daher ist es sinnvoll, es mit einem Leitmotiv zu beginnen. Auf diese Weise könnten wir vor den gröbsten Unstimmigkeiten bewahrt bleiben. Zugleich haben wir so etwas wie einen roten Faden, an den wir uns halten können, was immer uns auch widerfahren mag.

Als ich nach einem solchen Leitmotiv Ausschau hielt, kam mir ein ganz kurzes Wort in den Sinn: „Tu adesto! – Du sollst dabeisein!" So sprachen die Menschen früherer Zeiten zu Beginn einer längeren Reise. Sie wollten den beschwerlichen, unüberschaubaren und oft gefahrvollen Weg nicht allein gehen. Gott sollte bei ihnen sein. „Denn", so sagten sie sich, „wenn Gott mit uns geht, dann wird alles gut."

„Tu adesto – Gott, du sollst dabeisein!" Mit diesem kurzen Gebet könnten wir bereits jeden Tag des neuen Jahres beginnen. „Gott, du sollst dabeisein, wenn es mir gutgeht, wenn ich glücklich bin, wenn ich Erfolg habe, wenn ich arbeite und ruhe, wenn ich mit anderen Menschen zusammenkomme, sei es am Stammtisch oder am Konferenztisch. Du sollst aber auch an den schweren und dunklen Tagen meines Lebens bei mir sein; dann, wenn mir etwas mißlingt, wenn ich einsam und verlassen am Boden liege, wenn ich nicht mehr weiß, wie es weitergehen soll, wenn Traurigkeit mein Herz gefangenhält. Du sollst bei mir sein am Tag der Versuchung, der Prüfung, der Schuld, der Krankheit und des Leides, vor allem aber am Tag meines Todes. Überall, wo ich bin, da sollst auch du sein, mich beschützend, mich führend, mich tragend."

„Tu adesto – Gott, du sollst bei mir sein!" Wenn wir jeden Tag des neuen Jahres in dieser Weise beginnen, wer könnte dann noch glauben, daß er seine vielen und unterschiedlichen Wege, die nun vor ihm liegen, allein gehen müßte? Wer könnte dann noch glauben, daß Gott ihn verläßt? Und selbst wenn wir es meinen, irgendwann werden wir erkennen, daß er uns gerade in solchen Augenblicken am nächsten war.

„Tu adesto – Gott, du sollst bei mir sein!" Das ist unsere Bitte. Gott wird sie hören, und er wird uns durch viele Zeichen die Gewißheit geben, daß er uns segnet und behütet, daß er sein Angesicht über uns leuchten läßt und uns gnädig ist, daß er uns sein Angesicht zuwendet und uns sein Heil schenkt.

Rudolf Stertenbrink OP

2. Sonntag nach Weihnachten: Joh 1,1–5.9–14

Der Schrei nach Hilfe kommt aus vielen Kehlen

Im Anfang war das Wort,
und das Wort war bei Gott,
und das Wort war Gott ...
In ihm war das Leben,
und das Leben war das Licht der Menschen.
Joh 1,1.4

Als sie mir gegenübersaß, wirkte sie, als sei sie von einem großen Schmerz getroffen worden und unmittelbar danach erstarrt. Es dauerte mehr als eine Stunde, ehe sie einen ersten Satz sagte: „Jetzt ist alles aus!" Dann begann sie am ganzen Leib zu zittern. Ihre Augen wurden riesig. Entsetzen und Angst las ich heraus. Nach etwa zehn Minuten verebbte das Zittern, wich der Ausdruck des Schreckens aus dem Gesicht. Nach einer weiteren Stunde, sie hatte bis dahin nichts weiter gesagt, bat sie, wiederkommen zu dürfen. Nach und nach, sehr langsam, sehr vorsichtig eröffnete sie im Verlauf vieler Gespräche ein Stück ihrer Lebensgeschichte. Sie war ein zartes Kind. Ihre Eltern wie ihre Geschwister haben sie durchaus gern gehabt.

„Aber", so erinnerte sie sich, „ich kannte schon sehr früh das Gefühl von Einsamkeit und Hilflosigkeit. Ich hatte große Angst vor vielem, was anderen Kindern, allen voran meinen Geschwistern, überhaupt keine Angst zu machen schien. Meine Eltern halfen sich mit Verdrängungs- und Durchhalteparolen wie: ‚Das ist doch alles nicht so schlimm!‘ ‚Davor brauchst du doch keine Angst zu haben!‘ ‚Keine Sorge, du schaffst das schon!‘

Ich lernte dabei, nicht mehr von meiner Angst zu sprechen, mit unendlicher Anstrengung alles zu verbergen, was in meinem Verhalten auf Angst schließen könnte. ‚Siehst du, es ist alles gar nicht so schlimm!‘ wurde ich belohnt. Für mich blieb es schlimm, wurde immer schlimmer. Ich lebte in zwei Welten. Die eine war die Welt meiner Angst, die andere die Welt meines gespielten Lebens in Tapferkeit.“

Später lernte sie einen jungen Mann kennen. Die Begegnungen mit ihm waren von vielen Ängsten begleitet. Es entstanden Zuneigung, Vertrauen, Liebe. Die junge Frau begann, von ihren Ängsten zu sprechen, und fand wenigstens hier und da Verständnis. Sie lebte auf. Sie erlebte die Liebe als eine verwandelnde Kraft. Als das Aufgebot bestellt war, fühlte sie sich, wohl zum erstenmal in ihrem Leben, wie auf Wolken. – Als sie mir kurz darauf im Sprechzimmer gegenübersaß, hatte ihr Freund ihr gerade eröffnet, daß aus der Hochzeit nichts werde, er habe sich anders entschieden.

Eine schreckliche Geschichte. Unmittelbar leuchtet ein, wie fürchterlich hier ein Mensch aus seiner Lebensbahn herausgeschleudert worden ist. Aber so fürchterlich dieses Schicksal ist, es ist eines, an dem sich mühelos tausend andere verdeutlichen ließen: der plötzliche Tod eines geliebten Menschen, der Verlust des Arbeitsplatzes, das Fallengelassenwerden durch einen guten Freund, nicht abzuschüttelnde Lasten eigener Lebensgeschichte, in seinen Absichten verkannt zu sein usw. Die Durchkreuzungen von Lebensbahnen sind ungeheuer vielfältig. Und der Schrei nach Hilfe, oft freilich ein stummer Schrei, kommt aus unendlich vielen Kehlen.

Was fällt uns ein, wenn wir einem Menschen gegenübersitzen, den es aus der Bahn geworfen hat? Können wir ihm das Wort zusprechen, von dem wir eben im Johannesevangelium hörten? Können wir ihm sagen, daß durch dieses Wort alles geworden ist, dieses Wort, das Leben ist? Ein Wort, das Licht in das Leben gebeutelter Menschen bringt? Ein Wort, das man in die menschliche Finsternis hineinsprechen kann? Ein Wort, das Macht hat, aus dem Tod des Lebens Fülle des Lebens werden zu lassen?

In vielen Gesprächen mit Menschen in Not und Verzweiflung hätte ich mir gewünscht, ein solches Wort sprechen zu können. Aber so, als ein Wunder wirkendes Wort, stand es mir nie zur Verfügung. Glatte Worte, ungedeckte, hatte ich oft im Kopf. Aber diese wollten nicht durch mein Herz und nicht über meine Lippen. Oft habe ich mich gefragt, ob mir die wirklich Wunder wirkenden Worte darum fehlten, weil mein eigener Glaube an das fleischgewordene Wort zu klein ist oder angesichts solchen Elends selber angstvoll erzittert. Vermutlich ist es oft so.

Und doch gibt es noch eine andere Ebene. Sie ging mir durch das bekennende Wort eines südamerikanischen Bischofs hilfreich auf. Dom Hélder Câmara schreibt einmal: „Wenn ich auf Menschen stoße, die ein großes Unglück getroffen hat, käme mir nicht der Gedanke, ihnen in einer solchen Situation von Gott zu erzählen. Aber mir kommt in einer solchen Situation immer der Gedanke, Gott von dem großen Unglück der in Not geratenen Menschen zu erzählen."

Gerade vor einem gläubigen Hintergrund nimmt sich menschliches Leid als besonders widersinnig aus. Wie läßt sich das Elend von Menschen mit der Vorstellung von einem Vater verbinden, der uns liebt, der uns, so hörten wir es noch in der Lesung aus dem Epheserbrief (1,3–5), mit allem Segen gesegnet hat, der uns – zusammen mit Christus, seinem geliebten Sohn – schon vor der Erschaffung der Welt erwählt hat, der uns in Liebe bestimmt, seine Söhne und Töchter zu werden?

Wir kommen gar nicht umhin zu sagen: Je ernsthafter wir glauben, daß es eine verläßliche Wahrheit gibt, um so mehr müssen wir gegenüber Menschen verstummen, an denen solche Verläßlichkeit Lügen gestraft zu sein scheint. Um so eifriger müssen wir aber im Sprechen und Fragen und Klagen Gott gegenüber werden, von dem wir uns verlassen fühlen.

„Mein Gott, mein Gott, warum hast du mich, warum hast du diesen Menschen verlassen?“ (vgl. Mt 27,46). Dieses Wort kommt einem als angemessenes Gebet, als Ruf, als Klage, als Anklage, zumindest als Ausdruck des Unverständnisses eher in den Sinn. Und spätestens da setzt das Stutzen ein: Denn gerade der, der dieses Gebet in einer tragischen Lebenssituation spricht, ist genau der, den das Johannesevangelium das Leben und das Licht spendende Wort nennt.

Diesem Wort, das am Anfang war, das bei Gott war, ja, das Gott ist, diesem Wort fehlen die Worte, als es geboren wird. Dieses fleischgewordene Wort lernt nur langsam und allmählich die Sprachen der Menschen. Dieses Wort ist manchesmal sprachlos vor der Bösartigkeit des Menschen. Nur drei Jahre seines Lebens kommt es zu Wort. Nur diese drei Jahre redet es „wie einer, der Macht hat“, um dann wieder vor Pilatus wie jemand zu verstummen, der einsieht, daß alles keinen Zweck hat, weil die Frage nach der Wahrheit doch nie ernst gemeint ist und die Konsequenzen so schwierig sind. Dieses Wort meldet sich dann doch noch einmal nach der Klage: „Mein Gott, mein Gott, warum hast du mich verlassen?“ (Mt 27,46). Da sagt es: „Vater, in deine Hände empfehle ich meinen Geist“ (Lk 23,46). Und: „Vergib ihnen, denn sie wissen nicht, was sie tun“ (Lk 23,34). Gegen seine menschlichen Erfahrungen hält das Wort am Vater fest, trotz eines Lebens zwischen Krippe und Kreuz.

Was fällt uns ein, wenn wir einem Menschen gegenübersitzen, den es aus der Bahn geworfen hat? Was fällt uns ein, wenn wir selbst aus der Bahn geworfen sind? Dann haben wir keine sprachgewaltige Antwort. Darum sind wir auch nicht zum alles wissenden und alles erklärenden Reden aufgerufen. Wenn wir etwas haben, dann ist es so etwas wie ein Weg, den das Wort, weiß Gott mit vielen Dunkelheiten, gegangen ist. Auf eine kurze Form gebracht, müßte er vielleicht lauten: „Mein Gott, ich lasse dich nicht. Ich kann es nicht.“

Das klingt nicht nach viel. Und doch hat es gereicht, durch Jahrtausende Menschen auf die Spur eines Lebens zu setzen, das nicht in der Sinnlosigkeit versinkt, weil doch in diesem Wort zugleich die Hoffnung aufgebrochen ist, daß die tausend Tode, die Menschen sterben, nicht das letzte Wort sind; daß eben doch sinnvoll bleibt, sich in den Händen dessen aufgehoben zu wissen, den Jesus seinen Vater nannte und der ihn nicht im Tod gelassen hat.

Manuel Merten OP

Fest der Erscheinung des Herrn: Mt 2,1–12

Sternstunden des Lebens

Als Jesus zur Zeit des Königs Herodes
in Betlehem in Judäa geboren worden war,
kamen Sterndeuter aus dem Osten nach Jerusalem und fragten:
Wo ist der neugeborene König der Juden?
Wir haben seinen Stern aufgehen sehen
und sind gekommen, um ihm zu huldigen.
Mt 2,1–2

Das griechische Wort „Epiphanie", das dem heutigen Fest seinen Namen gibt, heißt „Erscheinung". Schon damit wird jedem, der Gott sucht, etwas Wichtiges gesagt: Kein Mensch kann Gott unmittelbar erkennen. Wir können ihn immer nur als den erfahren, der in den verschiedensten Dingen dieser Welt in Erscheinung tritt. So ist es heute, so war es damals.

Ich denke an Edith Stein, die ungläubige, aber Gott suchende Philosophin. In den dunkelsten Tagen ihres Lebens war sie bei ihrer Freundin zu Besuch. Dort fiel ihr ein Buch in die Hand. Sie las darin die ganze Nacht. Als sie es am Morgen ausgelesen hatte, sagte sie: „Das ist die Wahrheit!" Dieses Erlebnis wurde zur Sternstunde ihres Lebens und Ursache eines radikalen Neubeginns. In einem Buch also war ihr Gottes Wirklichkeit aufgegangen.

Dem jungen gottlosen Dichter Paul Claudel war Gottes lichtvolle Nähe in der Kathedrale von Paris während eines weihnachtlichen Gottesdienstes erschienen. Ein Knabenchor sang gerade das Magnificat. Da geschah auf einmal etwas Unerwartetes, das für das ganze Leben des Dichters bestimmend sein sollte. Claudel bekennt: „In einem Nu wurde mein Herz ergriffen, ich glaubte … Wie glücklich doch die Menschen sind, die einen Glauben haben! Wenn es wirklich wahr wäre? Es ist wahr! Gott existiert, er ist da. Es ist jemand, es ist ein ebenso persönliches Wesen wie ich! Er liebt mich, er ruft mich."

Ignatius von Loyola ging der Stern Gottes auf dem Krankenbett auf. Augustinus wurde durch eine Kinderstimme zu ihm hingeführt. Sie alle erlebten, was auch die drei Weisen aus dem Morgenland zur Wende ihres Lebens brachte. Sie erfuhren das Aufleuchten von Gottes Liebe in etwas ganz Alltäglichem. Oft sind es Nebensächlichkeiten, die auf einmal voller Licht sind und die uns so zu einem Stern werden.

Vielleicht fragen Sie an dieser Stelle, wann wir selbst einmal in dieser Weise Gottes Liebe und Nähe erfahren durften? Ein östlicher Mönch antwortet darauf: „Jeder Mensch kann am Abend Gott zumindest für drei Dinge danken." Überdenken wir, ob dies stimmt. So kann uns zu Bewußtsein kommen, wie oft Gott den Stern seiner Liebe auch uns in unscheinbaren Dingen und alltäglichen Ereignissen aufleuchten läßt.

Immer wieder sucht Gott uns auf seine Weise zu begegnen, um uns auf den Weg zu Jesus zu bringen. Wir sehen es deutlich im Hinblick auf die drei Weisen. Wenn sie auch keine Könige waren, so waren sie doch königliche Menschen. In Ungewißheit und Wagnis nahmen sie Abschied von ihrer kleinen und vertrauten Welt. Mutig und mit Gottvertrauen verließen sie ihr bisheriges Leben und machten sich auf einen mühsamen Weg ins Unbekannte. So erweisen sie sich als Menschen, die nicht in Vordergründigem die Sinnerfüllung ihres Lebens suchen, in denen vielmehr die Sehnsucht nach dem Unendlichen und Ewigen lebt.

In dieser Sehnsucht gingen die drei Weisen ihren Weg. Nie gaben sie auf. Als der Stern sie verließ, als man ihnen in der Stadt mit Verständnislosigkeit, List und Lüge begegnete, brachen sie das Begonnene nicht ab. Ruhig und besonnen verfolgten sie ihr Ziel. Und als sie es erreicht hatten, wurden sie nicht irre, als sich der von ihnen gesuchte König als ein einfaches Kind erwies, das nicht in einem Palast, sondern in einem Stall geboren worden war. Auf der Suche nach Gott fanden sie ihn im Antlitz dieses Kindes.

Weil sie einem Stern folgten, sind sie für uns zu einem Stern geworden, durch den uns aufgeht, was Glaube eigentlich bedeutet: „Sich herausrufen lassen aus seinen Sicherungen und Absicherungen; sich auf den Weg machen, den Gott uns durch seine Zeichen weist; nicht aufgeben, wenn dieser Weg ins Dunkel führt."

Es ist verwunderlich: Obwohl diese Weisen von niemandem auf die Knie gezwungen werden konnten, knien sie sich vor diesem Kind nieder, um in ihm Gottes unergründliche Liebe anzubeten. Von „Anbetung" ist heute nur noch selten die Rede. Was ist darunter zu verstehen? Teilhard de Chardin antwortet: „Anbeten heißt, sich im Unergründlichen verlieren, ins Unausschöpfbare eintauchen, im Unvergänglichen Frieden finden, in der begrenzten Unermeßlichkeit aufgehen, sich von Grund auf jenem schenken, der ohne Grund ist! Je mehr der Mensch Mensch wird, um so mehr wird er von dem Bedürfnis gepackt, anzubeten." In ihrer Anbetung offenbaren die drei Weisen ihr königliches Herz.

Die Tatsache, daß sie auf einem anderen Weg nach Hause zurückkehrten, bringt unter anderem zum Ausdruck, daß sie durch die Anbetung Gottes in diesem Kind andere Menschen geworden waren; denn Menschen, die in Jesus Gott gefunden haben, machen immer eine radikale Wandlung durch. Sie lassen sich ihre Weisungen von oben, vom Himmel, geben. Das ist das Geheimnis ihrer Menschlichkeit. Von solcher Menschlichkeit ist bei Herodes wenig zu finden. Er schaut nicht nach oben; er schaut auf sich selbst. Daher ist er zu allem fähig. Es ist uns ein

Wort überliefert, das Herodes gesprochen haben soll und das uns zeigt, wer er wirklich war: „Wenn ich tot bin, wird keiner weinen, aber ich werde dafür sorgen, daß viele Tränen fließen." Im Gegensatz zu Herodes denken die Weisen nicht von sich, sondern von Gott her: „Herr, was willst du, das ich tun soll?"

Offenheit, Einfachheit und Frömmigkeit, das sind die königlichen Tugenden der Weisen. Wo sie sich in uns entfalten, da werden wir unsererseits zu Weisen und zu einem Stern für manchen anderen. *Rudolf Stertenbrink OP*

Sonntag nach dem 6. Januar (Taufe des Herrn): Mk 1,7–11

Wer war Jesus von Nazaret?

Eine Stimme aus dem Himmel sprach:
Das ist mein geliebter Sohn,
an dem ich Gefallen gefunden habe.
Mt 3,17

Die Geschichte kennt viele Menschen, die Großes geleistet haben und dann doch in Vergessenheit geraten sind. Ihr Werk lebt zwar in den Geschichtsbüchern und in den Köpfen der Historiker weiter, für den Mann auf der Straße aber sind sie so, als hätten sie nie existiert.

Mit Jesus von Nazareth ist es anders. Obwohl er vor zweitausend Jahren gelebt hat, höchstens sechsunddreißig Jahre alt wurde, davon wahrscheinlich nur drei Jahre in der Öffentlichkeit wirkte und schließlich am Kreuz starb, ist er allerorts bekannt. In Gottesdiensten wird seiner täglich auf der ganzen Erde gedacht. Nicht zählen kann man die Menschen, die in seine Nachfolge getreten sind. Er muß demnach einer sein, dem man sein ganzes Leben übereignen kann.

Übersehen wir hier trotzdem nicht, daß die Person Jesu viele

Deutungen erfahren hat. Sie reichen bis zur Meinung, er sei ein tragisch gescheiterter Phantast gewesen. Daher die Frage: Wer war Jesus von Nazaret wirklich? Diese Frage, so sagt der Evangelist Matthäus in seiner Botschaft zum heutigen Festtag, kann nur Gott selbst beantworten.

Wie kommt er zu dieser Überzeugung? Wir kennen doch sein Leben. In Nazaret ist er aufgewachsen. Dort arbeitete er als Bauschreiner. Das heißt: Er baute armselige Wohnhütten. Diese bestanden aus einem einzigen Raum, einer großen Tür und einem Dachstuhl. Fenster gab es keine. Bis zu seinem dreiunddreißigsten Lebensjahr hat er auf diese Weise sein Brot verdient.

Zu diesem Zeitpunkt, so erzählt uns nun Matthäus, machte Johannes der Täufer von sich hören. Auch in die Richtung von Nazaret rief er: „Bekennt eure Sünden, und laßt euch taufen!" Da machten sich die Leute von Nazaret auf zum Flußbett. Und Jesus ging mit ihnen. Wäre er zu Hause geblieben, er hätte sich von dem Bußgang seiner Verwandten und Bekannten ausgeschlossen. Das aber wollte er nicht. Er verstand sich als ihr Menschenbruder, der mit ihnen regelmäßig in die Synagoge ging, um mit ihnen dort zu beten. Daher ist es nicht verwunderlich, daß auch er sich am Jordan in die Reihe der sündigen Menschen stellte, obwohl in ihm die gottgeschenkte Gewißheit lebte, mit dem Himmel vollkommen eins zu sein.

In dem Augenblick aber, als er wie alle anderen um die Taufe bat, da passierten ungewöhnliche Dinge. Johannes will ihn nicht taufen: „Du stehst näher bei Gott als ich!" erklärte er Jesus. Doch Jesus bestand darauf. Kaum war es geschehen, da öffnete sich der Himmel, und eine Stimme war zu hören, die sagte: „Das ist mein geliebter Sohn, an dem ich Gefallen gefunden habe." Was haben diese Worte zu bedeuten?

Zunächst: Jenseits unserer sinnlichen Wahrnehmung gibt es noch eine ganz andere Welt, die Welt Gottes. Das vergessen wir oft. Wir ziehen also nicht ins dunkle Nichts hinein, sondern in ein Haus aus Licht.

Darüber hinaus wird Jesus mit diesen Worten vom Himmel

her als der Sohn Gottes von Ewigkeit her bestätigt. Jesus ist also nicht erst durch seine Taufe zum Sohn Gottes geworden. Er ist es vielmehr von Ewigkeit her.

Schließlich empfängt Jesus durch jenes Wort den Auftrag, die Menschen aus der Gefangenschaft ihrer Schuld und ihrer Not herauszuführen. Wer also Jesus Christus sucht, dem wird hier gesagt, wo er zu finden ist: mitten unter den schwachen und hilfsbedürftigen Menschen; denn wo immer ein Mensch an seiner Armseligkeit, seiner Hinfälligkeit oder Schuld leidet, da steht er neben ihm, um ihm im Auftrag Gottes zu sagen: „Dein Leben mag aussehen, wie immer es will, glaube nur, du bist von Gott geliebt. Dir dies ins Herz zu schreiben, hat Gott mich zu dir geschickt." Das ist die „Frohbotschaft" unseres Glaubens, die nicht zuletzt eine „Trostbotschaft" ist.

Vielleicht sagt hier der eine oder andere, das Gesagte sei zu schön, um wahr zu sein. Möglicherweise haben wir auch Furcht um den Bestand von Sitte und Moral; denn so könnten wir meinen, wenn Gott in dieser bedingungslosen Weise liebt, verlieren das sittliche Leben seinen Ernst und alle Umkehr, um die es doch im Evangelium wesentlich geht, ihre Bedeutung.

Doch diese Einwände übersehen, daß das unüberbietbare Erbarmen Gottes, wie Jesus es verkündet, sittliches Leben und wirkliche Umkehr erst möglich macht. Umkehr bedeutet ja, daß der Mensch seine unguten Wege verläßt und so in ein neues Leben hinein verwandelt wird. Was aber verwandelt den Menschen wirklich? Gewiß nicht die Angst, bestraft zu werden. „Nur wenn der Mensch von der Liebe getroffen wird, nur wenn er spürt, daß es wenigstens einen gibt, der ihn lieb hat und ganz annimmt, nur dann kann er sich bis in sein tiefstes Wesen hinein ändern, nur dann kehrt er wirklich um" (Gerhard Lohfink).

Wer sich daher auf die Botschaft von Gottes bedingungsloser Liebe einläßt, dem öffnet sich der Himmel, und das nicht erst im Tod, sondern schon jetzt, mitten in diesem Leben. Christ sein heißt daher: an das Licht glauben, auch in dunkelster Nacht; an das Gute glauben, auch in böser Zeit; an die Freude glauben, auch mitten im Leid; an die Vergebung glauben, selbst bei schwerster Schuld; an das Leben glauben, auch im Tod; an die Liebe glauben, auch wenn die Welt voller Rätsel ist; an die Zukunft glauben, auch wenn alle Wege verstellt sind.

Mit seiner Taufe lädt uns Jesus ein, in sein eigenes Gottesverhältnis einzutreten und Gott unseren Vater zu nennen. Das ist eines der tiefsten Geheimnisse unseres Glaubens. Es liegt in dem kindlichen Vertrauen, Gott in unserem persönlichen Leben Vater sein zu lassen, indem wir unser Leben seinen Händen anvertrauen und nach seinem Willen fragen.

Warum erfahren wir also in unserem Leben so wenig die liebende Nähe Gottes? Vielleicht liegt es daran, daß wir uns vor dem Abenteuer seiner Liebe fürchten. Wie aber kann Gott unser Vater sein, wenn wir unser Leben nicht in seine Hände geben wollen? Jesus Christus sagt uns: Alles wird sich in deinem Leben ändern, ja, du wirst überhaupt erst erfahren, was Leben ist, wenn du täglich neu den Sprung in Gottes Liebe wagst.

Emmanuel Renz OP

2. Sonntag im Jahreskreis: Joh 1,35–42

Die Liebe beginnt immer in den Augen

Als Jesus sah, daß sie ihm folgten,
fragte er sie: Was wollt ihr?
Sie sagten zu ihm: Rabbi, wo wohnst du?
Er antwortete ihnen: Kommt und seht!
Joh 1,38–39

Wie hat die Geschichte Jesu begonnen? Alle Evangelisten beschreiben mit großer Sorgfalt, wie Jesus Jünger zu sich rief. So geschah es beispielsweise mit Andreas und Petrus. Hier zeigt sich: Jesus und die ersten Jünger bilden die Urzelle der Kirche.

Daher gehört die Nachfolge Christi zum Wesen des kirchlichen Glaubens.

Die Berufungsgeschichte der ersten Jünger nach dem Evangelisten Johannes, in der wir fünf Personen begegnen, ist so kunstfertig wie ein Streichquintett komponiert. Sofort fällt ins Auge, wie sehr sie sich vom Bericht des Evangelisten Markus über die Gewinnung der ersten Jünger unterscheidet. Darauf kommen wir am nächsten Sonntag zu sprechen. Heute sei dazu nur soviel gesagt: Markus verlegt die Szene der Berufung an den See Gennesaret, also etwa hundert Kilometer nördlich von jener Stelle am Jordan entfernt, an der Johannes der Täufer taufte und an der nach dem Evangelisten Johannes Jesus seine ersten Jünger gewann. Die Frage, wer von den beiden Evangelisten genau berichtet hat, wird sich später als nebensächlich erweisen.

Wenden wir uns heute dem eben gehörten Bericht des Evangelisten Johannes zu. Er erzählt von Johannes dem Täufer, der mit zwei von seinen Jüngern am Jordan steht. Offenbar sind sie in ein Gespräch vertieft. In diesem Augenblick geht Jesus an ihnen vorüber. Er ist allein. Es ist ein bemerkenswertes Bild. Auch später begegnen wir Jesus gelegentlich als einzelnem: Er ist allein im Gebet, allein im Garten Getsemani, allein vor dem Hohenpriester. Aber hier ist sein Alleinsein von anderer Art. Hier hat er noch keine Jünger, die mit ihm gehen, weil sie sich ihm zugehörig fühlen.

Was geschieht? Der Täufer richtet seinen Blick auf Jesus und sagt: „Seht, das Lamm Gottes." Damit verweist er die beiden Jünger auf Jesus: „Seht, das ist der Mensch, der nicht sich selbst, sondern ganz Gott gehört. Schaut ihn an."

Die Jünger sagen kein Wort. Sie lösen sich von Johannes und gehen Jesus nach. Da wendet sich Jesus um. Wiederum geht es hier um den Blick. Ausdrücklich heißt es: „Er sah, daß sie ihm folgten" (Joh 1,38). Sie blicken auf Jesus, und Jesus blickt auf sie. Dann fragt er sie: „Was wollt ihr?" Sie sagen: „Rabbi, wo wohnst du?" Dies ist eine sehr persönliche Frage. Die beiden wollen weniger etwas von ihm wissen; sie wollen vielmehr bei ihm bleiben. Wenn man aber bei jemandem bleiben will, dann möchte man auch wissen, wo er wohnt.

Aber die Frage: „Wo wohnst du?“ reicht tiefer, als es die beiden erahnen können. Denn wie kein anderer kommt Jesus von Gott. Wie kein anderer wohnt er bei Gott. Daher ist die Frage nach der Wohnung Jesu die Frage nach Gott selbst. Aus diesem Grund nennt Jesus auch nicht seine Heimatadresse. Vielmehr erklärt er ihnen schlicht: „Kommt und seht.“ Das sind die ersten Worte Jesu im Johannesevangelium. Auch in ihnen ist die Rede vom Sehen.

„Da gingen sie mit ihm.“ Sie sehen und bleiben jenen Tag bei ihm. Wieder wird berichtet, daß die Jünger sehen. Kein Wort sagt uns etwas darüber, was sie bei Jesus zu Hause erlebt und was sie miteinander besprochen haben. Doch durch dieses Zusammensein mußten sie zur Gewißheit gekommen sein: „Er ist der Messias!“

Der erste, den Andreas am nächsten Tag trifft, ist sein Bruder Simon. Zweifellos erzählte er ihm, was er am Abend vorher erlebt hatte: „Wir haben den Messias gefunden; wir haben den gefunden, nach dem sich jeder in der Tiefe seiner Seele sehnt.“ Damit möchte er ihm sagen: „Wer Jesus gefunden hat, der hat Gott gefunden und mit ihm alles, was er bislang suchte.“

Auf diese Weise weckt er in Simon den Wunsch, seinerseits Jesus zu sehen. Dann aber heißt es nicht: „Als er Jesus sah“, sondern: „Jesus blickte ihn an und sagte: Du bist Simon, der Sohn des Johannes, du sollst Petrus – Fels – heißen“ (Joh 1,42). Jesus erkannte ihn gewiß nicht etwa deshalb, weil Andreas am Abend zuvor von seinem Bruder gesprochen hatte. Simon steht da und sagt kein Wort. Durch den Blick Jesu wurde er in seinem Wesen verwandelt.

Wie hat die Geschichte Jesu mit seinen ersten Jüngern angefangen? Wie hat seine Geschichte mit uns begonnen? Am Anfang steht immer der Anruf der Liebe, das liebevolle Angeschaut-Werden, das bis in die letzten Tiefen des Herzens reicht. Darum beschreiben die Evangelisten den Anfang der Geschichte mit Jesus so sorgfältig. In gewisser Weise beschreiben sie den Anfang ihrer eigenen Liebe. Daher ist in unserer Szene so wenig von Worten und so viel vom Blick der Liebe die Rede.

Auch liebende Menschen denken gern an den Anfang ihrer Liebe zurück. Sicherlich begann auch sie damit, daß sie einander anschauten; denn die Liebe beginnt immer in den Augen. Ihr folgt der Wunsch, beieinander zu bleiben. Auch die beiden Jünger des Täufers möchten bei Jesus bleiben. Was ist der Grund? Sie fühlten sich von ihm bis in ihr Innerstes geliebt. Nachfolge Christi ist also keine moralische Verpflichtung; sie ist vielmehr die Wirkung der Liebe Gottes. Gewiß hat auch die Geschichte Jesu mit uns mit einem liebevollen Anblick begonnen. Wer dies nicht vergißt, in dem bleibt die Geschichte seiner Berufung lebendig.

Der heilige Pfarrer von Ars erzählt einmal, wie das konkret geschehen kann: „Hier in der Pfarrei lebte ein Mann, der vor einigen Jahren gestorben ist. Frühmorgens vor seinem Gang aufs Feld ließ er seine Hacke vor der Tür stehen und trat in die Kirche. Ein Nachbar, der auf dem gleichen Stück arbeitete und die Gewohnheit hatte, ihn zu beobachten, wunderte sich über seine Abwesenheit. Er kehrte um. Dabei kam ihm der Einfall, in die Kirche zu gehen. Tatsächlich traf er ihn dort. – ‚Was machst du denn so lange da?' fragte er ihn. Dieser antwortete ihm: ‚Der Herr schaut mich an, und ich schaue den Herrn an.'" Dieser Geschichte fügte der heilige Pfarrer von Ars hinzu: „Der Herr blickte ihn an, und er blickte den Herrn an. Alles liegt daran." Hier liegt in der Tat das Geheimnis einer jeden Berufung.

Silvester Beckers OP

Wann nimmt das Leben eines Menschen eine dramatische Wende?

Als Jesus am See von Galiläa entlangging,
sah er Simon und Andreas, den Bruder des Simon,
die auf dem See ihr Netz auswarfen; sie waren nämlich Fischer.
Da sagte er zu ihnen: Kommt her, folgt mir nach!
Ich werde euch zu Menschenfischern machen.
Sogleich ließen sie ihre Netze liegen und folgten ihm.
Mk 1,16–18

Wie hat die Geschichte Jesu mit seinen ersten Jüngern angefangen? Sie begann mit einem Anruf, dem die Jünger folgten. Darin stimmen alle Evangelisten überein. Unterschiedlicher Auffassung sind sie hinsichtlich der Frage, wie es konkret vor sich ging. Nach dem Evangelisten Johannes, so legten wir am letzten Sonntag dar, verlief alles völlig undramatisch. Andreas wird als Jünger des Johannes vorgestellt. Er wechselt einfach seinen Meister und folgt Jesus nach. Das geschieht nahezu unauffällig und lautlos.

Im Gegensatz dazu hören wir am heutigen Sonntag aus dem Mund des Evangelisten Markus, daß Jesus seine Jünger nicht am Jordan, sondern am See Gennesaret gewinnt. Jesus ruft sie mitten aus ihrer Arbeit heraus. Dieser Ruf bedeutet für sie eine dramatische Wende ihres bisherigen Lebens. Damit zeigt sich, daß Berufung immer und überall, unauffällig, aber auch dramatisch geschehen kann. Anders als bei Johannes erscheint bei Markus Petrus als der Erstberufene der Jünger. Johannes erwähnt, daß Jesus den Simon beim Namen nennt und ihm einen neuen Namen gibt. Von Markus hören wir hingegen, daß Jesus den Jüngern über die bloße Nachfolge hinaus einen neuen Beruf gibt: „Kommt, folgt mir nach! Ich werde euch zu Menschenfischern machen“ (1,17).

Diese beiden Berichte lassen sich also nicht zwanglos in Übereinstimmung bringen. Daher die Frage: Welcher der beiden Berichte kommt der historischen Wahrheit am nächsten? Das ist wahrscheinlich die Erzählung des Markus; denn dieser hat sein Evangelium viel früher als Johannes geschrieben. Deshalb ist er den beschriebenen historischen Ereignissen um Jahrzehnte näher.

Doch gehen wir einen Schritt weiter. Die Szene, die Markus erzählt, gehört zur literarischen Gattung der „Berufungserzählungen". Solchen Berufungserzählungen begegnen wir bereits im Alten Testament. Man denke beispielsweise an die geschichtlich älteste Form der Berufungsgeschichten. Sie findet sich in der Heiligen Schrift im 1. Buch der Könige. Dort wird erzählt, wie der Prophet Elija den Elischa in seine Nachfolge berief. „Als Elija von dort weggegangen war, traf er Elischa, den Sohn Schafats. Er war gerade mit zwölf Gespannen am Pflügen, und er selbst pflügte mit dem zwölften. Im Vorbeigehen warf Elija seinen Mantel über ihn. Sogleich verließ Elischa die Rinder, eilte Elija nach und bat ihn: Laß mich noch meinem Vater und meiner Mutter den Abschiedskuß geben; dann werde ich dir nachfolgen" (1 Könige 19,19–20).

Schauen wir uns diese Berufungsgeschichte ein wenig genauer an, so erkennen wir, daß sie nach einem ganz bestimmten Schema aufgebaut ist. Das gilt auch für die Berufungsgeschichten im Neuen Testament. Das Schema besteht in der Regel aus drei Elementen: 1. Die Situationsangabe: Der Meister trifft den Jünger, den er berufen will, während dieser seinen Beruf ausübt. 2. Die Berufung: Der Jünger wird durch einen Ruf oder durch eine Symbolhandlung gewonnen. 3. Die Nachfolge: Der Jünger verläßt seinen Beruf und folgt seinem Meister. Gelegentlich tritt als viertes Element ein Verzögerungsmotiv hinzu: der Abschied von den Eltern.

Genau nach diesem Schema erzählt auch Markus die Gewinnung der ersten Jünger Jesu. Dabei war es nicht seine erste Absicht, den historischen Verlauf genau zu schildern. Durch seine Erzählung wollte er vielmehr begründen, warum die Urkirche Heidenmission betrieb. Daran nahmen nämlich manche aus dem Judentum gewonnene Christen Anstoß. Den Juden war und ist noch heute missionarischer Eifer fremd. Indem nun Markus in das alte Berufungsschema das Wort vom Menschenfischer einbaut, begründet er die Missionspraxis der Urkirche durch ein Machtwort Jesu.

Stehen wir also mit der Frage nach der Historizität der Berufungsgeschichte wieder mit leeren Händen da? Vergleichen wir noch einmal die alttestamentliche Urform der Berufungsgeschichte im 1. Buch der Könige mit der Erzählung bei Markus. Im 1. Buch der Könige heißt es: „Als Elija von dort wegging, traf er Elischa, der gerade pflügte." Bei Markus lesen wir: „Als Jesus am See von Galiläa entlangging, *sah* er Simon und Andreas ... Sie warfen gerade auf dem See ihr Netz aus ... Als er ein Stück weiterging, *sah* er Jakobus ... und seinen Bruder Johannes. Auch sie waren im Boot und richteten ihre Netze her" (Mk 1,16–19). Was zeigt dieser Vergleich? In der neutestamentlichen Erzählung ist wiederholt vom Sehen die Rede. Das bedeutet: Jesus gewinnt seine Jünger vor allem durch das liebevolle Anschauen.

Liebe beginnt damit, daß wir einander anschauen. Das hatten wir bereits im Bericht des Johannes festgestellt. Wie Johannes, so macht also auch Markus deutlich, daß es der liebende Blick der Erwählung ist, der in den Jüngern das Vertrauen weckt und sie in die Nachfolge Jesu ruft. So zeigt sich auch hier: Die Geschichte mit Jesus hat für die ersten Jünger, für die Evangelisten und auch für uns mit der Erfahrung der Liebe begonnen. Jesus ist die Offenbarung der grenzenlosen Liebe des Vaters zu den Menschen. Das ist es, was uns alle Evangelisten sagen.

Da quälen wir uns mit der Frage herum, welche der beiden Berufungsgeschichten die historisch getreuere ist. Nun erkennen wir, daß sie im wesentlichen übereinstimmen. Worin besteht dann aber der Hauptunterschied zwischen Markus und Johannes? Markus schildert die Berufung der Jünger als eine dramatische Wende ihres Lebens. Geschieht es aber nicht auch heute noch, daß ein Leben eine dramatische Wende nimmt, sobald ein Mensch in Liebe entflammt wird?

Über Johannes hinaus berichtet Markus zudem vom Missionsbefehl Jesu: „Ich werde euch zu Menschenfischern machen.“ Berufung ist Liebeserfahrung. Sie ist die Erfahrung einer Liebe, die niemand für sich selbst behalten kann. Wer erfährt, wie es die Jünger erfuhren, daß er von Gott grenzenlos geliebt ist, erfährt diese Liebe als Gottes Zuwendung zu allen anderen Menschen. Von hierher verstehen wir Paulus, wenn er schreibt: „Es liegt ein Zwang auf mir. Weh mir, wenn ich das Evangelium nicht verkünde“ (1 Kor 9,16).

Silvester Beckers OP

4. Sonntag im Jahreskreis: Mk 1,21–28

Jesus selbst ist das Wunder

Jesus befahl dem unreinen Geist: Schweig und verlaß ihn!
Der unreine Geist zerrte den Mann hin und her
und verließ ihn mit lautem Geschrei.
Mk 1,25–26

Es war beim Abendessen in einem Dorfgasthaus. Am Nebentisch saß ein Herr mittleren Alters hinter einem großen Glas Bier. Plötzlich fiel er vom Stuhl und lag mit dem Rücken auf dem Boden. Dabei trommelte sein Körper in einem Schüttelkrampf auf dem Boden. Der Mann, der offensichtlich das Bewußtsein verloren hatte, verdrehte die Augen und hatte Schaum vor dem Mund. Zwei Männer sprangen hinzu, um ihn festzuhalten, was aber vollkommen unmöglich war. Sie stützten seinen Kopf, damit er nicht weiter auf den Boden aufschlug. Ein Arzt wurde gerufen. Dieser ließ einen Krankenwagen kommen, der den immer noch in Krämpfen bebenden Mann ins Krankenhaus brachte. Einige Zeit später erhielt der Wirt einen Anruf: „Dem Kranken geht es besser. Er dankt denen, die sich um ihn gekümmert haben.“

Unter dem Stichwort „Epilepsie“ lesen wir im Lexikon: „Auch Fallsucht genannt, äußert sich in Anfällen, die mit

Krämpfen, Zungenbiß, Schaum vor dem Mund und Einnässen verbunden sind. Seelische Veränderungen bei Epileptikern: Mißtrauen, Reizbarkeit, Wutausbrüche, Intelligenzverlust. Vorgefühl vor den Anfällen, oft nur Bruchteile von Sekunden, werden Aura genannt. Sie sind verbunden mit abnormen visuellen und akustischen Wahrnehmungen. Dabei zuweilen das Gefühl einer ganz ungewöhnlichen Helle des Geistes, die den Sinn der Welt und des Lebens im Augenblick erfaßt. Im Altertum ‚Morbus Sacer – Heilige Krankheit' genannt. Einiges spricht dafür, daß Paulus Epileptiker war. Ganz gewiß war es Dostojewski, der verschiedentlich in seinen Werken die Ekstase in der Aura beschrieb."

Das Krankheitsbild der Epilepsie entspricht ziemlich genau dem Verhalten jenes Mannes, von dem es im Evangelium (Mk 1,21–28) heißt, daß er von einem unreinen Geist besessen war. Mit anderen Worten: Der Mann, von dem Markus erzählt, hatte offensichtlich einen epileptischen Anfall. Doch wußte man in der Antike nicht, daß Epilepsie eine ererbte oder eine nach einer Verletzung auftretende Hirnerkrankung ist. Darum wurden alle Kräfte, die vor allem die geistig-seelische Gesundheit auf unsichtbare und unbegreifliche Weise zerstörten, auf einen unreinen oder bösen Geist zurückgeführt. Zur Zeit Jesu herrschte die allgemeine Überzeugung, daß in solchen Fällen Heilungen erst möglich sind, wenn der unreine Geist den von ihm besessenen Menschen verläßt.

Von Jesus wissen wir, daß er geistige und körperliche Krankheiten heilte und damit Aufsehen erregte. Die Evangelisten berichten über verschiedene solcher Austreibungen. Deswegen griffen ihn seine Gegner an: „Es muß Beelzebul, der Anführer der Dämonen, sein, mit dessen Hilfe er die Dämonen austreibt" (Mt 12,24). Damit wollten sie sagen: „Du bist selber vom Teufel besessen." Doch Jesus erwiderte ihnen: „Wenn ich die Dämonen durch den Geist Gottes austreibe, dann ist das Reich Gottes schon zu euch gekommen" (Mt 12,28).

Auch die Art und Weise, wie Jesus unreine Geister austrieb,

wird von den Evangelisten nach einem festen Schema berichtet: Zunächst ist von der Begegnung des Exorzisten mit dem Dämon die Rede. Ihr widersetzt sich der Dämon. Es folgt das Schweigegebot und der Ausfahrbefehl des Exorzisten. Daraufhin fährt der Dämon unter einem letzten Aufbegehren aus. Die Erzählung endet jeweils mit dem Staunen der Augen- und Ohrenzeugen, die die wunderbare Heilung überall weitererzählen.

Diesem Schema folgt auch die Austreibungsgeschichte, von der das Evangelium zum heutigen Sonntag erzählt. Doch im Unterschied zu außerbiblischen Austreibungsgeschichten spricht sie von keinerlei magischen Manipulationen Jesu. Er bedient sich allein des Wortes. Auf das Gerede des unreinen Geistes läßt er sich nicht ein. Vielmehr befiehlt er ihm: „Schweig und verlaß ihn!“ Dieses Machtwort ist alles andere als eine Zauberformel. Es ist vielmehr eingebunden in die Autorität der Persönlichkeit Jesu, in sein machtvolles Auftreten und Sprechen.

So sagt uns der Evangelist mit aller Klarheit: Nicht die außergewöhnlichen Taten sind die eigentlichen Wunder Jesu. Das eigentliche Wunder ist Jesus selbst. Er steht eindeutig im Mittelpunkt unserer Geschichte. Daher wird von dem Kranken so gut wie nichts gesagt. Auch wird nicht erwähnt, er habe sich nach seiner Heilung bedankt. Von dem unreinen Geist hören wir nur, wozu Jesus gekommen ist und wer er seinem Wesen nach ist, nämlich der Heilige Gottes. Von den Gottesdienstbesuchern erfahren wir nur, wie sie außer sich sind vor Staunen. In dem, was sie hören und sehen, erkennen sie eine ganz neue Lehre: „Da erschraken alle, und einer fragte den anderen: Was ist das? Es ist eine ganz neue Lehre, und sie wird mit Vollmacht verkündet“ (Mk 1,27).

Die Frage: „Was ist das?“ lautete wohl ursprünglich: „Wer ist das?“ Auf diese Frage steuert das ganze Evangelium hin. In ihr steht Jesus Christus vor uns. Er ist ein Mensch, und doch ist er mehr als das; denn die unreinen Geister gehorchen keinem Menschen. Bei der Berufung der ersten Jünger war es das Geheimnis Gottes als das Geheimnis der Anziehung, durch die Jesus seine ersten Jünger für sich gewann. Bei der Dämonenaustreibung war es die Kraft Gottes als die Kraft der Entlarvung, der Vertreibung und Vernichtung alles Widergöttlichen, durch die Jesus den Besessenen heilte. Vor dieser Kraft erschraken und erstaunten die Leute in gleicher Weise.

Übersehen wir hier nicht: Auch in der Synagoge von Kafarnaum sprach Jesus von der Liebe des Vaters im Himmel. Der unreine Geist antwortet auf diese Liebe mit Ablehnung und Haß. Das heißt: Sünde ist immer Ablehnung erfahrener Liebe. Das ist das Tödliche an der Sünde. Es ist zugleich das Unbegreifliche an ihr. Daher spricht die Kirche immer vom „Mysterium iniquitatis", vom Geheimnis der Bosheit. In dem bösen Geist, der den Epileptiker beherrscht, gibt sich die Macht jener Sünde zu erkennen, die Jesus schließlich ans Kreuz brachte. Doch das Kreuz war nicht das Ende. Der Sieg Jesu über den unreinen Geist weist über sich hinaus auf seinen Sieg über Sünde und Tod.

Silvester Beckers OP

5. Sonntag im Jahreskreis: Mk 1,29–39

Ein Tag im Leben Jesu

Die Schwiegermutter des Simon lag mit Fieber im Bett.
Sie sprachen mit Jesus über sie,
und er ging zu ihr, faßte sie an der Hand und richtete sie auf.
Da wich das Fieber von ihr, und sie sorgte für sie.
Mk 1,30–31

Im Evangelium zum heutigen Sonntag läßt uns Markus einen Tag und eine Nacht aus dem Leben Jesu erleben. Jesus hatte den Vormittag in der Synagoge von Kafarnaum verbracht, wo er „mit Vollmacht eine ganz neue Lehre" verkündete (Mk 1,27).

Vielleicht ist es der Mangel an solcher Vollmacht, weshalb das

Wort „Lehrer“ heute seine Aussagekraft verloren hat. Welche Bedeutung diesem Wort von seinem ursprünglichen Sinn her zukommt, sagt uns der dänische Philosoph Sören Kierkegaard: „Nicht nur den nennen wir einen Lehrer der Menschheit, der die eine oder andere Wahrheit entdeckte, sondern auch den, der nicht nur eine Lehre weiterzugeben hatte, sondern sich selbst als Vorbild hinterließ, sein Leben als ein Leitbild für jeden Menschen, seinen Namen als eine Bürgschaft für viele und seine Tat als eine Aufmunterung für die Versuchten.“

Vier Bedingungen sind es also, die notwendig sind, damit von einem „Lehrer der Menschheit“ gesprochen werden kann. Er muß zunächst ein Vorbild sein, das zur Nachahmung einlädt. Darüber hinaus muß sein Leben ein Leitbild sein, durch das uns der Weg zu einem solch vorbildlichen Leben gewiesen wird. Zugleich muß sein Name eine Bürgschaft sein, die uns seine Hilfe garantiert. Schließlich muß seine Person eine Aufmunterung sein, die uns Hoffnung in der Trauer, Frieden im Schmerz und Heil in aller Heillosigkeit erfahren läßt.

Wie sehr Jesus in dieser Weise ein Lehrer ist, verdeutlicht Markus mit dem Hinweis, daß seine Zuhörer in der Synagoge von Kafarnaum erschrocken waren und sein Ruf sich rasch im ganzen Gebiet von Galiläa verbreitete. Erschrocken über die Lehre Jesu war auch Leo Tolstoi. Seine Empfindungen beschreibt er so: „Vor fünf Jahren kam der Glaube zu mir. Ich glaubte an die Lehre Jesu, und mein ganzes Leben erfuhr eine plötzliche Wandlung. Was ich einst ersehnt hatte, ersehnte ich nicht mehr, und ich begann zu wünschen, was ich nie gewünscht hatte. Was mir einmal richtig erschien, wurde jetzt falsch, und das Falsche der Vergangenheit erkannte ich als richtig.“

Im Anschluß an diesen Synagogengottesdienst ging er in das Haus des Simon und Andreas. Simon stammte aus Betsaida (Joh 1,44). Jetzt wohnte er im Haus seiner Schwiegermutter. Sie scheint eine bemerkenswerte Frau gewesen zu sein; denn ihr Haus wählte Jesus als sein Zuhause. Da sie mit Fieber im Bett lag, ging Jesus zu ihr.

Die Heilung wird auffallend kurz geschildert. Ein Gespräch mit der Kranken findet nicht statt. Auch wird nicht nach ihrem Glauben gefragt. Wir erfahren nur, daß Jesus an das Bett der Kranken tritt, ihre Hand ergreift und sie heilt. Durch die göttliche Kraft, die durch die Berührung von Jesus auf die Frau übergeht, wird sie gesund. In dieser Geste zeigt sich die lautlose Liebe Jesu. Wer sich von ihr berühren läßt, der wird heil. Genauso selbstverständlich steht die Frau auf, um Jesus und den anderen zu dienen.

Kann man noch einfacher sagen, was Jesus bewegt, wenn er die Not eines Menschen sieht? Und kann man noch schlichter zum Ausdruck bringen, was in einem Menschen vor sich geht, der von Jesus geheilt worden ist? Er fühlt sich von innen heraus gedrängt, selbstlos für andere dazusein. Wer ist also ein heiler Mensch? Derjenige, der aufsteht und sich um die Bedürfnisse und Nöte anderer sorgt.

Aber mit der Heilung der Schwiegermutter des Simon ist Jesus mit seinem Tagewerk noch nicht am Ende. Markus fährt vielmehr fort: „Am Abend, als die Sonne untergegangen war, brachte man alle Kranken und Besessenen zu Jesus. Die ganze Stadt war vor der Haustür versammelt, und er heilte viele" (1,32–34). Diese Worte lassen mich an das sogenannte „Hundertguldenblatt" von Rembrandt denken. Diese Meisterradierung veranschaulicht zwei Seiten des Wesens Christi, auf die man schon in frühchristlicher Zeit größten Nachdruck legte: Christus als Lehrer und Christus als Wunderwirker und Arzt.

Den Hintergrund des Bildes umschließen hohe, dunkle Mauern. Aus den Toren ihrer finsteren Hoffnungslosigkeit kriechen und humpeln oder lassen sich herbeischleppen die Kranken, Lahmen, Krüppel, Blinden, Siechen, Zerschlagenen und Besessenen einer ganzen Stadt. Sie alle streben der Mitte, dem Bereich jenes heilenden Lichtes zu, das von Jesus ausströmt. Wie in einer Grube voll Elend steht der Herr. Er ist der ruhende Pol des Bildes. Seine ausgebreiteten Arme sind auf die zu ihm Kommenden gerichtet. Man hat den Eindruck, als wollte er rufen: „Ja, so ist es recht! Kommet alle zu mir, ihr Mühseligen und Beladenen!"

Dieser Christus des Hundertguldenblattes, das in langer, wiederholt unterbrochener Arbeit gewachsen ist, macht deutlich: Der Herr ist offen für jedes Gebrechen. Er ruft alle Leidenden zu sich. Er geht ihnen entgegen. Ihn ekelt nicht die körperliche Fäulnis. Doch die ausgebreiteten Arme Jesu Christi auf Rembrandts Hundertguldenblatt wollen mehr umfangen als die Gebrechen unseres kranken Leibes. Der Herr umarmt zugleich auch unsere kranke Seele.

Aufgrund der Schilderung von Markus kann man sich die vielen Elendsgestalten gut vorstellen, die sich am Abend bei Jesus eingefunden hatten. Sie alle waren aus ihren Löchern herausgekommen, in denen sie sich vor den Blicken der anderen versteckten. Und er heilte viele.

Man fragt sich, woher Jesus die Kraft nahm, all diese Strapazen auf sich zu nehmen. Markus läßt uns darüber nicht im unklaren: „In aller Frühe, als es noch dunkel war, stand er auf und ging an einen einsamen Ort, um zu beten" (1,35). „Mit dieser kurzen Bemerkung, daß Jesus in der Nacht nach einem Tage, der alle seine Kräfte beansprucht hat, aufsteht, um zu beten, läßt Markus uns einen Blick tun in die einzigartige Verbundenheit des Sohnes mit dem Vater" (Arnold Schabert). Als die Menschen schliefen, da wacht er für sie im Gebet.

Der Inhalt seines Gebetes – so legt der Zusammenhang nahe – dürfte vor allem der Dank für die Vollmacht gewesen sein, die ihm der Vater gegeben hat; zudem die Hingabe an den Willen des Vaters im Hinblick auf sein weiteres Wirken und gewiß auch die Fürbitte für seine Nachfolgegemeinde. Dank, Hingabe und Fürbitte, das sind die Bestandteile seines Gebetes. Sie sollten auch die Bestandteile unseres Betens sein.

Rudolf Stertenbrink OP

Keiner ist zu unrein, um sich Jesus zu nähern

Ein Aussätziger kam zu Jesus und bat ihn um Hilfe;
er fiel vor ihm auf die Knie und sagte:
Wenn du willst, kannst du machen, daß ich rein werde.
Mk 1,40

In einem seiner Tagebücher schreibt der französische Dichter André Gide: „Ich glaube, daß die Krankheiten Schlüssel sind, die uns gewisse Tore öffnen können. Ich glaube, es gibt gewisse Tore, die einzig die Krankheit öffnen kann. Es gibt jedenfalls einen Gesundheitszustand, der es uns nicht erlaubt, alles zu verstehen. Vielleicht verschließt uns die Krankheit einige Wahrheiten; ebenso aber verschließt uns die Gesundheit andere oder führt uns doch davon weg, so daß wir uns nicht mehr darum kümmern.

Ich habe unter denen, die sich einer unerschütterlichen Gesundheit erfreuen, keinen getroffen, der nicht nach irgendeiner Seite hin ein bißchen beschränkt gewesen wäre; wie solche, die nie gereist sind; und ich erinnere mich, daß Charles-Louis Philippe die Krankheiten sehr schön ‚die Reisen der Armen' nannte."

In diesem Text finden sich zwei Bilder, die uns nicht nur veranschaulichen, daß sich auch in der Krankheit ein Geheimnis birgt; sie lassen uns darüber hinaus die Tiefen dieses Geheimnisses erahnen. Das erste Bild vergleicht die Krankheit mit einem Schlüssel, der uns gewisse Tore öffnen kann und uns so Zugänge zu Bereichen unseres Daseins erschließt, in denen wir mehr als anderswo zur Selbsterkenntnis und Selbstfindung gelangen. Je mehr der Mensch mit Hilfe eines solchen Schlüssels diese Bereiche betritt, wird er ein anderer. Er wird reifer und menschlicher; ja er wird überhaupt erst Mensch. Das zweite Bild vergleicht Krankheiten mit Reisen. Wer noch nie krank war, ist wie einer, der noch nie gereist ist. Er kennt nur einen kleinen Ausschnitt des Lebens und der Welt.

So anschaulich und sinnerhellend diese Bilder sind, sie treffen nur für Krankheiten zu, die in gewissen Grenzen bleiben. Sie haben keine Geltung für Krankheiten, die den Menschen in seinem Innersten vernichten. Zu ihnen gehört der Aussatz. In der Antike galt er als die schlimmste Krankheit, die einen Menschen befallen konnte. Immer mehr wurde der Betroffene von Geschwüren zerfressen, bis er nach etwa neun Jahren, geistig völlig zerfallen, in ein Koma fiel und starb. Mit dieser Krankheit verband sich die totale Isolation von der menschlichen Gemeinschaft. Schon von ferne hatte der Aussätzige zu schreien: „Unrein! Unrein!", damit jeder ihm rechtzeitig aus dem Weg gehen konnte. Selbst auf offenen Plätzen durfte er nicht gegrüßt werden. Mindestens zwei Meter mußte man von ihm Abstand halten. Kein Aussätziger hätte sich getraut, diese Grenze zu überschreiten; denn er wußte, daß man ihn mit Steinen davonjagen würde. Wer mit ihm in Kontakt kam, mußte damit rechnen, angesteckt zu werden.

Hier sehen wir, wie groß das Vertrauen jenes Aussätzigen war, von dem der Evangelist Markus erzählt. In seiner grenzenlosen Not und Verlassenheit wagte er es, über alle gesetzlichen Schranken hinweg auf Jesus zuzugehen. Er hatte die innere Gewißheit, daß Jesus kann, was sonst keiner zu tun vermag. Durch diesen Mann erfahren wir, daß keiner sich zu fürchten braucht, er sei zu unrein, um sich Jesus nähern zu dürfen.

Worauf beruhte das unbegrenzte Vertrauen in Jesus, das diesen Mann auszeichnet? Markus schreibt: „Er fiel vor ihm nieder." Dieser Kniefall bringt zum Ausdruck, daß er an Gottes Liebe und Kraft in Jesus glaubte. Darauf weist auch seine tiefe Überzeugung hin: „Wenn du willst, kannst du machen, daß ich rein werde!" Mit diesem Wort bekennt der Aussätzige die göttliche Macht Jesu. In diesem Glauben legt er seinen Willen in den Willen Jesu.

So kann es uns eigentlich nicht wundern, daß dieses Vertrauen in Jesus Mitleid und Erbarmen hervorrief. Obwohl er ihn nicht an sich herankommen lassen durfte, streckte Jesus seine Hand aus, berührte ihn und sagte: „Ich will es: Werde rein!" Hier offenbart sich die göttliche Macht Jesu. Dies deutlich zu machen, ist das eigentliche Interesse der Erzählung. Sie schreibt Jesus eine Tat zu, die sonst nur Gott vollbringen kann. In dieser seiner Göttlichkeit wurzeln seine Furchtlosigkeit und seine Unbekümmertheit im Hinblick auf menschliche Bestimmungen. Nur das Gebot des Helfens und der Liebe war für ihn wichtig.

Das bedeutet für uns: Wenn wir meinen, wir könnten nur mit Beschämung auf unser Leben schauen, oder wenn wir nichts als Verachtung für uns selbst empfinden, dann sollte uns dies nur in unserem Vertrauen bestärken, daß Jesus für uns die ausgestreckte Hand Gottes ist, wer immer wir auch sind. Dieser Glaube sollte uns beflügeln, unsererseits alles zu wagen, wenn es gilt, einem Menschen in seiner Not zu helfen.

„Die noch nie krank waren, sind des Mitgefühls für eine ganze Anzahl Elendszustände nicht fähig." So lesen wir bei André Gide. Wie wahr dieses Wort ist, sehen wir an Franziskus von Assisi. Erst als der Lebemann von einer schweren Krankheit befallen wurde, brachen die in ihm verschütteten Tiefen auf. Carlo Carretto dürfte den inneren Zustand von Franziskus richtig wiedergeben, wenn er ihm die Worte in den Mund legt: „Jedenfalls hatte mir die Krankheit die vielen Sicherheiten, an denen ich mich bis dahin festhielt, weggenommen ... Was mich am meisten beeindruckte, war die neue Art, mit der ich die Dinge sah. Mir war, als hätte ich vorher nichts gesehen."

Diese neue Art zu sehen wuchs durch die Begegnung mit einem Aussätzigen in der Umgebung von Assisi. Empfand er früher vor einem solchen Kranken einen heftigen Ekel, so fühlte er jetzt in sich eine Kraft, die ihn selbst überraschte. Er warf dem Aussätzigen nicht ein Almosen zu; vielmehr ergriff er seine verkrüppelten Hände und küßte sie. Er hatte auf einmal die Augen, nicht mehr allein den Zustand eines Menschen, sondern vor allem seine Person zu sehen. Er gab ihr nicht mehr irgend etwas, sondern sich selbst. Damit vollzog sich in seinem Leben eine große Wandlung: Was ihm bislang süß erschien, wurde plötzlich bitter; und was für ihn bitter war, wurde jetzt auf einmal süß. „Das, was mir schwerfiel, wurde mir leicht und machte mich froh." In welchem Menschen gibt es nicht diese Kraft, das Bittere, vor dem man nicht selten unverhofft steht, anzunehmen und in sein Gegenteil zu verwandeln? *Rudolf Stertenbrink OP*

1. Fastensonntag: Mk 1,12–15

Auf, in die Wüste!

Der Geist trieb Jesus in die Wüste.
Dort blieb Jesus vierzig Tage lang
und wurde vom Satan in Versuchung geführt.
Mk 1,12–13

Die entscheidenden Kämpfe finden nicht selten in der Wüste statt. Darauf macht uns die Heilige Schrift zu Beginn der Fastenzeit aufmerksam. Viele Lehrer des geistlichen Lebens sind derselben Überzeugung. Sie sagen: „Wenn du ernsthaft ein Leben mit Gott beginnen willst, dann kommst du nicht daran vorbei, in die Wüste zu gehen." Daher könnte die Zeit, die wir „Fastenzeit" nennen, genauso gut oder noch besser „Wüstenzeit" heißen.

Die Israeliten mußten nach ihrem Auszug aus Ägypten vierzig Jahre durch die Wüste wandern, bis Gott sie dafür geeignet hielt, das „Gelobte Land", das „Land der Verheißung" einzunehmen. Von Jesus wird uns berichtet, daß er nach seiner Taufe vierzig Tage in die Wüste ging. Der Heilige Geist hatte ihn dorthin „getrieben". Ich nehme nun einfach einmal an, daß auch Sie ein Leben mit Gott führen und einen Weg des Glaubens gehen wollen. Daher: „Auf, in die Wüste!"

Natürlich ist es uns nicht möglich, in eine wirkliche Wüste zu gehen, obwohl es sicher eine großartige Erfahrung wäre, sich einmal dem Wüstenstreß auszusetzen. So müssen wir darüber nachdenken, was es für uns bedeutet, für einige Zeit in der Wüste zu leben.

Mit Sicherheit bedeutet dies den Entzug von Nahrung. Unser Riesensteak „medium" von 300 Gramm mit knackigem Salat müssen wir abschreiben. Wenn wir Glück haben, werden wir von ein bißchen Fladenbrot leben können. Jeder Aufenthalt in der Wüste verändert notwendigerweise unsere Trinkgewohnheiten. Den schnellen Griff in den Kühlschrank nach dem Pfirsich-Maracuja-Saft müssen wir uns versagen. Wir können froh sein, wenn wir ein paar Schlucke klaren Wassers haben. In der Wüste gibt es auch kein Fernsehen und keine Bildzeitung. Aber dafür schenkt sie uns viel Zeit, persönlich miteinander zu sprechen. Auch wird der schnelle Besuch in meiner Lieblingskneipe für einige Zeit ausbleiben müssen. Vielleicht entdecke ich dann, daß ich auch ohne sie leben kann. Natürlich gibt es in der Wüste auch keinen Tabakladen. Also werde ich meine letzte Camel verrauchen müssen, bevor das Abenteuer beginnt.

Man sieht, daß es schon eine Menge Annehmlichkeiten sind, auf die wir verzichten müssen, wenn wir uns entschließen, in die Wüste zu gehen. Daher kann ich gut verstehen, daß die Israeliten gemurrt haben, daß sie gegen Gott aufbegehrten und gegen Mose, der ihnen das alles zugemutet hatte, meuterten. Erschrecken nicht auch Sie bei dem Gedanken, auf all das jetzt in der Wüstenzeit (das ist die Fastenzeit) zu verzichten? Warum ist das so schwer?

Wir haben Angst vor dem Schmerz, uns von so manchem, an das wir uns gewöhnt haben, zu trennen. Wir haben Angst, die Dinge loszulassen. Lieber ertragen wir die Tatsache, daß sie uns unfrei machen, zuweilen sogar versklaven. Das ist kein Wunder. Tag für Tag wird uns ja eingehämmert: „Das alles mußt du haben. Sonst gehst du ein, sonst kannst du nicht leben!" Wenn Sie nicht den Mut haben, wirklich in die Wüste zu gehen und auf die genannten Dinge zu verzichten – ich habe ihn auch nicht! –, dann fragen Sie sich doch einmal: „Was macht mich am meisten unfrei? Was bindet mich am ärgsten? Woran klammere ich mich am heftigsten? Was hindert mich am stärksten, mich auf Gott einzulassen?“

Was aber passiert mit dem, der es schafft, in die Wüste zu gehen? Hören wir den biblischen Text: „Jesus wurde vom Satan in Versuchung geführt. Er lebte bei den wilden Tieren, und die Engel dienten ihm.“ Hier werden uns drei wichtige Hinweise gegeben.

Zunächst ist von der Versuchung die Rede. Markus berichtet uns nicht, worin die Versuchung besteht. Er sagt nur, daß es eine Versuchung durch den Satan ist, durch die Mächte der Finsternis. Das heißt für uns: Wer sich ernsthaft in die Wüste begibt, wird alsbald spüren, daß er heftig attackiert wird. Wer also Angst hat, zu kämpfen, merkt in Kürze, daß er schlapp, müde, kraftlos und freudlos wird. Doch wir gehen in diesen Kampf nicht ohne Waffen. Die wichtigste Waffe ist das Gebet. Eine Wüstenzeit ohne Gebet ist sinnlos. Man kommt nicht weit. Ich gebe Ihnen maximal bis zum nächsten Sonntag; bis dahin haben Sie aufgegeben, wenn Sie mit menschlichen Waffen kämpfen und nicht mit den Waffen Gottes.

Dann sagt der biblische Text: „Er lebte bei den wilden Tieren.“ Das bedeutet: Wer fastet, bekommt einen tierischen Hunger. Unsere Triebnatur meldet sich und verlangt in einem übertriebenen Maß nach Sättigung. Zudem meldet sich der Selbsterhaltungstrieb. Menschen, die hungern, werden gereizt und aggressiv. Wer es probiert hat, weiß, wovon ich rede. Selbst die Sexualität wird nicht geschwächt. Sie kann sich vielmehr in einer geradezu zwanghaften Weise melden. Wenn man mit seinen eigenen Lebenswurzeln konfrontiert wird und das Biest erkennt, das in einem steckt, dann kann einen die Angst überfallen. Doch dazu muß es nicht kommen.

Schließlich erwähnt der biblische Text: „Die Engel dienten ihm.“ Damit ist gesagt: Die entscheidende Wüstenerfahrung ist nicht, daß wir von dämonischen Kräften versucht oder von unserer eigenen Triebkraft bedrängt werden, sondern daß sich uns die Welt Gottes öffnet. Wir werden nicht nur für das sensibilisiert, was in uns und um uns ist, sondern wir spüren, wie Gott uns anrührt und sein göttliches Licht in unsere Dunkelheit einbricht.

Als der Prophet Elija in der Wüste lebensmüde wurde, da kam ein Engel und gab ihm eine göttliche Speise. In der Kraft dieser Speise ging er vierzig Tage durch die Wüste. Gott wird uns auf unserer Wüstenreise nicht verlassen. Wir werden nicht verhungern. Im Gegenteil! Wir werden in unserer Schlappheit, Müdigkeit, Sinnlosigkeit neuen Lebensmut, neuen Lebenssinn und neue Lebensfreude erfahren. *Cletus Wingen OP*

2. Fastensonntag: Mk 9,2–10

Über allen dunklen Stunden gibt es eine größere Wirklichkeit

In jener Zeit nahm Jesus Petrus, Jakobus und Johannes beiseite
und führte sie auf einen hohen Berg, aber nur sie allein.
Und er wurde vor ihren Augen verwandelt.
Mk 9,2

In seinem bedeutendsten Roman „Die Brüder Karamasoff" läßt Dostojewski den alten Starez ein paar Sätze sagen, die wir wahrscheinlich alle in irgendeiner Weise nachvollziehen können: „An die Stelle des kochenden Blutes tritt die Ruhe des sanften, klaren Alters. Noch freue ich mich über den täglichen Aufgang der Sonne, doch liebe ich jetzt schon mehr ihren Untergang. Mein Leben geht zu Ende; ich weiß es und fühle es. Doch fühle ich auch mit jedem sich neigenden Tag, wie sich mein irdisches Leben mit einem neuen, unendlichen, unbekannten, aber nahe herankommenden Leben berührt, in dessen Vorgefühl mein Herz vor Freude erzittert."

Es gibt also ein Gefühl dafür, daß es einen Himmel gibt. Und das ist das Eigentümliche an diesem Gefühl: Es ist sicherer und tiefer als jeder Beweis.

Vielleicht erhebt sich in diesem Zusammenhang in dem einen oder anderen die Frage: Wie kann es einen Himmel und in ihm einen gütigen Vater aller Menschen geben, der soviel Leid, Grausamkeit, Schicksalsschläge, Naturkatastrophen und Verbrechen zuläßt? So wenig wir auf diese uns immer wieder neu bedrängende Frage antworten können, so bemerkenswert ist hingegen die Tatsache, daß sie das Gefühl für Gottes Dasein und seinen Himmel noch nicht besiegt hat. Offensichtlich ist dieses Fühlen viel tiefer als alle Zweifel, so schwerwiegend diese auch sind. Ja, es hat den Anschein, daß selbst diese Zweifel noch von diesem Gefühl getragen sind.

Mir scheint nun, daß es in unser aller Leben etwas gibt, das dieses Gefühl von der Existenz des Himmels nährt. Das sind jene lichtvollen und beglückenden Augenblicke, in denen wir meinen, den „Himmel auf Erden" zu erleben.

Ich hörte neulich im Rundfunk ein Interview, in dem verschiedene Personen befragt wurden, ob sie schon einmal ein solches Erlebnis hatten. Eine Frau schilderte die Erfahrung eines überstandenen Beinleidens. Ihre Worte überschlugen sich fast, so überraschend war für sie die Feststellung, wieder gehen zu können. Ein Mann erzählte von seiner Gefangenschaft, in der eine Russin ihm, dem ausgehungerten jungen Mann, aus ihrem Topf zu essen gab. Aus seinem Bericht spürte man, wie unvergeßlich dies für ihn geworden war. Eine andere Frau war von ihrem Glückserlebnis noch überwältigt, obwohl dieses schon 28 Jahre zurücklag: Es war die Geburt ihres Kindes, um das sie sehr bangen mußte.

Vermutlich kennen wir alle solche „Lichtsekunden", in denen wir den Einbruch einer „ganz anderen Welt" spürten. Es waren Glückserfahrungen, die man nur schwer beschreiben kann und in denen uns etwas aufgeht, was langes Nachdenken und Grübeln nicht herauszufinden vermag. Werden wir dann auch alsbald wieder vom grauen Alltag eingeholt, so bleiben doch unvergeßliche Erinnerungen an solche Erlebnisse zurück. Mehr noch: Es ist die Erfahrung, daß es über all den dunklen Stunden unseres Lebens eine größere Wirklichkeit gibt. Daher sollten wir uns gerade an diese lichtvollen Augenblicke erinnern, wenn uns Leid, Krankheit oder Enttäuschungen so sehr in die Dunkelheit ziehen, daß wir den Glauben an den Himmel verlieren könnten. Ich sage dies, weil wir gerade im Leid den Blick für den größeren Zusammenhang verlieren können, so daß wir nur uns selbst und unsere augenblickliche Armseligkeit sehen. Und auch dies sollte für jeden von uns zum Lebensprinzip werden: Bleibe in den dunklen Stunden deines Lebens dem treu, was du im Licht gesehen hast.

Von diesem Hintergrund aus fällt es uns ein wenig leichter, das zu verstehen, was damals auf dem Berg Tabor mit Jesus geschah. Jesus war mit einigen seiner Jünger auf diesen Berg gestiegen, um zu beten. Als sich dann im Gebet der Himmel über ihm öffnete und er vom Licht der Ewigkeit umhüllt wurde, da wurde den Jüngern klar: Dieser Jesus aus Nazaret ist wirklich Gottes Sohn, das heißt, er gehört wesensmäßig zum Vater im Himmel. Deshalb ist sein Wort für uns so wichtig; es ist für uns „die Planke, die uns rettet aus dem Schiffbruch dieser Welt".

Als die Jünger Jesus plötzlich in strahlendem Licht sahen, waren sie so beglückt, daß sie diese Erfahrung für immer festhalten wollten. Daher die Idee des Petrus, „Hütten zu bauen", um für immer mit Jesus auf dem Berg zu bleiben. In dieser Rede drückt sich ein urmenschlicher Wunsch aus, der aber zugleich sehr schädlich ist; denn wer das Glück festhalten will, dem entzieht es sich am schnellsten. Nur wer das Glück nicht gefangennehmen will, der wird von ihm für einen Moment in seine Arme genommen und auf diese Weise befähigt, mutig seinen Weg durch die Niederungen des Lebens zu gehen, ohne den Glauben an den Himmel zu verlieren. Hier stoßen wir auf eines der wichtigsten

Worte unseres Daseins. Es ist das Wort von der Kunst des Loslassens. Nichts ist schwer, sind wir nur leicht, und leicht sind wir in dem Maß, als wir loszulassen vermögen.

So stieg Jesus mit den Jüngern vom Berg hinab und ging mit ihnen nach Jerusalem. Das war der Weg, der ihn in das Leid und in den Tod führen sollte. Jesus ging diesen Weg in die tiefe Dunkelheit, weil in ihm der unerschütterliche Glaube an das Licht lebte. Damit wiederholt sich, was wir vorhin angedeutet haben: Verliere vor allem im Leid nicht den Blick für die ganze Wahrheit des Lebens. Daher bedarf es vor allem in den dunklen Stunden der Erinnerung an das erfahrene Licht. Zu ihm sind wir unterwegs, auch wenn wir den Eindruck haben, es ende alles in der Finsternis. In diesem Licht erkennen wir, was der Dichter so formulierte: „Mit jedem sich neigenden Tag fühle ich, wie sich mein irdisches Leben mit einem neuen, unendlichen, unbekannten, aber nahe herankommenden Leben berührt, in dessen Vorgefühl mein Herz vor Freude erzittert.“ *Rudolf Stertenbrink OP*

3. Fastensonntag: Joh 2,13–25

Die Händler müssen weg!

Im Tempel fand Jesus die Verkäufer
von Rindern, Schafen und Tauben
und die Geldwechsler, die dort saßen.
Er machte eine Geißel aus Stricken
und trieb sie alle aus dem Tempel hinaus.
Joh 2,14–15

Diese Tempelgeschichte macht uns zu Augenzeugen einer Aktion, die uns eine Art Befriedigung verschafft. Wir sagen: „Endlich spricht Jesus eine deutliche Sprache. Endlich greift er ein, schlägt er um sich, begnügt er sich nicht mit Pharisäer-Schelte und Wehe-Rufen. Hier wird gleichsam nachgeliefert, was im Evangelium zu kurz kommt: die Wut des Messias in leibhaftiger Explosivität." Die Christen aber, die froh sind, auch einmal diesen Jesus zu sehen, verkennen möglicherweise, daß gerade dieser sein Zorn Jesus ans Kreuz führen wird. Zudem könnten jene Christen, die voll Freude über die Wut Jesu sind, selbst die Angegriffenen und Davongejagten sein, ohne es im voraus ahnen zu können. Sehen wir zu.

Zunächst: Gehandelt wurde im Tempelbezirk natürlich nicht mit beliebigen Waren. Das hätte auch die offizielle Tempelbehörde als eine ungehörige Profanierung empfunden und geahndet. Gehandelt wurde vielmehr mit Dingen, die im Kult Verwendung fanden, also mit Opfertieren, Öl, Wein, Mehl. Daß es im Tempelbezirk um nichts anderes als einen religiösen Markt ging, muß Jesus bewußt gewesen sein. Ebenso hätte seine gewaltsame Aktion keinen Sinn gehabt, hätte er nur die Händler vertrieben. Er muß sich auch an den kultischen Dingen gewaltig gestoßen haben. Das Opfer selbst, die vermarktete Form der Gottesverehrung, die rituelle Pflichterfüllung müssen ihm ein Dorn im Auge gewesen sein. Sagen wir es generell: Es war die distanzierte, materialistische Frömmigkeit der damaligen Zeit, die sich im Opfer als eine Ersatzleistung ausdrückte, gegen die er zur Tat schritt. Wohl müssen Opfer gebracht werden, gerade heute wieder, wenn die Menschheit brüderlich überleben will. Aber es müssen Opfer sein, die über die persönlichen Vorstellungen und über den „Horizont" der Zeitgenossen hinausgehen. Bereits hier deutet sich die ganz andere Richtung an, die Jesus entschieden verfolgte. Das quasi-technische Ersatzopfer war ihm zuwider. Wofür er kämpfte, war die uneigennützige, couragierte Liebe: „Barmherzigkeit will ich, nicht Opfer" (Mt 9,13).

Als Jesus die Händler und Käufer vertrieb und die geschäftige Normalität an heiliger Stätte durcheinanderbrachte, mußte er den Tempel wie einen fremden, widergöttlichen Ort wahrgenommen haben, und das in einem Ausmaß, daß ihm, als seine Gegner ihn nach seiner Legitimation fragten, ein ganz unglaubliches

Kontrastbild in den Sinn kam, ein Kontrastbild voller Todesahnung und Auferstehungshoffnung:

„Da stellten ihn die Juden zur Rede: Welches Zeichen läßt du uns sehen als Beweis, daß du dies tun darfst? Jesus antwortete ihnen: Reißt diesen Tempel nieder, in drei Tagen werde ich ihn wieder aufrichten. Da sagten die Juden: Sechsundvierzig Jahre wurde an diesem Tempel gebaut, und du willst ihn in drei Tagen wieder aufrichten? Er aber meinte den Tempel seines Leibes. Als er von den Toten auferstanden war, erinnerten sich seine Jünger, daß er dies gesagt hatte, und sie glaubten der Schrift und dem Wort, das Jesus gesprochen hatte“ (Joh 2,18–22).

Daß der Tempel, die Kirche, zu einer heiligen Börse mißraten könnte und die Frömmigkeit zu einer entfremdenden Tauschbeziehung – do ut des – , war schon von Martin Luther vermutet und angeprangert worden. Der aufblühende Geldhandel in der Kirche, mit Tetzel als einem hochsensiblen Missionar, drohte Glaube und Kirche insgeheim zu unterlaufen.

Inzwischen scheint diese Gefahr gebannt. Luthers Lektion ist verstanden. Tetzel wurde historisch beinahe der Lächerlichkeit preisgegeben. Aber hat man auch zurückgefunden zu Jesus, der die Händler und Kaufleute vertrieben hatte, weil er auf einer Religion der Unmittelbarkeit bestand? Hat man zurückgefunden zu Jesus, der unnachgiebig für die Einheit von Gottes- und Nächstenliebe kämpfte, für die Identifizierung des Lammes mit seinem eigenen Leib? Hat man zurückgefunden zu Jesus, der entschieden dafür eintrat, das eucharistische Opfer nicht mehr der Entfremdung oder einem Ersatz preiszugeben? Was er wollte, war nur dies: Verwandlung der Tempel-Steine in Leben, so sehr, daß alle Christen einbezogen wären in diesen Prozeß, den Paulus mit den Worten beschreibt: „Wißt ihr nicht, daß ihr Gottes Tempel seid und der Geist Gottes in euch wohnt?“ (1 Kor 3,16).

Was Jesus wollte, war das Hineingehen in die Kirche, ohne das draußenzulassen, was der Tag und die Woche an Arbeit, Konflikten, Ängsten und Wut brachten. Er wollte das Hineingehen in den geheiligten Raum, um dort desto intensiver bei den Problemen zu verweilen, die heute anstehen. Er wollte, daß wir hineingehen und zugleich bei den Menschen und Völkern bleiben, in deren Nähe wir gerufen sind, nicht nur caritativ und distanziert, sondern leibhaftig; im Zweifelsfall die Gabe vor dem Altar stehenlassen und hinausgehen, um sich mit den Brüdern zu versöhnen (vgl. Mt 5,23f).

Ob wir Christen statt dessen fortfahren, vielleicht ohne es zu merken, „Händler" in Sachen Religion zu sein, hinter „Rechnungen" sitzend und mit Dingen spekulierend, für die wir nach wie vor etwas bekommen wollen? Zwar sind wir aufgeklärt über den Ablaß. Und wir wissen auch, daß Gebete, fromme Wünsche und bloße Gesinnungen allein nicht helfen, daß eine neue Praxis hinzutreten muß. Aber die praktische Frömmigkeit: Ist sie nicht wieder, verräterisch genug, auf den Einsatz von Geld, diesen „Ersatz für das Mitleiden am fremden Leid" (J. B. Metz), reduziert? Zwar sind die Spendengelder millionenfach ersehnt und der Beifall erschallt weltweit. Aber das risikolose „Opfer", die religiöse Vergoldung der Überschüsse (keiner greift die Existenzgrundlage an!): Bleiben sie nicht ein „Handel" vorbei an den tatsächlichen Bedürfnissen der geringsten Brüder (Mt 25,40), denen Spenden zuteil werden, aber nicht Brüderlichkeit; etwas, das letztlich dem eigenen Gewinn dienen soll: jetzt schon einem ruhigen Gewissen und später – wir sind noch immer so unbescheiden – einer Ewigkeit?

Welcher (Lebens-)Einsatz ist statt dessen geboten, welche (einschneidenden) Veränderungen sind – bei uns! – nötig, welche (spürbaren) Verzichte wären an der Zeit, damit die Menschheit solidarisch leben und eine „Zivilisation der Liebe" Wirklichkeit werden kann? In den Zusammenhang solcher Fragen gehört unser Text! Die Händler müssen weg! *Tiemo Rainer Peters OP*

Gott schließt keinen von seiner Liebe aus

Gott hat die Welt so sehr geliebt, daß er seinen einzigen Sohn hingab,
damit jeder, der an ihn glaubt, nicht zugrunde geht,
sondern das ewige Leben hat.
Joh 3,16

Viele bedeutende Menschen hatten ihre Lieblingsstellen in der Bibel. Als beispielsweise Augustinus wieder einmal vom Anspruch Gottes und den Mächten des Blutes hin- und hergezogen wurde, hörte er im Garten seines Mailänder Hauses auf einmal über die Mauer hinweg die Stimme eines Kindes im Singsang wiederholen: „Nimm es, lies es; nimm es, lies es!" Er verstand diesen Zuruf als einen Wink von oben. Daher ging er ins Haus und schlug die Paulusbriefe auf: „Still für mich las ich den Abschnitt, auf den mein Auge fiel: ‚Nicht in Schmausereien und Trinkgelagen, nicht in Schlafkammern und Unzucht, nicht in Zank und Neid, vielmehr zieht an den Herrn Jesus Christus und pflegt nicht des Fleisches in seinen Lüsten'"(Röm 13,13f). Dieses Wort blieb für Augustinus zeit seines Lebens ein Geschenk des Himmels. Es brachte Licht in sein kummervolles Herz, so daß alle Nacht des Zweifels verschwunden war. Ähnlich wie Augustinus erging es Franziskus von Assisi und vielen anderen.

Im Evangelium zum heutigen Sonntag findet sich ein Vers, von dem man sagt, er sei der Lieblingsvers von unendlich vielen Gläubigen geworden, weil aus ihm der Kern der frohen Botschaft auch dem einfachsten Herzen entgegenleuchtet. Dieser Vers lautet: „Gott hat die Welt so sehr geliebt, daß er seinen einzigen Sohn hingab, damit jeder, der an ihn glaubt, nicht zugrunde geht, sondern das ewige Leben hat" (Joh 3,16).

Dieser Vers stellt uns vor allem Gottes abgrundtiefe Liebe zur ganzen Welt vor Augen. In seinem Kommentar zum Johannesevangelium sagt der englische Theologe William Barclay hinsichtlich dieses Verses: „Gott liebt die Welt so sehr, nicht etwa ein Volk oder die Frommen, auch nicht nur die Menschen, die ihn lieben; er liebt die ganze Welt, die Unliebenswerten und Ungeliebten, die Einsamen, die niemanden haben, der sie liebt, Menschen, die Gott lieben, und Menschen, die niemals an Gott denken, Menschen, die in der Liebe Gottes ruhen, und Menschen, die Gottes Liebe von sich weisen; sie alle sind eingeschlossen in die ungeheure, alle umfassende Liebe, die Liebe Gottes. Augustinus hat es einmal so formuliert: ‚Gott liebt jeden einzelnen von uns, als gäbe es außer uns niemanden, dem er seine Liebe schenken könnte.'"

Man kann sich diese Liebe Gottes, die alle Menschen umfaßt, gar nicht oft genug vergegenwärtigen. Nur auf diese Weise werden wir von einer Krankheit geheilt, die man die „Krankheit des Gottesglaubens" bezeichnen könnte. Diese Krankheit, die an den Nerv unserer religiösen Existenz geht, äußert sich in verschiedenen Formen.

Viele fromme Leute sind der festen Überzeugung, Gott interessiere sich in der Hauptsache nur für die religiösen Aspekte des Lebens. Daher seien für ihn nur die religiösen Beziehungen der Menschen wichtig. So setzen sie auf einen Gott, der zwar den Sonntag, das Gotteshaus und den Gottesdienst liebt, nicht aber die Welt mit ihren Arbeitsplätzen, ihren Fabriken, ihren Freuden und ihren vielen menschlichen Nöten.

Doch diese Auffassung spaltet die Welt in zwei Teile, in eine Sonntagswelt und in eine Werktagswelt. Zugleich spaltet sie die Liebe Gottes. Es ist nicht schwer zu erkennen, wie eine solche Aufspaltung den Gottesglauben ruiniert; denn Gott liebt nicht nur einen Teil der Welt, sondern er liebt die ganze Welt mit ihren Sonn- und Werktagen.

Zuweilen hat er mehr mit unserem Portemonnaie als mit unserem Gebetbuch zu tun, dann nämlich, wenn wir aufgerufen sind, den Menschen, die in Not sind, zu helfen. Wir ehren Gott mit dem Besuch der Sonntagsmesse, die man nicht hoch genug einschätzen kann; wir ehren ihn aber auch durch unseren Einsatz für die Hungernden, durch unsere Liebe für die Armen, durch die Zeit, die wir füreinander haben, durch die Zärtlichkeiten, die ein Ehepaar sich schenkt; denn all das ist auch Gottesdienst, weil es die Antwort auf den Gott ist, der in seiner Liebe die ganze Welt umfängt.

Eine andere Gefahr für unseren Gottesglauben ist das ungeheure Leid, das uns fragen läßt: „Wo ist denn dieser Gott, der die Welt so sehr liebt? Schläft er? Ist er gestorben? Oder ist er gar tot?“ Menschen, die von solchen Fragen bedrängt werden, möchten gerne glauben, doch die heutige Weltlage macht es ihnen unmöglich. Was sollen wir ihnen sagen? Vor allem dieses: Gottes Liebe zur Welt besteht nicht darin, daß er das Leid, die Kriege, die Armut und die vielfache Not von uns nimmt, sondern darin, „daß er seinen einzigen Sohn hingab, damit jeder, der an ihn glaubt, in ihm das ewige Leben hat“ (Joh 3,16). Allein in ihm verstehen wir Gottes Liebe zur Welt. Weil Gott keinen Menschen von seiner Liebe ausschließt, dürfen auch wir uns nicht von ihr ausschließen. Sonst richten wir uns selbst.

Daher dürfen wir nicht das ernste Wort vom Gericht überhören, von dem Jesus im heutigen Evangelium spricht: „Mit dem Gericht verhält es sich so: Das Licht kam in die Welt, und die Menschen liebten die Finsternis mehr als das Licht; denn ihre Taten waren böse. Jeder, der Böses tut, haßt das Licht und kommt nicht zum Licht, damit seine Taten nicht aufgedeckt werden“ (Joh 3,19–20).

Was ist damit gesagt? Wenn Menschen und Völker sich vom Willen Gottes abkehren, wenn sie den Weg nicht gehen, den ihnen das vom Glauben erleuchtete Gewissen zeigt, dann hat das unheilvolle Folgen. Dann verläßt Gott zwar nicht den Schauplatz der Geschichte; er ist da, aber er ist da im Gericht der Verhängnisse, die sich aus unserem menschlichen Eigensinn ergeben. Was wir hier meinen, formuliert ein Psalmwort so: „Mein Volk hat nicht auf meine Stimme gehört; Israel hat mich nicht gewollt. Da überließ ich sie ihrem verstockten Herzen, und sie handelten nach ihren eigenen Plänen“ (Ps 81,12–13). Gott zwingt demnach den Menschen nicht zu seinem Heil. Er überläßt ihn seinem eigenen Wahnsinn, wenn er nicht zu Gott umkehrt und die Wahrheit tut. Daher sagt Jesus: „Wer die Wahrheit tut, der kommt zum Licht“ (Joh 3,21). Was heißt das? Nicht durch Denken kommen wir zum Licht, sondern durch das Tun der Wahrheit.

Das war Augustinus zur entscheidendsten Erkenntnis seines Lebens geworden. Sie brachte ihn dazu, „den Herrn Jesus Christus anzuziehen“. Ob es nicht in jedem Gottesdienst wenigstens ein Wort gibt, das wir uns „anziehen“ können, indem wir tun, was es uns sagt? Wo wir das vollbringen, da kommt Licht in unser kummervolles Herz, das alle Finsternis vertreibt und uns den Frieden des ewigen Lebens erfahren läßt. *Emmanuel Renz OP*

5. Fastensonntag: Joh 12,20–33

Wir sterben in das Leben hinein

Wenn das Weizenkorn nicht in die Erde fällt und stirbt,
bleibt es allein;
wenn es aber stirbt, bringt es reiche Frucht.
Wer an seinem Leben hängt, verliert es;
wer aber sein Leben in dieser Welt gering achtet,
wird es bewahren bis ins ewige Leben.
Joh 12,24–25

Das Bild vom Weizenkorn, das sterben muß, um Frucht zu bringen, war für die Leute, zu denen Jesus damals sprach, wie auch für die ganze antike Welt unmittelbar verständlich. So wurde beispielsweise bei feierlichen Eheschließungen dem Brautpaar ein Weizenkuchen als Symbol der Einheit gereicht: Aus vielen Körnern wird ein Brot. Darüber hinaus galt der Weizen als Zeichen der Fruchtbarkeit: Aus dem einen Korn erwächst eine große Ähre mit vielen neuen Körnern.

Nicht zuletzt hat man den Weizen immer auch als ein Symbol des Fortlebens verstanden. So gaben die alten Ägypter ihren Toten eine Handvoll Weizen mit in das Grab. Sie taten es in der Überzeugung, daß das Leben weitergeht. Eine großartige Geste der heidnischen Griechen war, daß sie auf die frischen Gräber nicht Blumen, sondern Weizen säten. Damit wollten sie zum Ausdruck bringen, daß aus dem Sterben neues Leben hervorgeht. Allerdings hatte dieser Gedanke weder im Judentum noch im Heidentum etwas mit dem Glauben an die persönliche Auferstehung zu tun. Er besagte ganz allgemein, daß das Leben weitergeht, wie zum Beispiel das Leben der Eltern im Leben der Kinder und der Enkel.

Für uns, die wir im Zeitalter der Technik leben und den Kontakt mit der Natur weitgehend verloren haben, ist das Bild vom Sterben des Weizenkornes nicht mehr unmittelbar geläufig. Genauso ist es mit der Deutung, die Jesus diesem Bild gibt: „Wer an seinem Leben hängt, verliert es; wer aber sein Leben in dieser Welt gering achtet, wird es bewahren bis ins ewige Leben." Im Gegenteil! Wer um sich schaut, wird alsbald feststellen, daß diejenigen, die hinter dem Leben her sind, sich nahezu alle Wünsche erfüllen können. Andere hingegen, die bereit sind, ihr Leben hinzugeben, das heißt, die größere Verzichte und spürbare Opfer auf sich nehmen, haben vom Augenschein her weniger vom Leben. Wie also können wir das Bild vom Weizenkorn und die Interpretation Jesu auf unser eigenes Leben beziehen?

Mit seinem Bild und dessen Erklärung formuliert Jesus vor allem das Grundgesetz des christlichen, aber auch des menschlichen Lebens. Dieses Grundgesetz lautet nicht: „Zuerst kommt das Leben und dann der Tod!", wie viele uns glauben machen wollen, sondern: „Aus dem Tod kommt das Leben!" Ich las eine kleine Geschichte, in der das Weizenkorn erzählt: „Ich war allein in meiner harten Schale. Nur ich wußte, was in mir ist: Stärke. Dann legte man mich in die Erde. Ich hatte Angst vor der Dunkelheit, vor dem Tod. Doch sie hatten es so gewollt. Sollte ich hart werden in mir selbst? Ich ließ mich los und merkte: Das

Wasser der Erde macht weich, mich und die harte Schale. In mir begann sich etwas zu bewegen. Alle Stärke brachte einen Keim hervor. Welch herrliches Gefühl zu sehen: Aus mir wächst Leben! Was ist schon Sterben gegen diese Frucht!“ Diese Erfahrungen des Weizenkorns lassen sich mit Hilfe von Beispielen aus dem menschlichen Leben verdeutlichen.

Sehen wir einmal von all dem Unmoralischen ab, das es in unserer Welt gibt, so müssen wir sagen, daß der Entwicklungsstand der heutigen Menschheit gewiß höher und umfassender ist als vor hundert oder zweihundert oder vor tausend Jahren. Aber wieviel Blut und Tränen, wieviel Leid und Schmerz hat dieser Weg gekostet! Daß Lebensfülle nur aus Verzicht, Opfer und Hingabe erwächst, zeigt sich auch, wenn wir bedenken, auf wie vieles Eltern verzichten müssen, damit es ihren Kindern einmal bessergeht! Wir sehen oder lesen von großen sportlichen Leistungen. Doch unterschätzen wir in der Regel den Aufwand, die Dauer und Härte des Trainings, durch das der Sieg möglich wurde. Auch die Erfindungen, die zu einer größeren Lebensfülle führten, wurden durch viele Mühen und Anstrengungen und Entbehrungen erkauft.

Gewiß weiß jeder von uns, wie froh und glücklich man im nachhinein ist, wenn man bereit war, ein Opfer zu bringen, auch wenn es hart war. Wahrscheinlich haben einige unter uns auch schon die Erfahrung gemacht, daß gerade das Tiefste in der Hingabebereitschaft, nämlich das Eingehen und Annehmen von schwerem Leid, den Menschen reifer, weiter und größer werden läßt. Zumindest ist uns bekannt, daß jemand, der nie krank war, sich nicht in einen Kranken hineinfühlen kann.

Diese Beispiele vom Sterben mitten im Leben verdeutlichen, daß aus Hingabe, Verzicht und Opfer, aus der Bereitschaft, sein Leben nicht festzuhalten, sondern es hinzugeben, tatsächlich ein erfüllteres und tieferes Leben erwächst. Von dieser Erfahrung her sagt Alfred Delp: „Wir sterben in das Leben hinein.“ Das ist es, was das Gleichnis vom Weizenkorn veranschaulicht.

Wenn wir in der Karwoche beim Lesen der Passionsgeschichte

gegen Ende das Wort des Herrn hören: „Es ist vollbracht!" (Joh 19,30), dann ist damit genau das gesagt, was wir hier hervorzuheben suchten. Vom rein Äußerlichen her kann man dieses Wort nicht verstehen; denn wer auf den Gekreuzigten schaut, der sieht nichts anderes als eine geschlagene und angespuckte Kreatur. Und trotzdem vernehmen wir aus seinem Mund: „Es ist vollbracht!" Das heißt mit Sicherheit nicht: „Gott sei Dank, es ist bald zu Ende!" „Vollbringen" bedeutet vielmehr „zur Fülle bringen". Daher ist das Wort „Es ist vollbracht!" die Umschreibung eines Lebens und Sterbens, das zur Fülle gebracht worden ist.

Mir scheint, dies sollten wir für uns realisieren. Das heißt: Wenn unsere Kräfte verbraucht sind, wenn wir im Sterben liegen und fühlen, daß der Tod in unserer Nähe ist, dann sollten wir nicht sagen: „Jetzt sind wir am Ende!" Es sollte vielmehr unser Glaube sein, daß wir am Anfang des eigentlichen Lebens angelangt sind. Das ist die Botschaft von Ostern. Wie schwer es ist, ihr zu glauben, sehen wir an den Freunden Jesu. Nur wenige standen unter dem Kreuz Jesu. Die meisten waren der festen Überzeugung: „Jetzt ist es aus!" Jesus aber sagte: „Es ist vollbracht! Es ist der Anfang eines Lebens in Fülle!" Mit anderen Worten: Das Weizenkorn muß sterben, um Frucht zu bringen.

Man könnte natürlich fragen: „Warum muß unser Leben diesen schmerzlichen Prozeß durchmachen, um zu seiner Fülle zu gelangen? Warum hat Gott nicht alles konfliktloser gemacht?" Auf diese Fragen haben wir keine Antwort. Was wir haben, ist allein unsere österliche Erfahrung. Diese sagt uns, daß nur dann Ostern, Auferstehung und Leben ist, wenn der Weg durch das Leid hindurch gegangen ist.

Maternus Einig OP

Laß mich dein Esel sein

Jesus sagte zu ihnen:
Geht in das Dorf, das vor euch liegt;
gleich wenn ihr hineinkommt,
werdet ihr einen jungen Esel angebunden finden,
auf dem noch nie ein Mensch gesessen hat.
Bindet ihn los, und bringt ihn her!
Und wenn jemand zu euch sagt: Was tut ihr da?,
dann antwortet: Der Herr braucht ihn.
Mk 11,2–3

Der Evangelist Markus spricht nicht von Palmen, sondern von Laubbüscheln, die die Leute auf den Feldern abgeschnitten hatten und auf den Weg streuten. Nein, es waren keine Palmen! Palmen waren etwas für die Sieger von Olympia! Sie trugen Lorbeerkränze und aus Palmen geflochtene Siegerkränze. Palmenzweige gehörten zu den Kaisern und den großen Feldherren, wenn sie als Sieger von ihren Kriegszügen nach Rom zurückkamen. Dann zogen sie, mit Palmen geschmückt, in die Stadt ein und mit ihnen die unendlich lange Kette derer, die sie unterworfen hatten. Nein, zu Jesus paßten keine Palmen, eher Grasbüschel und von Sträuchern abgerissene Zweige. Auch kein Pferd! Das Pferd ist das Statussymbol der Mächtigen. Jesus kam auf einem Esel.

Ich denke hier an eine der ältesten Kreuzesdarstellungen. Möglicherweise ist sie sogar die älteste, die wir kennen. Sie wurde nicht lange nach dem Tod Jesu in Rom in die Wand eines Raumes geritzt, in dem sich die Leibwache der römischen Kaiser aufhielt: Jesus am Kreuz mit einem großen Eselskopf. Vor diesem Kreuz kniet ein junger römischer Legionär. Darunter steht: „Alexamenos betet seinen Gott an.“ Das ist reine Ironie. Sie besagt: Ein Gott, der sich von den Menschen ans Kreuz schlagen läßt, kann nur ein Esel sein, und wer vor ihm auf die Knie fällt, ist ebenfalls ein Esel. Dieser Gott mit dem Eselskopf am Kreuz kommt mir in den Sinn, wenn ich überdenke, welchen Sinn es hat, daß Jesus auf einem Esel in die Stadt Jerusalem reitet.

Und mir stehen die Leute vor Augen, die Jesus begleiten oder ihn kommen sehen: die Jünger, die einen gelösten Eindruck machen, die Menschen mit Zweigen von den Hecken in ihren Händen, aber auch die Pharisäer mit verbissenen und von Wut und Haß verzerrten Gesichtern und ganz im Hintergrund ein paar grinsende römische Soldaten. Auch sie gehören dazu; denn sie müssen aufpassen, daß es zu keinem Auflauf kommt.

Sie alle verstehen nicht, worum es geht, selbst seine Jünger nicht. Nur wenige Tage später werden sie ihn aus Angst im Stich lassen. Einer wird ihn verleugnen; ein anderer wird ihn für Geld verraten. Auch die Menge versteht ihn nicht. Sie hatte von der Auferweckung des Lazarus in einem kleinen Vorort von Jerusalem gehört. Hinter ihrem Hosanna verbirgt sich der Wunsch: „Noch ein Wunder!“ Doch Jesus läßt sich nicht auf ihre Sensationslust ein. Deshalb werden sie alsbald schreien: „Ans Kreuz mit ihm!“ Und die Pharisäer erkennen noch immer nicht, daß er das Gesetz des Mose nicht aufheben, sondern mit Sinn erfüllen will. Die jungen römischen Soldaten werden sich gesagt haben: „Triumphzüge sind nur in Rom zu sehen; dieser Mann hier beim Einzug in Jerusalem ist nur eine Karikatur.“

Erleichterung der Jünger, Sensationslust der Menge, Haß der Pharisäer, Ironie der römischen Soldaten: Der kleine Esel trägt Jesus durch all das hindurch. Was hatte er seinen Jüngern gesagt? „Wenn jemand zu euch sagt: Was tut ihr da?, dann antwortet: Der Herr braucht ihn.“ Der Herr braucht diesen kleinen Esel.

Schon seit Urzeiten ist der Esel ein Symbol für Armut, Demut, Geduld, Getretenwerden und Arbeit. Gewiß, zuweilen ist er störrisch. Nicht umsonst hat der heilige Franziskus seinen eigenen Leib „Bruder Esel“ genannt. Er wurde sich bewußt, wie vieles in ihm sich gegen den Anspruch Gottes sträubte. Der Volksmund nennt den Esel ein dummes Tier. Er ist das Tier der kleinen Leute. Die Großen sitzen auf hohem Roß; Jesus aber auf einem Esel. Und ausdrücklich sagt er sogar: „Ich brauche diesen Esel."

Das hat ein Mann für sich umgesetzt: Hélder Câmara, der frühere Erzbischof von Recife in Brasilien. Bei einer Großveranstaltung an einer westdeutschen Universität stand er am Eingang des besetzten Auditorium Maximum, von vielen umjubelt, von vielen ausgepfiffen. Da begann er zu beten: „Herr, laß mich dein Esel sein! Laß mich dich hier hineintragen, wo sie dich umjubeln und wo sie dich niederbrüllen!"

„Herr, laß mich dein Esel sein! Mit dir die Enttäuschung, die Ablehnung, die Gleichgültigkeit, den Spott tragen." Am Anfang der Karwoche frage ich mich: Bist du dazu wirklich bereit? Hier höre ich die Frage Jesu an die Söhne des Zebedäus kurz vor dem Einzug: „Könnt ihr den Becher trinken, den ich trinke?" (Mk 10,38). Können wir es? Wollen wir es? *Maternus Einig OP*

Gründonnerstag: Joh 13,1–15

Der gekrümmte Rücken

Jesus stand vom Mahl auf, legte sein Gewand ab
und umgürtete sich mit einem Leinentuch.
Dann goß er Wasser in eine Schüssel
und begann, den Jüngern die Füße zu waschen
und mit dem Leinentuch abzutrocknen,
mit dem er umgürtet war.
Joh 13,3–5

Es gibt in uns einen eigenartigen Widerspruch. Auf der einen Seite lassen wir uns gerade in den normalen Situationen des Alltags gern bedienen. Wir nehmen es sogar selbstverständlich hin. Ganz selten kommen wir auf die Idee zu sagen: „Mutter, nun laß das mal. Das mache ich heute. Setz du dich jetzt mal hin!" Es ist so angenehm und so bequem, wenn alles für einen gemacht wird. Andererseits empfinden wir eine seltsame Scheu, die Hilfe oder den Dienst eines anderen anzunehmen. Wir sagen dann oft: „Ach, machen Sie doch nicht solche Umstände. Das ist doch gar nicht nötig!"

Gerade das letztere macht mich nachdenklich. Könnte es nicht sein, daß sich hinter jener Scheu eine geheime Angst verbirgt? Irgendwie spüren wir, daß das Beispiel, das ein anderer gibt, uns selbst herausfordert. Wir bewundern zwar Menschen, die etwas Ungewöhnliches im Dienst an anderen tun, aber im Grunde sehen wir nicht allzu genau hin. Lieber schließen wir die Augen, wenden uns ab und schauen in eine ganz andere Richtung; denn wir fürchten uns vor dem Anspruch, der aus dem beispielhaften Verhalten anderer an uns selbst ergeht. Es wurmt uns in unserem Gewissen, das uns sagt: „Eigentlich müßtest doch auch du aufstehen und etwas tun."

Diese Überlegungen können uns helfen, ein wenig besser zu verstehen, was damals im Abendmahlssaal geschah. Schauen wir uns die Szene an: Jesus legt sein Obergewand ab, bindet sich eine Schürze um, nimmt eine Schüssel mit Wasser und kniet sich mit gekrümmtem Rücken vor seinen Jüngern nieder, um ihnen die Füße zu waschen. Das war der niedrigste Dienst, den einer einem anderen tun konnte, ein Sklavendienst, der nicht einmal jüdischen Sklaven abverlangt werden durfte. Nur heidnische Sklaven konnten dazu genötigt werden. Und das tut auf einmal Jesus. In Petrus sträubt sich alles: „Mein Gott, das könnte ja bedeuten: Wenn er sich dir gegenüber so verhält, dann mußt auch du dich anderen entsprechend verhalten."

Und genau das sagt dann auch der Herr: „Begreift ihr, was ich an euch getan habe? Ihr sagt zu mir Meister und Herr, und ihr nennt mich mit Recht so; denn ich bin es. Wenn nun ich, der Herr und Meister, euch die Füße gewaschen habe, dann müßt auch ihr einander die Füße waschen. Ich habe euch ein Beispiel gegeben, damit auch ihr so handelt, wie ich an euch gehandelt habe" (Joh 13,12–15). Jesus sagt also nicht: „Wie ich dir, so du mir!" Er sagt vielmehr: „Wie ich euch, so ihr untereinander!"

Damit stehen wir, wie Petrus, vor diesem Beispiel Jesu. Es macht deutlich, daß nicht die aufrechte Haltung des Starken, des Mächtigen, des Herrschenden, sondern der gekrümmte Rücken des Dienenden, der sich über einen anderen beugt, sich ihm zuneigt, das wahre Bild des Menschen ist. Erschreckt uns dies so, wie es Petrus erschrocken hat? Wehren wir uns dagegen, wie er sich dagegen gewehrt hat? Spüren wir die Herausforderung, wie er sie gespürt hat?

Mit seiner Symbolhandlung will der Herr weder uns noch seinen Jüngern eine „moralische Ohrfeige" geben. Eine solche Deutung würde das Ganze entwerten. Vielmehr möchte er uns sagen: „Der gekrümmte Rücken, auch unter dem Kreuz, ist das Lösegeld für viele. Das ist meine Sendung; das ist eure Sendung." Auch heute gibt es, um im Bild zu bleiben, unendlich viele Füße, die mit gekrümmtem Rücken gewaschen werden müssen. Um sie zu erkennen, müssen wir über unseren eigenen Schatten springen. Daher stellt sich uns hier wie von selbst die Frage: „Wovor schließe ich die Augen; was wehre ich mit Schrecken ab?"

Es ist merkwürdig: Obwohl Johannes viel mehr als alle anderen Evangelisten über dieses letzte Beisammensein des Herrn mit seinen Jüngern berichtet, überliefert er uns nichts über die Einsetzung des Abendmahls. Er schreibt nur von der Fußwaschung. Dagegen schreiben die Evangelisten Markus, Matthäus und Lukas nichts über die Fußwaschung, dafür aber von der Einsetzung des Abendmahls. Das Verblüffende aber ist: Sowohl in den Berichten von der Einsetzung des Abendmahls als auch im Bericht von der Fußwaschung steht am Ende im Grunde genommen der gleiche Satz. Hinsichtlich des Abendmahls lautet er: „Tut dies zu meinem Gedächtnis!" Ähnlich heißt es am Ende der Fußwaschung: „Was ich euch getan habe, tut einander."

Bei der Fußwaschung gibt sich der Herr im niedrigsten Dienst für die vielen. Beim Abendmahl geht er noch einen Schritt weiter: In ihm gibt er seinen Leib als Speise für das Leben der Welt. Dienst und Hingabe, das ist es, was das Leben des Herrn kennzeichnet. Kennzeichnet es auch unser Leben?

Maternus Einig OP

Ostersonntag: Mk 16,1–8

Eine Frage, die uns wie ein Stein auf dem Herzen liegt

Am ersten Tag der Woche kamen sie in aller Frühe zum Grab,
als eben die Sonne aufging. Sie sagten zueinander:
Wer könnte uns den Stein vom Eingang des Grabes wegwälzen?
Doch als sie hinblickten, sahen sie,
daß der Stein schon weggewälzt war;
er war sehr groß.
Mk 16,2–4

Drei Frauen machen sich auf den Weg zum Grab eines Menschen, den sie sehr geliebt haben. Er hatte ihnen alles bedeutet. Er hatte ihnen Güte und Verständnis geschenkt und ihnen Mut und Hoffnung auf ihrem Lebensweg gegeben. Daher brechen sie auf, als der Sabbat vorüber war, um ihm die letzte Ehre zu erweisen.

Aus diesem Grund gingen sie am Sonntagmorgen, am Tag nach dem Sabbat, in aller Frühe los, um die Begräbnisriten nachzuholen und den Todesgeruch mit Wohlgerüchen zu übertönen. Damit möchten sie ihm noch einmal ihre ganze Liebe zeigen. Das erinnert uns an die Augenblicke, da wir zu den Gräbern unserer Toten gehen und wo jeder Handgriff – das Richten der Blumen, das Begießen, das Jäten von Unkraut – unsere Dankbarkeit und unsere Verbundenheit mit ihnen zum Ausdruck bringen will.

Alle Kulturen kennen diesen respekt- und liebevollen Umgang mit ihren Toten. Wird nicht schon darin, wenn auch nur zaghaft, die Sehnsucht nach einem Weiterleben spürbar? Dennoch erhebt sich in jenen drei Frauen auf dem Weg zum Grab und in der Konfrontation mit dem Tod die bittere Frage: „Wer wird uns den Stein vom Eingang des Grabes wegwälzen?" (Mk 16,3). Es ist der Stein der bedrückenden Fragen und quälenden Zweifel: „Wer könnte uns den Stein wegwälzen, den Stein, der so endgültig wirkt, so abschließend wie eine Trennungsmauer, wie eine für immer geschlossene Tür?"

Je inniger man mit einem Menschen verbunden war, um so schwerer liegt uns diese Frage wie ein Stein auf dem Herzen. Generationen haben sich immer wieder diese Frage gestellt, doch sie haben keine Antwort gefunden. Wie sie stehen auch wir liebevoll, traurig, aber absolut hilflos da und fragen mit ihnen: „Wer wird diese trennende Wand zwischen Tod und Leben wegnehmen?"

Wie überraschend ist es deshalb, wenn die österliche Erzählung unmittelbar fortfährt: „Doch als sie hinblickten, sahen sie, daß der Stein schon weggewältzt war; er war sehr groß" (Mk 16,4). Gerade dieser schlichte Nachsatz will uns sagen: „Nicht Menschenhände, nicht Menschenkraft und auch nicht Menschenverstand, sondern Gott selbst bringt den Stein ins Rollen." Als sie dann in das geöffnete Grab hineingehen, wird ihnen zu ihrem Erschrecken von einem jungen Mann in einem weißen Kleid gesagt: „Ihr sucht Jesus von Nazaret, den Gekreuzigten. Er ist auferstanden; er ist nicht hier" (Mk 16,6). Aus dem Grab, versiegelt mit dem Stein scheinbarer Endgültigkeit, kommt die Botschaft vom Leben. Nicht durch Menschenmund, sondern durch Gottes Boten wird ihnen das Unfaßbare verkündet: „Gott will das Leben. Der Tod hat nicht das letzte Wort!"

Hier fängt der Glaube an. Damals wie heute beginnt er nicht mit Jubel, sondern mit Erschrecken und Erschütterung. Die Frauen sind fassungslos. Sie verlassen das Grab und fliehen. Die Jünger wollen ihnen nicht glauben. Sie laufen zum Grab. Sie wollen sich selbst überzeugen. Doch sie sehen – nichts. Das heißt: Durch Beweise ist dieser Glaube nicht zu haben; denn der Auferstandene, von dem die österliche Botschaft kündet, bricht ganz neu in ihr Leben ein. Sie erkennen ihn nicht. Er muß sich ihnen zu erkennen geben.

Nur langsam gehen ihnen die Augen auf für diese neue Wirklichkeit. Erst langsam wird ihnen diese Botschaft zur Gewißheit, fällt ihnen der Stein vom Herzen. Erst allmählich wird ihnen bewußt: Wir sind nicht allein; er ist nicht weg; er ist mit uns auf dem Weg; er ist überall dabei: in unserer Angst und Hoffnungslosigkeit, in unserer Einsamkeit, in unserer Frustration und Erfolglosigkeit. Angesteckt von diesem Erlebnis, versuchen sie, die Welt anzustecken. Ja, es klingt fast paradox, daß sie für diese Botschaft vom Leben sogar den Tod auf sich genommen haben.

Vor fast zweitausend Jahren ist diese Botschaft von Ostern zum ersten Mal „aus dem Grab" verkündet worden. Seit dieser Zeit haben unzählige Menschen im Glauben an das Leben die Schwelle des Todes überschritten: Große und Kleine, Bauern und Könige, Mächtige und Ohnmächtige, Begünstigte und Geschundene.

Ich weiß, wie schwer es für viele ist, diese Botschaft vom Leben zu glauben angesichts der tausendfachen sinnlosen Tode, die Menschen bis heute sterben müssen. Doch was wäre unsere Welt und unser Leben ohne diese Botschaft? Wir wären nichts anderes als „Eintagsfliegen". Gewiß, der Stein der scheinbaren Endgültigkeit, der bedrängenden Zweifel, der sichtbaren Trennungswand zwischen Tod und Leben lastet auf vielen. Es wäre töricht, das zu leugnen. Aber die kleine Blume „Hoffnung" blüht, versteckt zwar, in allen Herzen, selbst bei denen, die sich oft so zynisch und aufgeklärt geben.

Zum Schluß möchte ich sagen: Ostern ist nicht nur ein Tag im Jahr; denn die Zusage der Hoffnung, daß Gott den Stein ins Rollen gebracht hat, gilt für jeden neuen Tag, besonders für den letzten Tag unseres Lebens. Je tiefer wir in diesen Glauben hineinwachsen, um so mehr fällt uns dieser Stein vom Herzen.

Maternus Einig OP

Wegweisung für eine lebendige Eucharistiefeier

Am ersten Tag der Woche waren zwei von den Jüngern Jesu
auf dem Weg in ein Dorf namens Emmaus,
das sechzig Stadien von Jerusalem entfernt ist.
Sie sprachen miteinander über all das,
was sich ereignet hatte.
Während sie redeten und ihre Gedanken austauschten,
kam Jesus hinzu und ging mit ihnen.
Lk 24,13–15

Lange Zeit habe ich diesen Abschnitt aus dem Lukasevangelium als einen Text zur Auferstehung gelesen, fest dem Ostermontag zugehörig. Doch eines Tages erschien er mir plötzlich wie eine Anleitung zu einem vertieften Verständnis der Feier der Eucharistie.

Menschen – in der Emmausgeschichte sind es zwei, es könnten ebensogut auch mehrere sein – finden sich zusammen. Sie müssen mit ihren Enttäuschungen fertig werden; denn sie begreifen nicht, was geschehen war. Und, was noch schlimmer ist, sie können sich nicht vorstellen, was werden soll. Ihr ganzer Einsatz und all ihre Bemühungen sind gescheitert. Alles, worauf sie gesetzt hatten, ist dahin. In Offenheit und ohne etwas zu beschönigen, gestehen sie einander ihre Resignation.

In diese Situation kommt Jesus, nicht als Problemlöser, sondern vor allem als Zuhörer. Er fragt nach ihren Sorgen. Er versucht sie zu verstehen und nimmt ihren Kummer in sich auf. Aus diesem Teilnehmen und Annehmen erwächst, wenn auch noch anfanghaft, Gemeinschaft.

So etwas müßte bisweilen ein Element unserer Eucharistiefeier sein. Auch in ihr müßte es Platz geben für unser Sprechen miteinander über die Nöte, die sonst jeder allein mit sich herumträgt, angefangen von persönlicher Tragik bis hin zum Leiden am

Scheitern im kirchlichen, sozialen, politischen oder sonstigen Engagement. Wo sich so zwei oder drei zusammenfinden, ist Jesus bereits da, im Zuhören, im Nachfragen, im Verstehenwollen, im Mitsein und Dabeibleiben.

Dann ändert sich die Szenerie. Aus dem einfühlsamen, zuhörenden und fragenden Jesus wird ein „In-Frage-Stellender". Er schont die beiden nicht. Nicht einmal vor Vorwürfen schreckt er zurück: „Ihr Unverständigen, wie träge ist euer Herz, mußte nicht alles so kommen?"

Jesus konfrontiert die menschlichen Vorstellungen vom Weg zu Glück, Heil und Erfolg mit den Vorstellungen Gottes, die anderer Art sind. Demgegenüber bleiben die Emmaus-Jünger sprachlos. Ob sie etwas verstehen, wird nicht gesagt. Später werden sie bekennen, daß ihr Herz zu brennen anfing, als sie erkannten, wie sehr die göttliche Sichtweise Jesu der ihrigen widersprach.

Darin sehe ich ein zweites Element, das der Eucharistiefeier einen vertieften Sinn gibt. Wir müssen Hörende werden, die damit rechnen, daß das Gehörte sie in Frage stellt; Hörende, die davon ausgehen, daß die Konfrontation mit Gottes Wort eigene Vorstellungen über den Haufen wirft; Hörende, die bereit sind, ihr Herz in Flammen setzen zu lassen, indem sie Gottes Wort an sich heranlassen, mit dem er immer wieder und auf vielfältige Weise zu uns spricht: „Meine Gedanken sind nicht eure Gedanken, und eure Wege sind nicht meine Wege. So weit der Himmel von der Erde entfernt ist, so weit fallen meine Pläne und eure Pläne auseinander" (Jes 55,8–9).

Emmaus ist erreicht. Jesus tut so, als wolle er weitergehen. Das ist kein Trick. Hier verbirgt sich etwas von Gottes Weg mit dem Menschen: Die Freiheit wird nicht angetastet. Der Mensch soll mit dem Wort Gottes, mit diesem Konfrontationswort, ohne Zwang umgehen können. Die Emmaus-Jünger müssen die Möglichkeit haben, den Herrn weggehen zu lassen und ihre Begegnung abzutun mit einem Satz wie: „Gut, daß wir diesen realitätsfernen Idealisten los sind."

Die Jünger tun es nicht. Aber sie brechen auch nicht in Enthusiasmus aus. Sie sagen nicht: „Jetzt ist uns alles klar; mein Gott, was waren wir vernagelt!" Zwischen Skepsis und Hoffnung wählen sie einen Mittelweg. Sie bitten: „Bleib doch für heute abend bei uns." Diese bescheidene Bitte genügt, um ihn zu seinem Ja zu veranlassen. Er bleibt und bricht das Brot. Einfach so, beim Essen. An dieser Geste, die zum Ausdruck bringt: „Ich sorge für euch!", erkennen sie ihn.

Damit stehen wir vor einem dritten Element, das uns eine vertiefte Sichtweise der Eucharistiefeier schenkt: Auch wenn wir noch nicht alles verstehen, auch wenn sich unser Weg noch nicht in neuem Licht und mit neuer Hoffnung aufgeladen zeigt, ja selbst wenn wir den Herrn noch nirgendwo ausmachen können, weil wir ihn einfach noch nicht mit unseren gehaltenen Augen erkannt haben, so bleibt uns doch die Möglichkeit der kleinen Bitte: „Bleib doch!" Das genügt. Die Bitte „Bleib doch!" veranlaßt Jesus, das Brot zu brechen. Damit sagt er uns: „Ich sorge für euch, weil ich euch gern habe."

Kaum haben die Emmaus-Jünger begriffen, was tatsächlich geschehen ist, wer der ist, der ihnen das Brot bricht, da ist er auch schon fort: „Dann sahen sie ihn nicht mehr", sagt Lukas kurz und knapp. Aber die Jünger fallen nicht in ihre Verzweiflung zurück. Nein, noch in derselben Stunde brechen sie auf. Die sekundenhafte Erkenntnis: „Was auch immer geschieht, Gott sorgt für uns", gebündelt im Zeichen des gebrochenen Brotes, reicht aus, um sich auf den Weg zu machen. Das Zeichen des gebrochenen Brotes macht sie fähig für einen Weg durch die Nacht. Ihr einziges Ziel ist: Sie möchten weitersagen, daß sie für eine Sekunde lang das Licht gesehen haben.

So ist der Aufbruch ein viertes Element, das den Sinn der Eucharistie vertieft. Wenn uns die Augen aufgegangen sind und wir ihn erkannt haben, dann wird es uns drängen, hinzugehen und von der „Lichtsekunde" Zeugnis zu geben. Vielleicht können wir sogar selber – in seinem Namen und an seiner Stelle Brot brechend und austeilend –, neue „Lichtsekunden" für andere ermöglichen. So würde in der Tat Fronleichnam gefeiert, das Fest, das in aller Öffentlichkeit zeigt: „Gott sorgt für uns. Gegen allen Hunger bricht er sich selbst als Brot des Lebens. Und gegen alle Sehnsucht vergießt er sich selbst als Wein der Freude.“

Manuel Merten OP

2. Sonntag der Osterzeit: Joh 20,19–31

Die zerstörerische Kraft der Sünde

Jesus hauchte die Jünger an und sprach zu ihnen:
Empfangt den Heiligen Geist!
Wem ihr die Sünden vergebt, dem sind sie vergeben;
wem ihr die Vergebung verweigert, dem ist sie verweigert.
Joh 20,22–23

Selbst wenn es stimmt, daß das Wort Sünde nicht mehr besonders gängig ist, unter tatsächlicher oder vermeintlicher Schuld leiden unendlich viele Menschen.

Da ist eine Frau, die mit großer Freude und viel Liebe ihre vier Kinder großgezogen hat. Ihrem Mann war sie immer eine gute Partnerin. Nur schwer verkraftet sie es jetzt, daß sie den ganzen Tag allein zu Hause ist. Der arbeitslos gewordene Nachbar, mit dem sie sich immer gut verstanden hat, schaut öfter herein. Beinahe unmerklich für beide entsteht eine herzliche Beziehung. Ehebrecherische Gedanken liegen beiden völlig fern. An einem Tag besonderer Traurigkeit der Frau wird der Trost, den der Nachbar ihr schenken will, intim zärtlich. Beide haben später das Empfinden, eine Grenze überschritten zu haben. Ihrem Mann mochte die Frau es nicht erzählen. Seine Enttäuschung hätte sie nicht ertragen. Statt dessen schränkte sie ihr Leben noch mehr ein, als dies vorher ohnehin schon der Fall war. Sie mied fast jeden Kontakt zu anderen Menschen, insbesondere zu dem betreffenden Nachbarn. So wollte sie sich selbst und wohl insgeheim ihrem Mann beweisen, daß sie nur für ihn und sonst für niemanden da ist. Manchmal wünschte sie geradezu einen ehelichen Fehltritt ihres Mannes herbei. Dieser seltsam anmutende Wunsch war für sie verbunden mit zwei Gedanken. Einmal dachte sie: „Das geschähe mir recht!“ Zum anderen sagte sie sich: „Wie gern würde ich ihm verzeihen!“ Von dem Mann hörte ein guter Freund nach Jahren die Klage: „Wenn ich nur wüßte, was mit meiner Frau ist? Sie war früher so lebensfroh. Jetzt erlebe ich sie oft als schwermütig und finde einfach keinen Weg, um ihr aus ihrer Traurigkeit herauszuhelfen.“ – Hier ist Leben an Angst, Versagen und Schuld gestorben. Es wurde, wenn man so will, mitten im Leben dem Tod zugeführt.

Oder da ist ein Mann, der sich, was er bislang noch nie getan hat, nach einigen Glas Bier ans Steuer setzte und in einen Unfall verwickelt wurde, bei dem ein Kind tot blieb. Er hatte den Unfall nicht eigentlich verursacht. Aber er hätte ihn vielleicht bei besserem Reaktionsvermögen verhindern können. Seinen Führerschein holte er sich auch nach Ablauf der Entzugsfrist nicht zurück. In seinem Haus gab es nie mehr und für niemanden einen Tropfen Alkohol zu trinken. Der kleinere von seinen beiden Söhnen durfte nicht mehr Fahrrad, der größere nicht mehr Mofa fahren. Der Mann wurde im Urteil über die Menschen hart und hatte immer seltener ein gutes Wort für andere. Er und andere mit ihm starben bereits zu Lebzeiten an der Schuld eines einmaligen Versagens.

Extreme Beispiele? Vielleicht. Und doch sind es Beispiele für die Leben zerstörende Kraft von Schuld, Sünde und Angst. Weniger extrem, dafür aber häufiger zeigt sich die zerstörende Kraft in so mancher Stunde schlechten Gewissens, die wohl für jeden hier und da einmal schlägt. In solchen Augenblicken werden wir uns bewußt, mit welchen Masken wir vor den Menschen herumlaufen. Wie erschreckend wäre es, wenn dieser oder jener geliebte oder vielleicht auch gefürchtete Mensch mich wirklich kennen würde; wenn er von mir wüßte, mit welchem Geheimnis ich mich herumschlage, welches einmalige oder dauerhafte Versagen am

Boden meiner Seele abgelagert ist! Wie lebentötend sich Schuld, Sünde und Angst dort auswirken, mag jeder für sich selbst beantworten.

„Am Abend des ersten Tages der Woche, als die Jünger aus Angst vor den Juden die Türen verschlossen hatten, kam Jesus, trat in ihre Mitte und sagte zu ihnen: Friede sei mit euch … Da freuten sich die Jünger, daß sie den Herrn sahen. Jesus sagte noch einmal zu ihnen: Friede sei mit euch! Wie mich der Vater gesandt hat, so sende ich euch. Nachdem er das gesagt hatte, hauchte er sie an und sprach zu ihnen: Empfangt den Heiligen Geist! Wem ihr die Sünden vergebt, dem sind sie vergeben“ (Joh 20,19–23).

So beschreibt das Johannesevangelium das Entscheidende des österlichen Geschehens. Angst (aus Angst saßen die Jünger bei verschlossenen Türen) wird durch ein gutes Wort, das gesprochen wird, in Freude verwandelt. Der Auferstandene, der Neugewordene, der auf der Seite des Lebens Stehende spricht es. Aber dieses befreiende Wort kann nicht nur der Herr selbst sprechen. Er will, daß Menschen es einander zusprechen können. Wie der Vater ihn gesandt hat, so sendet er seine Jünger. Und diese Sendung gipfelt darin, daß sie mit seinem Geist und in seinem Geist das tun, was Jesus immer getan hat: Sünden vergeben und der Schuld das Zerstörerische, das Leben Tötende wegnehmen. Wer Jesu Geist empfängt, wo sein Geist wirksam wird, da wird Auferstehung zu neuem Leben aus allem Totmachenden angesagt, zugesprochen, zugesichert.

Wenn wir darauf schauen, wie Jesus mit den Menschen umgegangen ist, dann wird eines deutlich: Er wußte, wie es mit dem Menschen bestellt ist. Er wußte, daß Menschsein beinahe gleichbedeutend ist mit Schuldigwerden. In diese Situation sprach er seinen Geist, seine oft Empörung verursachende Botschaft. Denken wir nur an die Heilung des Gelähmten, dem er zunächst sagte: „Deine Sünden sind dir vergeben!“ und den er erst danach von seiner Behinderung heilte (Mk 2,1–12). „Wie kann dieser Sünden vergeben?“ So lautete die verwunderte, die verärgerte

Frage damals. Heute ist sie kaum anders: „Wie soll das gehen, Vergebung? Was geschehen ist, ist geschehen!" Es ist, als wären wir in unseren eigenen Tod verliebt.

Ich denke, daß wir dort etwas vom Geist Jesu, vom Geist Gottes finden, wo wir uns sagen lassen: „Geht davon aus, daß ihr für das, was war, keine Wiedergutmachung zu leisten habt. Die Sache ist erledigt. Gott hat sie erledigt." Und weil das so ist, muß es uns nicht mehr schwerfallen, uns unserer Vergangenheit zu stellen. Das Wort: „Es ist gut; du kannst neu anfangen!" hat Gott in Jesus ein für allemal gesprochen. In seiner Kirche wird es weitergesprochen. Wir können es uns sagen lassen.

Es ist eigentlich tragisch, daß gerade die dichteste Form dieser Zusage, wie wir sie im Sakrament der Buße besitzen, für viele nie etwas mit Befreiung zum Leben zu tun hatte, sondern vielmehr mit Angst und Schrecken. Kaum weniger tragisch ist es, daß von diesem Geist, der lebendig macht, oft so wenig spürbar wird unter uns, in unseren Familien, unseren Gemeinschaften, unseren Gemeinden und unserer Kirche, daß es an Atmosphäre der Vergebung, an von Gottes Geist bestimmter Atmosphäre fehlt.

Lassen Sie mich deshalb mit einem Wunsch schließen. Ich wünsche Ihnen von Herzen, daß Sie sich das Wort zusprechen lassen können und die Wirklichkeit dieses Wortes erfahren: „Steh auf! Deine Sünden sind dir vergeben. Dein Versagen muß dich nicht zerstören." Weiterhin wünsche ich Ihnen, daß Gottes Geist so in Ihnen wirksam wird, daß Sie selbst solche Worte, solch neues Leben anderen ansagen, zusprechen, ja zusichern können.

Manuel Merten OP

„Nur die Toten kommen nicht ins Leben zurück!"

Jesus sagte zu ihnen: Was seid ihr so bestürzt?
Warum laßt ihr in eurem Herzen solche Zweifel aufkommen?
Seht meine Hände und meine Füße an:
Ich bin es selbst.
Sie staunten, konnten es aber vor Freude
immer noch nicht glauben.
Lk 24,38–39a.41

Zu Beginn der Französischen Revolution wurde die königliche Familie verhaftet. In langwierigen Diskussionen beratschlagte man über das Schicksal des Königs. Schließlich forderte Robespierre mit aller Entschiedenheit den Tod Ludwigs XVI. Seine Begründung lautete: „Nur die Toten kommen nicht ins Leben zurück!" Auf diese Erklärung hin wurde der König auf dem „Platz der Revolution" öffentlich hingerichtet.

Mit der gleichen Bestimmtheit hatte man damals den Tod Jesu verlangt. Beim Evangelisten Johannes lesen wir: „Da beriefen die Hohenpriester und die Pharisäer eine Versammlung des Hohen Rates ein. Sie sagten: Was sollen wir tun? ... Einer von ihnen, Kajaphas, der Hohepriester jenes Jahres, sagte zu ihnen: Ihr versteht überhaupt nichts. Ihr bedenkt nicht, daß es besser für euch ist, wenn ein einziger Mensch für das Volk stirbt, als wenn das ganze Volk zugrunde geht" (Joh 11, 47–50). „Nur die Toten kommen nicht ins Leben zurück!" Das war letztlich auch für Kajaphas das ausschlaggebende Argument für die Hinrichtung Jesu.

Die auf Sensationen erpichten Leute, die an der Hinrichtungsstätte vorbeikamen, verhöhnten Jesus in entsprechender Weise. Sie schüttelten den Kopf und riefen: „Wenn du Gottes Sohn bist, hilf dir selbst, und steig herab vom Kreuz!" (Mt 27,40). Doch alsbald geschah etwas ganz anderes: Jesus stieg nicht als Angenagelter vom Kreuz herab; er, der tot war, kehrte aus dem Grab ins Leben zurück.

„Die Toten kommen nicht mehr ins Leben zurück!“ Von nichts anderem sprachen die Jünger seit jenem Karfreitag miteinander. Daher ihr Erschrecken und ihre Angst, als der Auferstandene in ihre Mitte trat: „Sie meinten, einen Geist zu sehen“ (Lk 24,36–37). Wie alle Ostererzählungen, so kreist auch diese Ostergeschichte vor allem um das unerwartete und einzigartige Geschehen der Auferstehung Jesu. Ihr Hauptanliegen ist, anschaulich zu schildern, wie Jesus sich vor seinen Jüngern als der leibhaftig Auferstandene ausweist. Um sie von ihrer Meinung abzubringen, sie sähen nur einen leiblosen Geist, fordert er sie auf, seine Hände und Füße zu betrachten. Doch selbst dieser Versuch, die Jünger zum Glauben zu bringen, führt nicht zum Ziel. Daher bittet sie der Auferstandene, ihm etwas zu essen zu geben. Doch erst als er ihnen die Augen des Herzens öffnet, kommen sie zum Glauben und werden seine Zeugen.

Die Tatsache, daß die Jünger sich trotz der handfesten Beweise, die ihnen Jesus gibt, so schwertun, zum Glauben an den Auferstandenen zu finden, macht ihre Verkündigung der Osterbotschaft um so glaubwürdiger. Sie weckt und bestärkt in uns den Glauben, daß Jesus wirklich leibhaftig auferstanden ist. Unser österlicher Glaube gründet sich demnach nicht auf verwirrte Träume oder Wahnvorstellungen, sondern auf den auferstandenen Herrn selbst, der historisch nachprüfbar den Tod durchlitt und sich durch seine Auferstehung als Sieger über den Tod ausgewiesen hat. Welche Bedeutung das für unseren Glauben hat, formuliert der Apostel Paulus mit dem Wort: „Wäre Christus nicht auferweckt worden, so wäre unser Glaube nichtig“ (1 Kor 15,17). Der bekannte Züricher Theologe Gerhard Ebeling sagt dazu: „Paulus meint hier nicht: Wenn die Auferstehung Jesu hinfällig ist, dann ist eben bloß dieser eine Glaubensartikel, der Glaube an die Auferstehung Jesu, hinfällig. Nein, vielmehr ist dann der Glaube überhaupt erledigt. Der Glaube schlechthin wäre dann sinnlos.“ Das Osterzeugnis der Jünger ist also der tiefste Grund unseres persönlichen Glaubens an Jesus Christus. Mit diesem Glauben verbindet sich nicht zuletzt der Trost, daß wir uns in all unserer Angst und Verzweiflung, in unserer Einsamkeit und Hoffnungslosigkeit, in unserer Verlassenheit und Todesohnmacht seiner göttlichen Allmacht anvertrauen dürfen, um an seiner Hand durch all dies Dunkel hindurchzugehen.

Übersehen wir in diesem Zusammenhang nicht, daß uns die Evangelisten mit keinem Wort sagen, *wie* das völlig unerwartete Ereignis der Auferstehung Jesu geschehen ist. Mit all dem, was sie uns berichten, sind sie nur an einem interessiert, nämlich daran, *daß* der Herr auferstand. Die Tatsache, daß wir nicht wissen, wie die Auferstehung vor sich ging, hat ihren Grund in der eigentümlichen Verhaltensweise Jesu. Jesus machte aus diesem Ereignis keine Demonstration, wie wir es vielleicht erwartet und gewünscht hätten. Er zeigte sich nicht in der breiten Öffentlichkeit. Auch ließ er nicht seine Gegner erzittern, um ihnen zu zeigen, daß er nun doch der Stärkere ist. Was die versammelten Jünger in heillose Verwirrung brachte, war vielmehr die Unauffälligkeit, in der alles geschah.

Unauffällig zu handeln, das ist Gottes Eigenart – im Gegensatz zu vielen erfolgreichen Menschen. In der Gestalt eines Kindes kam er in unsere Welt. Er lebte das Leben armer und einfacher Leute und starb schließlich den Tod eines Verbrechers. Ohne Lärm kehrte er aus dem Tod ins Leben zurück. Weil der Herr der unauffällig handelnde Gott ist, deshalb ist er auch der Gott der unerwarteten Überraschungen. Daher bedeutet österlicher Glaube: sich von Gott überraschen lassen. Zugleich erahnen wir hier, was sich hinter den verheißungsvollen Worten verbirgt: „Wir verkündigen, wie es in der Schrift heißt, was kein Auge gesehen und kein Ohr gehört hat, was keinem Menschen in den Sinn gekommen ist: das Große, das Gott denen bereitet hat, die ihn lieben“ (1 Kor 2,9). *Rudolf Stertenbrink OP*

„Ich passe nur auf sie auf!"

Ich bin der gute Hirt; ich kenne die Meinen, und die Meinen kennen mich,
wie mich der Vater kennt und ich den Vater kenne;
und ich gebe mein Leben hin für die Schafe.
Joh 10,14–15

In den Tiefen seines Herzens sehnt sich jeder Mensch nach dem, was ein amerikanischer Schriftsteller „Stabilitätszone" genannt hat. Diese Sehnsucht erwacht vor allem in einer Gesellschaft, in der alles auf Kurzlebigkeit angelegt ist und die man deshalb als „Wegwerfgesellschaft" bezeichnet hat. In den Vereinigten Staaten haben heute große Industrieunternehmen sogar eigene Studienbüros eingerichtet, in denen eine Qualitätsminderung der Gebrauchsgüter wissenschaftlich geplant wird, um deren Verschleiß zu beschleunigen. Man kann sich nur schlecht vorstellen, wie durch eine vorzeitige Veräußerung oder durch ein allzu schnelles Fortwerfen der Dinge des Lebens eine wirkliche Aneignung möglich ist.

Darüber hinaus zeigt sich, daß ein Mensch, der kein persönliches Verhältnis zu den Dingen hat, nur schwer eine stabile Beziehung zu seinen Mitmenschen findet. Für ihn ist der andere nur so lange interessant, wie er mit ihm ins Geschäft kommt. Wenn bei ihm nichts mehr zu holen ist, schreibt er ihn ab. Der eigentliche Mensch ist ihm gleichgültig. Hier zeigt sich, was ein Mietling ist. In der nutznießerischen Welt begegnet man ihm allerorts. Bei ihm fühlt man sich nicht zu Hause.

Mietlinge gibt es auch dort, wo von Liebe die Rede ist. Man bedenke nur die Worte einer Neunzehnjährigen, die ihrer Mutter offenbarte, sie wolle in Kürze mit ihrem Freund zusammenleben. „Nächstes Jahr ist es wahrscheinlich ein anderer", fügte sie hinzu. „Warum sich fürs ganze Leben auf einen einzigen festlegen?" Einen Mann zu lieben, findet sie langweilig und monoton. Daher möchte sie frei bleiben, keine festen Bindungen eingehen und keine Verpflichtungen übernehmen. Außerdem erscheint ihr die Ehe als ein sehr riskantes Unternehmen. Die Mutter antwortete ihr unter anderem: „Du wirst nie richtig erwachsen werden, wenn du nicht bereit bist, Verantwortung für das Glück eines anderen zu übernehmen.“ Doch für solche Verantwortung hatte die Tochter wenig Verständnis: „Mir geht es vor allem um mich“, sagte sie darauf.

Vielleicht ist das Schwinden der persönlichen Beziehung zu den Dingen und den Menschen eine der wesentlichen Ursachen für das ständige Anwachsen der Kriminalität in unserer Zeit; denn wo die Zahl der Mietlinge zunimmt, da steigt auch die Zahl der Räuber. Jeder weiß, daß sie vor keiner Brutalität zurückschrecken.

In diesem Zusammenhang können wir verstehen, warum Martin Buber einmal zwischen Ich-Es-Beziehungen und Ich-Du-Beziehungen unterscheidet. Im Gegensatz zur Ich-Es-Beziehung ist die echte Ich-Du-Beziehung stabil. In ihr fühlen wir uns sicher und geborgen. Sie wächst mit den Jahren, so daß in ihr der eine immer mehr ein Wesensteil vom anderen wird.

Das bestätigt ein Mann, der erzählt, wie sich Vergangenes in der Erinnerung vergegenwärtigt und uns so helfen kann, augenblickliche Schwierigkeiten zu überwinden. Dabei dachte er an eine Begebenheit aus seiner Kindheit: „Ich war damals ungefähr zehn, und meine Mutter war schwer krank. Eines Nachts stand ich auf, um einen Schluck Wasser zu trinken. Als ich am Schlafzimmer meiner Eltern vorbeikam, sah ich Licht brennen und steckte den Kopf hinein. Mein Vater saß im Bademantel an Mutters Bett, sie schlief. Ich ging zu ihm hin und fragte aufgeregt: ‚Was ist los?‘ Mein Vater beruhigte mich und sagte: ‚Es ist nichts los. Ich passe nur auf sie auf!‘ Diese Worte gingen mir nicht mehr aus dem Sinn. Sie hatten etwas ungemein Stärkendes. Als vor ein paar Jahren meine Frau lebensgefährlich erkrankte, weckten sie in mir ungeheure Energien.“

Diese nächtliche Begegnung ist so etwas wie eine Hirtenszene.

Sie erinnert uns an die Worte Jesu: „Ich bin der gute Hirt; ich kenne die Meinen, und die Meinen kennen mich, und ich gebe mein Leben hin für meine Schafe.“ Es fällt auf, daß Jesus hier nicht sagt: „Ich bin ein guter Hirt.“ Vielmehr betont er: „Ich bin der gute Hirt.“ Damit gibt er uns zu verstehen, daß er uns wie kein anderer kennt, um uns weiß und uns behütet, daß er jeden seine eigenen Wege führt und keinen aus den Augen verliert, wobei jeder einzelne ihm so wichtig ist, daß er für ihn im Ernstfall sein Leben hingibt.

Haben wir schon einmal Jesus in dieser oder in einer ähnlichen Weise als den guten Hirten unseres Lebens erfahren? Vielleicht hatten wir einmal Angst vor etwas, das dunkel und schwer auf uns zu kam. Wir fragten uns: „Wie wirst du das schaffen?“ Oder: „Wie wirst du damit fertig?“ Oder: „Wie wirst du da durchkommen?“ Dann aber kam auf einmal alles ganz anders, als wir es vorausschauen und erwarten konnten. Vielleicht waren wir schon einmal an einem Punkt, da wir nicht mehr weiterwußten und verzweifelt waren. Aber eine Weile später sahen wir uns zu unserem großen Erstaunen auf einem neuen Weg, und es wurde uns klar: Es kann weitergehen! Wir hatten vielleicht eine schwere Last zu tragen, von der wir glaubten, sie würde uns erdrücken. Dann aber durften wir erfahren, daß von irgend woher Kraft und Hilfe kam. Wer hätte so etwas noch nicht erlebt?

Solche Augenblicke kommen uns vor wie ein Traum. Doch dieser Traum wird Wirklichkeit für den, der an die Zusage Jesu glaubt: „Ich bin der gute Hirt.“ Wo der Mensch das Wagnis solchen Vertrauens eingeht, wo für ihn nicht mehr menschliche Worte wegweisend sind, sondern das Wort Gottes, da gelangt er wie von selbst in jene Stabilitätszone, die wir brauchen, um in einer instabilen Welt unbeirrt unseren Weg gehen zu können.

Für eine solch stabile Beziehung gibt es in der Bibel ein einzigartiges Zeugnis. Es ist der Psalm 23, der Jesus sehr vertraut gewesen ist. „Der Herr ist mein Hirt, nichts wird mir fehlen“, so beginnt das Psalmlied. Diese Worte erinnern uns an die zärtliche Sorge einer Mutter. Sie lassen uns an den Hinweis von Papst Johannes Paul I. denken: „Gott ist Vater; noch mehr, er ist Mutter.“ Hier geht es um eine überzeitliche Erfahrung. Es ist die Erfahrung, daß dem gläubigen Menschen im Schutz eines solch mütterlichen Gottes nichts fehlen kann, genauso wie einem Kind nichts fehlt, das sich in der Nähe seiner Mutter geborgen weiß.

Das gilt vor allem für die trüben und finsteren Augenblicke. Daher sagt der Psalmist: „Muß ich auch wandern in finsterer Schlucht, ich fürchte kein Unheil; denn du bist bei mir.“ So kann nur sprechen, wer die dunklen Täler der Prüfung und Anfechtung, die Schluchten der inneren Verlassenheit und Vereinsamung, der Bedrängnis und Angst kennt und in ihnen die Hilfe des guten Hirten erfahren hat. Von hier aus können wir verstehen, wenn der Philosoph Immanuel Kant sagt: „Alle Bücher, die ich gelesen habe, haben mir diesen Trost nicht gegeben, den mir dieses Wort der Bibel gab.“ *Rudolf Stertenbrink OP*

5. Sonntag der Osterzeit: Joh 15,1–8

Gott kennen und leben ist eins

Ich bin der Weinstock,
ihr seid die Reben.
Wer in mir bleibt und in wem ich bleibe,
der bringt reiche Frucht;
denn getrennt von mir könnt ihr nichts vollbringen.
Joh 15,5

Das kleine Wort „umsonst“ hat etwas Merkwürdiges an sich. Es kann in uns große Freude, aber auch tiefe Traurigkeit auslösen. Wir können beispielsweise etwas sehr Kostbares „umsonst“ bekommen. Oder aber: Nach vielen Anstrengungen, die uns nicht den gewünschten Erfolg brachten, meinen wir, alle Mühe sei „umsonst“ gewesen.

Wiederholte Erfahrungen des „Umsonst“ in seiner negativen Bedeutung können uns in eine tiefe Lebenskrise führen. Dann sagen wir: „Alles war vergebens, nutzlos, sinnlos!“ Daher die Frage: „Wie kommen wir zu einem fruchtbaren Leben?“

Gehen wir von einem Menschen aus, der sich ernsthaft bemüht, diese oder jene Untugend in seinem Leben zu überwinden. Doch es gelingt ihm nicht. Immer wieder erfährt er seine Schwachheit, seine mangelnde Kraft. So wächst in ihm das Gefühl, eben doch ein Versager zu sein. Nehmen wir nun einmal an, ein solcher Mensch findet einen guten und in sich gefestigten Freund, der ihn versteht, der es gut mit ihm meint und bereit ist, ihm zu helfen. Solange er sich an diesen Freund hält, mit ihm in Verbindung bleibt und seinen Rat befolgt, wird er spüren, daß es mit ihm zunehmend aufwärtsgeht, daß Licht in ihn kommt, in dem er auf einmal Werte erkennt, die für ihn früher gar nicht existierten, daß seine Interessen sich zu ändern beginnen und in ihm Kräfte frei werden, die er nicht in sich vermutet hatte. Kurz: er spürt, wie sein Leben fruchtbar wird. Würde er sich jedoch von seinem Freund wieder lösen, um unabhängig und frei zu sein, so würde er alsbald in seinen alten Zustand zurückfallen. Dasselbe gilt auch für unser Verhältnis zu Gott.

Bedeutsam scheinen mir hier einige Zeilen von Leo Tolstoi, der aufgrund seiner eigenen Erfahrungen schreibt: „An einem Vorfrühlingstag war ich allein im Wald und lauschte seinem Rauschen. Ich dachte an meine Unruhe während der letzten drei Jahre, an mein Suchen nach Gott, an mein dauerndes Schwanken zwischen Freude und Verzweiflung. Und plötzlich sah ich, daß ich nur lebte, wenn ich an Gott glaubte. Wenn ich nur an ihn dachte, erhoben sich in mir die frohen Wogen des Lebens. Alles ringsum belebte sich, alles bekam einen Sinn. Aber sobald ich nicht mehr an ihn glaubte, stockte plötzlich mein Leben. – ‚Was suche ich also noch?‘ rief eine Stimme in mir. ‚Er ist es doch, ohne den man nicht leben kann! Gott kennen und leben ist eins. Gott ist das Leben … Seitdem hat mich diese Leuchte nie mehr verlassen.“

Von solchen Erfahrungen her können wir sagen: Unser christliches Leben wie das Leben der Kirche bleibt unfruchtbar, wenn es seinen Kontakt mit Jesus Christus verliert. Wo aber ein Christ und die Kirche im Lebensgeheimnis Jesu Christi verwurzelt sind wie – um das Bild Jesu aufzugreifen – eine Rebe im Weinstock, da geht, je tiefer die Einwurzelung ist, desto mehr, die ganze gott-menschliche Lebenskraft Jesu in die ihm Verbundenen ein. Auf diese Weise nehmen sie an Gottes Möglichkeiten teil. Die Bibel wird nicht müde, dies mit immer neuen Bildern zu verdeutlichen, und gerade die Heiligen weisen durch ihr Leben aus, daß es tatsächlich so ist.

Einer von ihnen ist Klemens Maria Hofbauer, der „Apostel Wiens". Er liebte vor allem die Armen und die Notleidenden. Bei jeder Gelegenheit machte er sich auf, um für sie zu betteln. Eines Tages kam er in ein Gasthaus, in dem man gemütlich beisammensaß. Als er mit seinem Hut von einem Tisch zum anderen ging, geriet er an einen Mann, der alles Kirchliche haßte. In dem Augenblick, da er ihn um eine Gabe bat, fuhr dieser ihn an: „Wie kommen Sie dazu, mich um Geld zu bitten?" Kaum hatte er das gesagt, da spuckte er dem Gottesmann ins Gesicht. Dieser zog ruhig und gefaßt sein Taschentuch heraus, säuberte sich damit das Gesicht und sagte in liebenswürdigem Ton: „Das war für mich. Nun geben Sie bitte noch etwas für meine Armen!" Und erneut hielt er ihm seinen Hut hin. Der Angesprochene war von dieser Verhaltensweise so überrascht, daß er seine Geldbörse zog und ihren ganzen Inhalt in den Hut des Heiligen gab. Das Verhalten des Großstadtapostels hatte gefruchtet. Derjenige, der zunächst nichts geben wollte, gab auf einmal alles.

Dieses Beispiel verdeutlicht, daß ein guter Christ vor allem an drei Merkmalen zu erkennen ist. Zunächst erfährt sein Leben durch seine Verbundenheit mit Jesus Christus eine große Bereicherung; denn er erfährt in sich einen Frieden und eine Freude, die sich nicht aus einer irdischen Verbindung ableiten lassen. Hinzu kommen eine innere Freiheit, Gelassenheit und Heiterkeit, die auch nicht durch unliebsame Begegnungen vertrieben werden können.

Zweitens wird sein Leben fruchtbar im Dienst für viele andere. Der seinem Herrn verbundene Christ hält sein Leben nicht zurück. Er spart es nicht auf. Er setzt es vielmehr ein; denn er weiß: Aufgespartes Leben zerfällt; es bleibt unfruchtbar und macht unglücklich. Wer für andere da ist, fragt auch nicht nach dem Sinn seines Lebens. Er versteht ihn, oder besser: Er lebt ihn.

Drittens können wir sagen: Ein solches Leben ist völlig durchlässig für Gottes Wirken, da es ihm keinerlei Widerstand entgegensetzt. Auf diese Weise gibt es Zeugnis für Gottes Gegenwart und für seine Liebe zu den Menschen. Aus diesem Grund sagte Thomas von Aquin, er halte sich bewußt, Gott dies als den vornehmsten Dienst seines Lebens zu schulden: mit all seinem Sinnen und Reden Kunde zu geben von ihm.

Rudolf Stertenbrink OP

6. Sonntag der Osterzeit: Joh 15,9–17

„Nehmen Sie die Menschen, wie sie sind“

Das ist mein Gebot:
Liebt einander,
so wie ich euch geliebt habe.
Joh 15,12

Zuweilen stoßen wir auf kurze Worte, die aber eine lange Erfahrung in sich bergen. Ein solches Wort hat Konrad Adenauer einmal in einem Gespräch mit seinem Parteifreund Theodor Freiherr zu Guttenberg formuliert. Als dieser das mangelnde Verständnis für die Politik des Kanzlers beklagte, erklärte ihm dieser: „Herr Baron, würden Sie von mir einen Rat annehmen?“ Der Baron bat ihn zu sprechen. Da sagte ihm Adenauer: „Nehmen Sie die Menschen, wie sie sind; andere gibt es nicht.“

Diesen Rat zu befolgen gehört gewiß zu den schweren Dingen, die ein Mensch vollbringen kann. Warum? Im Roman „Rodion Raskolnikoff“ von F. M. Dostojewski steht ein Satz, den man als Antwort auf diese Frage verstehen kann: „Einen vollkommenen Menschen – das ist wahr – gibt es fast überhaupt nicht; unter Zehntausenden, vielleicht aber auch unter vielen Hunderttausenden findet man je einen, und selbst die noch in ziemlich schwachen Exemplaren.“ Weil es also den idealen Menschen so gut wie nicht gibt, weil alle Menschen an irgendeinem Mangel leiden, deshalb ist es so schwer, sie zu nehmen, wie sie sind.

Um so verwunderlicher ist es, daß dies allein Jesus nicht genügt. Er geht einen großen Schritt weiter, wenn er uns auffordert, einander nicht nur zu nehmen, wie wir sind, sondern uns untereinander in Liebe anzunehmen, und zwar so anzunehmen, wie er uns angenommen hat: „Das ist mein Gebot: Liebt einander, so wie ich euch geliebt habe.“ Dieses kurze Wort enthält alles, was für einen Christen wichtig ist. Zu seinem besseren Verständnis sind ein paar kleine Anmerkungen hilfreich.

Wenn Jesus hier sagt: „Das ist mein Gebot“, dann zeigt sich, daß die Liebe im christlichen Sinn befohlen ist. Damit unterscheidet sie sich wesentlich von der natürlichen Liebe. Diese verhält sich im allgemeinen nach dem „Echoprinzip“: „Wie du mir, so ich dir!“ Das heißt: Solange einer sich auf meine Wünsche und Interessen einläßt, bin auch ich für ihn da. Sobald er ihnen aber nicht mehr entspricht, ist er für mich gestorben. Dieses reaktive Verhaltensmuster gehört zum Wesen der Welt.

Mit seinem Gebot fällt Jesus buchstäblich „aus dem Rahmen“ der Welt; denn seine Liebe ist nicht reaktiv, sondern kreativ. Sie nimmt den anderen nicht erst an, wenn er liebenswert ist, sondern sie kommt wohlwollend auf ihn zu, wer immer er auch ist. Wenn Sigmund Freud zu dem Urteil neigt, daß der menschlichen Natur nichts so zuwiderläuft wie das Gebot, den Nächsten zu lieben wie sich selbst, wieviel mehr gilt dies dann von dem Gebot, einander zu lieben, so wie Christus uns geliebt hat? „Seine Liebe kennt keine Grenzen, sie hört nimmer auf, sie schaudert nicht zurück vor Häßlichkeit und Schmutz“ (Edith Stein).

Dabei geht es vor allem um die Liebe der Jünger Jesu nach innen, in ihrer Gemeinschaft. Die Liebe im Sinne Jesu beginnt immer innen, um sich dann nach außen hin auszuweiten. Das hat seinen Grund. Dort, wo wir zusammenleben und zusammenarbeiten, wo einer die Schwächen des anderen nicht nur sieht, sondern auch ertragen muß, da ist Liebe viel schwieriger. Erinnern wir uns hier an die Szene der Fußwaschung. Dabei sagt Jesus: „Ein Beispiel habe ich euch gegeben, damit auch ihr tut, wie ich an euch getan habe“ (Joh 13,15). Nur weil wir göttliche Liebe empfangen haben, können wir göttliche Liebe weitergeben.

Wie sieht solche Liebe in der Praxis aus? Orientieren wir uns an der Liebe Gottes. Von ihr kann man sagen: „Sie findet in jedem von uns, auch im Ärmsten und Verkommensten, irgend etwas, in das sie sich verlieben kann und an dem sie dann anpackt, um auch ‚den ganzen Rest‘ zu retten.“ Das heißt für uns: Entdecke am anderen die guten Eigenschaften, und bringe sie zur Entfaltung. Auch hier folgt die rein menschliche Liebe ihren eigenen Gesetzen. Denn menschlich ist, bei sich selbst nur das Positive, bei den anderen hingegen nur das Negative zu sehen. Wer aufhört, nur sich selbst in einem günstigen Licht zu sehen, dem wächst das Auge für das Gute, das es auch im Leben des anderen gibt, und er freut sich an ihm.

Bemerkenswert ist, was Dietrich Bonhoeffer kurz vor seiner Hinrichtung niedergeschrieben hat: „Die Menschen, die Euch begegnen, nehmt, wie sie sind. Stoßt Euch nicht gleich an dem, was fremd ist oder Euch mißfällt, und schaut auf die guten Seiten. Dann seid Ihr nicht nur gerechter, sondern bewahrt Euch selbst vor Engherzigkeit. Im Garten wachsen viele Blumen. Die Tulpe blüht schön, aber duftet nicht, und die Rose hat ihre Dornen. Ein offenes Auge aber freut sich auch am unscheinbarsten Grün. So entdeckt man bei den Menschen meist verborgene erfreuliche Seiten, wenn man sich erst einmal in sie hineinversetzt. Wer nur mit sich selbst beschäftigt ist, hat dafür keinen Sinn.“

Zur Sicht der guten Seiten kommt also, wer sich in andere hineinversetzen kann, das heißt, wem ein tiefes Einfühlungsvermögen zu eigen ist. Er erspürt, was sich im anderen tut, wie ihm zumute ist, was er fühlt, wonach er sich sehnt, worunter er leidet. Der einfühlsame Mensch berührt nicht dieses oder jenes im anderen; er berührt vielmehr sein Herz, seine Personmitte, ihn selbst.

Wer sich in dieser Weise in einen anderen hineinversetzen kann, empfindet nicht selten ein tiefes Mitleid. Mitleiden bedeutet, daß man das oft angeschlagene und verwundete Du des anderen in die Tiefen des eigenen Ich aufnimmt, um ihm darin ein wenig Heimat, Geborgenheit und Schutz zu geben. Solches Mitleiden ist heilsamer als alle Arznei. Vor allem in ihm spiegelt sich die Liebe Jesu Christi. Kam er nicht in diese Welt, um unser gefährdetes Du anzusprechen und in sein göttliches Ich aufzunehmen?

Rudolf Stertenbrink OP

Christi Himmelfahrt: Mk 16,15–20

Hinausgehen kann nur, wer drinnen war

Jesus sagte zu ihnen:
Geht hinaus in die ganze Welt,
und verkündet das Evangelium allen Geschöpfen!
Mk 16,15

Was würden Sie einem Menschen sagen, der Sie fragt: „Was muß ich tun, wenn ich Christ werden will?“ Ich bin überzeugt, daß etliche von Ihnen ziemlich sprachlos wären und nicht wüßten, was sie darauf antworten sollen. Vielleicht würden Sie ihm erklären: „Sprechen Sie doch einmal mit einem Priester oder mit unserem Diakon oder mit der Pastoralreferentin. Sie werden Ihnen Auskunft geben.“

Doch wäre es gut, wenn Sie sich auf diese Weise aus der Affäre ziehen und den Betreffenden gleich an einen „Experten" verweisen würden? Sie könnten ihm doch einfach sagen: „Fangen Sie damit an, an den Sonn- und Feiertagen in den Gottesdienst zu gehen!" Das wäre sicherlich nicht die schlechteste Antwort; denn vieles kann man erfahren, wenn man an dem teilnimmt, was für einen Christen wichtig ist. „Nimm am Gottesdienst teil!" Das ist ein Kernsatz des christlichen Glaubens.

So wichtig nun aber dieser Kernsatz ist, so muß ich doch gestehen, daß er sich an keiner Stelle des Neuen Testamentes finden läßt. Weder Jesus noch die Apostel haben diesen Satz verbreitet. Hingegen lesen wir im heutigen Text nach Markus ein ganz anderes Wort: „Geht hinaus in die ganze Welt, und verkündet das Evangelium allen Geschöpfen!" Das ist kein Satz, den Jesus so nebenbei gesprochen hat. Er beinhaltet sein Testament, sein letztes Vermächtnis. Wenn wir auch manches vergessen und nicht tun, was uns der Herr aufgetragen hat, so dürfen wir nicht vergessen, was er uns als seinen Letzten Willen hinterlassen hat. Von hierher könnte man meinen: „Also: Geht hinaus!, und nicht: Geht hinein!"

Ich kann mir vorstellen, daß einige dies gern hören und sagen: „Wenn das so ist, dann können wir ja auch ohne Gottesdienstbesuch unseren Glauben in unserer Familie, an unserem Arbeitsplatz, in der Politik, in der Gesellschaft oder in den Vereinen leben und bezeugen. Denn auf diese Weise erfüllen wir ja den Auftrag des Herrn." Doch das wäre ein gründliches Mißverständnis; denn hinausgehen kann man nur, wenn man drinnen war. Nur wer dem Herrn im Gottesdienst begegnet ist, nur wer seine frohmachende und befreiende Botschaft wirklich gehört hat, kann hinausgehen und anderen glaubwürdig diese Botschaft weitersagen. Nur auf diese Weise geschieht Evangelisierung. Also: Geht hinein, damit ihr hinausgehen könnt!

Hineingehen heißt natürlich nicht, nur in einem äußerlichen Sinn im Gottesdienst anwesend sein. Es bedeutet, sich im Gottesdienst immer wieder neu in das Geheimnis der Liebe Gottes hineinziehen lassen und aus dieser Liebe leben. Die Älteren unter uns wissen, daß früher die Messe mit dem Wort endete: „Ite, missa est!" Darauf antwortete die Gemeinde: „Deo gratias!"

Man könnte dies so übersetzen: „Geht, die Messe ist aus!" Und alle antworten: „Gott sei Dank", wobei sie denken: „Das hätten wir wieder geschafft!" Doch der Sinn ist ein ganz anderer: „Gehet hin, ihr seid gesendet!", und wir danken Gott, daß er uns für so wichtig hält, uns mit seiner Botschaft in die Welt zu senden.

Wenn wir nach der liturgischen Erneuerung am Ende des heutigen Gottesdienstes hören: „Gehet hin in Frieden!", dann wird uns damit nicht gesagt: „Gehet hin, jetzt wird Gott euch in Ruhe lassen!" Es ist vielmehr die Aufforderung: „Ihr habt den Frieden und die Freude des Herrn empfangen. Jetzt laßt euch von ihm senden. Geht hinaus in die ganze Welt, in der ihr lebt." Das heißt: „Du mußt nicht nach Afrika oder nach Lateinamerika, um den Menschen das Evangelium zu bringen. In deiner kleinen Welt leben genug Menschen, die Gott durch dich erreichen möchte." Sind Sie also bereit, sich von Gott als seinen Botschafter in Dienst nehmen zu lassen?

Überlegen Sie jetzt nicht, wie Sie das anfangen. Wenn Sie bereit sind, die Sendung des Herrn anzunehmen, wird Ihnen Gottes Geist eingeben, was Sie sagen sollen. Auch müssen Sie sich keinen suchen, den Sie bekehren könnten. Gott wird schon dafür sorgen, daß Sie den Menschen begegnen, für die Sie dasein sollen. Wichtig ist nur Ihre Bereitschaft, den Auftrag des Herrn zu erfüllen: „Geht hinaus in die ganze Welt, und verkündet das Evangelium allen Geschöpfen, damit Gottes grenzenlose Liebe auch heute die Menschen erreichen kann!" *Cletus Wingen OP*

„Alles ist Unglück – ohne Gott!"

Wenn Gott uns so geliebt hat,
müssen auch wir einander lieben.
1 Joh 4,11

Der in Rumänien geborene und in Frankreich lebende Schriftsteller Eugène Ionesco wurde einmal gefragt, was für ihn das größte Unglück sei. Seine Antwort war: „Alles ist Unglück – ohne Gott!" Für die Wahrheit dieses Wortes stehen viele Namen, nicht zuletzt auch der Name Charles de Foucauld (1858–1916). An ihn erinnern die „Kleinen Brüder" und die „Kleinen Schwestern", denen man auf den Straßen Europas wie in den Häfen von Übersee begegnen kann.

Jeder, der Foucaulds Leben auch nur flüchtig kennt, weiß, daß es in zwei scharf getrennte Abschnitte zerfällt. Die Zäsur liegt einigermaßen in seiner Lebensmitte. Er war damals 28 Jahre alt.

Bis zu dieser Wende war er ziemlich genau das, was man eine gescheiterte Existenz nennt. Das war Foucauld I.: der begabte, aber herumstreunende junge Mann, der nur tat, wozu er gerade Lust hatte; der Freund schlechter Lektüre und der Liebhaber vieler Frauen, auch solcher zweifelhaften Rufes. Aus diesem Grund mußte er schließlich als junger Leutnant seinen Abschied nehmen. Was Foucauld in seinem späteren Leben jedoch am meisten bedauerte, war die Tatsache, daß er mit etwa sechzehn Jahren seinen Glauben verlor. Denn von da an, so sagte er im Rückblick, ging es mit ihm auf der ganzen Linie abwärts.

Dann kam die Wende. Es begann das Leben von Foucauld II. Er wurde Trappist, lebte in äußerster Armut und Einfachheit. Später ging er nach Nazaret, um das unauffällige Leben Jesu nachzuvollziehen. Von dort zog er nach Südalgerien, wo er eine armselige Einsiedelei errichtete und ein Leben aufopfernder Nächstenliebe führte. „Der kleine Bruder aller – le petit frère universel“ nannte er sich. Ein Überfall machte seinem Leben am 1. Dezember 1916 ein Ende.

Wo liegt der Schnittpunkt dieser beiden kurz umrissenen Lebensabschnitte? In der Begegnung mit einem Priester, durch den er auf unwiderstehliche Weise den Einbruch von Gottes überwältigender Liebe erfuhr. Dieser Augenblick war – so empfand Foucauld – von langer Hand vorbereitet. Seine Eindrücke beschreibt er mit folgenden Worten:

„Immer mehr kam ich ab von dir. Mein Leben war schon daran, ein Leichnam zu werden. Feste habe ich vorbereitet, aber wenn sie begannen, empfand ich Überdruß und unendliche Langeweile. Nie habe ich so viel Traurigkeit, Unbehagen und Unruhe erlebt wie damals. Doch gleichzeitig hast du mich davor bewahrt, unwiderruflich zu ertrinken. Gott, deine Hand war über mir, und ich ahnte es kaum, wie gut du bist. Du hast mich beschützt, als ich nicht einmal an deine Existenz glaubte. So hast du mich während dieser Jahre behütet, bis du den Zeitpunkt für gekommen hieltest, mich in die Herde zurückzuführen. Der böse Geist herrscht zu sehr über eine Seele, die nicht rein ist, als daß die Wahrheit in ihr Eingang finden könnte. Guter Hirt, du wolltest bei mir eintreten und hast deinen Feind, den Dämon unlauterer Begierden, aus mir vertrieben.“

Was wird hier gesagt? Es sind vor allem drei Dinge. Das erste läßt sich so formulieren: „Du bist von Gott geliebt, voraussetzungslos und bedingungslos, das heißt, wer immer und wie immer du bist.“ Dieser Satz faßt die ganze Botschaft Jesu zusammen. Er enthält das Grunddogma unseres Glaubens. Julien Green, ein französischer Schriftsteller, der ebenfalls nach manchen Irrfahrten zu diesem Glauben gekommen ist, faßt ihn in seinen Tagebüchern so zusammen: „Er liebt dich, und wenn du an ihn denkst, so (nur) deshalb, weil er an dich denkt.“ Vielleicht muß man sich dieses Wort immer wieder zusprechen, damit es in jene Tiefen hinabsinkt, in denen der Ursprung des Glaubens liegt: „Ich bin geliebt, ich bin wirklich geliebt, geliebt vom unendlichen Gott!“ Dieser Glaube vermag das Tiefste in uns in das Höchste zu verwandeln.

Es kann also durchaus sein, daß man immer wieder ahnungslos von „Gott" redet, bis man auf einmal von einer Macht gefangengenommen wird, der man nicht mehr widerstehen kann und die einen nur noch sprechen läßt: „Jamais arrière – Nie zurück!" Denn die kurze Aussage: „Gott ist die Liebe" (1 Joh 4, 16), die die größte Aussage der Bibel über Gott ist, enthält alle Wunder der Wirklichkeit. Daher sagt Foucauld: „Sobald ich glaubte, daß es einen Gott gibt, konnte ich nicht anders, als nur noch für ihn zu leben. Es ist ein solcher Unterschied zwischen Gott und allem, was nicht Er ist."

Was aber bewirkt diese Liebe, wenn man sich von ihr überwältigen läßt? Worin äußert sich das Wunder ihrer Wirklichkeit? Sie befähigt den Menschen, vor allem sich selbst loszulassen. Das ist ja das Allerschwerste, was es im Leben wie im Sterben gibt: sich selbst loslassen zu können. Auf diese Weise wird der Mensch durch Gottes Liebe selbstlos und deshalb auch liebesfähig.

Damit sind wir bereits beim zweiten: Wer die Liebe Gottes in sich wirken läßt, wird seinerseits liebesfähig. Was ist das für eine Liebe? Auf diese Frage kommt Paulus im „Hohenlied der Liebe" zu sprechen: „Die Liebe ist langmütig, die Liebe ist gütig. Sie ereifert sich nicht, sie prahlt nicht, sie bläht sich nicht auf. Sie handelt nicht ungehörig, sucht nicht ihren Vorteil, läßt sich nicht zum Zorn reizen, trägt das Böse nicht nach. Sie freut sich nicht über das Unrecht, sondern freut sich an der Wahrheit. Sie erträgt alles, glaubt alles, hofft alles, hält allem stand. Die Liebe hört niemals auf" (1 Kor 13,4–8).

Wer ist diese Liebe, wenn nicht der, der uns geliebt hat bis zum Tod am Kreuz! Nur sich selber sterbend, kommt man in sie hinein und mit ihr in ein ganz neues Leben.

So bleibt nur noch das dritte zu sagen: Wo andere durch uns solche Liebe erfahren, da lieben wir sie in die Liebe Gottes hinein. Abbé Pierre, der Lumpensammler von Paris, wurde einmal gefragt, wie er es mache, nicht wenige seiner Clochards zum Glauben an Gottes Liebe zu bringen. Da sagte Abbé Pierre: „Für uns haben die theologischen Tugenden Glaube, Hoffnung und Liebe die umgekehrte Reihenfolge. Wir fangen mit der Liebe an. So löst sich das Herz. Es keimt die Hoffnung, daß das eigene Leben noch einen Wert und einen Sinn hat. Aus solcher Hoffnung aber wächst der Glaube an die unerklärliche Liebe Gottes." Das Geheimnis von Abbé Pierre: Er und seine Leute lieben die Menschen in die Liebe Gottes hinein – und sich selbst mit ihnen. Damit schließt sich der Kreis. Der Apostel Johannes beschreibt ihn mit den Worten: „Wenn Gott uns so geliebt hat, müssen auch wir einander lieben" (1 Joh 4,11). So bleibt nur noch dieses zu sagen: Missionar der Liebe müßte man sein!

Rudolf Stertenbrink OP

Pfingstsonntag: Joh 15,26–27; 16,12–15

Leben aus dem Geist des Angenommenseins

Wenn der Beistand kommt,
den ich euch vom Vater aus senden werde,
der Geist der Wahrheit, der vom Vater ausgeht,
dann wird er Zeugnis für mich ablegen.
Und auch ihr sollt Zeugnis ablegen,
weil ihr von Anfang an bei mir seid.
Joh 15,26–27

Stellen Sie sich einmal vor: Der Papst trifft sich wöchentlich in einem römischen Café mit Zuhältern und Dirnen, unorganisiert, ohne Sicherheitskräfte und ohne Ansprache. Unsere Bischöfe sitzen zwischen Pennern auf der Parkbank und trinken von ihrem Fusel mit. Man kann nicht erkennen, daß sie ihnen ins Gewissen reden. Unsere Pfarrer laden alle zum Stammtisch ein, die nicht mehr zur Kirche kommen. In den Pfarrgemeinderat wird eine Frau berufen, von der alle wissen, daß sie in sogenannter wilder Ehe lebt. Als Küster wird ein Strafentlassener angestellt und fürs Pfarrbüro sucht man nach einer aidsinfizierten Sekretärin.

Ziemlich abstruse Vorstellungen, werden Sie sagen. Verrückte Ideen! Zugegeben: Vielleicht gehen solche Vorstellungen wirklich zu weit. Aber gehen sie deshalb schon in die falsche Richtung? Fragen wir ganz redlich, was unseren praktischen Umgang mit Problematischem, Andersartigem, Bösem, Schwierigem, Unverständlichem oder Sündigem kennzeichnet, dann stoßen wir auf folgende gängige Verhaltensweisen:

– wegsehen und nicht zur Kenntnis nehmen;
– verurteilen, ausgrenzen und isolieren;
– Entzug von Liebe oder Strafandrohung.

Mit uns reden lassen wir vielleicht, wenn Besserung versprochen – und vor allem über einen längeren Zeitraum auch unter Beweis gestellt wird. Oft nicht einmal dann. Fragen wir nach dem Geist, der uns bei alldem treibt, so stoßen wir schnell auf unsere eigene Angst: Kann man wirklich trauen? Wohin wird das führen? Endet das nicht im totalen Chaos? Wird man mich nicht für einen Trottel halten? Was wird man von mir denken? Und hundert ähnliche Fragen mehr. Es ist der Geist der Angst, der unser persönliches Handeln bestimmt. Es ist der Geist der Angst, der viel offizielles Handeln unserer Kirche und ihrer Organe dirigiert.

Im Blick auf Jesus fällt demgegenüber eine erstaunliche Angstfreiheit auf. Sie führte ihn – man kann es drehen und wenden, wie man will – zu einem außergewöhnlichen, absolut andersartigen und atemberaubenden Umgang mit Menschen. Er begegnet dem Fremden, dem Bösen, dem Sünder, dem Problematischen, dem Asozialen mit einer unüberbietbaren Wertschätzung. Viele Beispiele aus der Heiligen Schrift ließen sich nennen: die Frau am Jakobsbrunnen, die öffentliche Sünderin, Zachäus, die Aussätzigen, die Blinden und die Tauben, wie auch immer Behinderte.

Wenn wir etwas von unserer Angst verlieren möchten, wenn wir freier mit Fremdem und Andersartigem, mit Abgründigem und Beängstigendem bei anderen (und vielleicht auch in uns selbst) umgehen lernen wollen, dann ist ein Blick auf Jesus äußerst hilfreich. Wes' Geistes Kind ist er? Von welchem Geist wird er bestimmt?

Jesus lebt aus dem Geist des Angenommenseins, des Geliebtseins. Das macht sein Wesen aus. Ihm ist bestätigt, daß Gott ihn liebt. Das macht ihn frei von der Angst, von Menschen nicht gemocht, nicht anerkannt, nicht akzeptiert zu sein. Genau das ist die häufigste und bedrückendste Angst, die uns so oft umtreibt.

Dieser Geist des Angenommenseins und des Geliebtseins ist der Pfingstgeist, den uns Jesus schenkt. Wozu wird ein Mensch fähig, der aus solchem Geist lebt? Er hat es nicht nötig, sich selbst zu produzieren, auf sich aufmerksam zu machen, ständig auf die Öffentlichkeitswirkung seines Handelns bedacht zu sein. Nein, wer aus solchem Geist lebt, der lärmt nicht und schreit nicht.

Er braucht niemanden, auf den er herabsehen kann. Schon gar nicht muß er irgend jemanden fertigmachen, in die Ecke drängen oder austricksen. Er muß die Schwächen und Fehler des anderen nicht ausnutzen. Im Gegenteil! Er kann andere fördern, sich an ihrem Erfolg freuen, noch im schlichtesten Versuch den guten Willen als das eigentlich Entscheidende entdecken, behutsam vorgehen, niemanden überrumpeln, gelassen bleiben und unendlich wohlwollend und gütig sein. Es treibt ihn nichts dazu, das geknickte Rohr zu zerbrechen, selbst wenn es wirklich zu nichts mehr nütze zu sein scheint. Er hat nicht das Bedürfnis, den glimmenden Docht zu löschen, selbst wenn es nicht danach aussieht, daß er wieder entflammbar ist.

Er ängstigt sich nicht um seine Selbstverwirklichung, darum, daß er das Leben verfehlen könnte. Darum machen ihn Rückschläge nicht müde, darum bricht er nicht unter ihnen zusammen. Ihn verlockt immer wieder neu, für andere herbeizuführen und erfahrbar zu machen, was er selbst erfahren hat: Blinde Augen können sich öffnen, Gefangenschaften können durchbrochen werden, Dunkles muß nicht dunkel bleiben.

Leben aus dem Geist des Angenommenseins, Leben aus dem Geist Jesu, dazu lädt uns das Pfingstfest ein. Leben aus dem

Geist, der Überzeugung des Angenommenseins, des Geliebtseins und Gemochtseins, das ist es, was unser Christsein ausmacht, zumindest ausmachen könnte, wenn wir uns wirklich diesem Geist öffnen. Manches, was wir selbst, was unsere Kirche, was unsere Gesellschaft für abstrus hält, für verrückt und unvorstellbar, müßte es dann nicht mehr sein.

Auch in diesem Gottesdienst werden wir wieder beten: „Dein Reich komme!" Vielleicht verbinden wir heute einmal mit dieser Bitte unseren Wunsch, daß man möglichst vielen von uns auf den Kopf zusagen könnte:

Du bist auch einer von denen, die zu Jesus gehören.
Dein Geist verrät dich, dein Lächeln,
die Leichtigkeit, mit der du Undenkbares denkst,
Unsagbares sagst und Ungewöhnliches tust.
Aber auch die Art, dich einzusetzen, andern zu helfen.
Deine Wahrheitsliebe,
deine spürbare Unruhe, wenn einer in Not ist,
dein Hunger und Durst nach Gerechtigkeit.
Dieses unerklärliche Vertrauen, das dich trägt,
der Friede, der von dir ausgeht.
Ja, es ist offensichtlich,
du bist einer von denen, die zu Jesus gehören.
Dein Geist verrät dich,
dein Lächeln, deine Leichtigkeit …

Manuel Merten OP

Wandle, was verhärtet ist

Wärme du, was kalt und hart;
löse, was in sich erstarrt;
lenke, was den Weg verfehlt.
Aus der Pfingstsequenz

Ein Meditationsmeister ging immer wieder zu einem Fluß. Dort setzte er sich ans Ufer und schaute ins fließende Wasser. Eines Tages zog er aus dem Wasser einen runden harten Stein und zerschlug ihn. Erstaunt bemerkte er, daß der Stein in seinem Inneren ganz trocken und ohne Leben war, obwohl er schon so lange im Wasser lag. Das Wasser war nicht in sein Inneres eingedrungen. Da sagte er sich: „Das kann nicht am Wasser liegen; es liegt vielmehr an der Härte des Steines, die das Wasser nicht hineinläßt." Und während er darüber nachdachte, kam ihm die Frage, ob es mit den Menschen nicht ähnlich ist. Jahrhundertelang sind sie vom Heiligen Geist umgeben wie der Stein vom Wasser; aber der Geist ist noch nicht in sie eingedrungen. Woran liegt es? Liegt es am Geist, oder liegt es an der Herzenshärte der Menschen? So wunderte es ihn nicht, daß viele Menschen nicht einmal wissen, daß es einen Heiligen Geist gibt.

Wo immer ein Mensch sich verhärtet, zieht das Leben aus ihm aus. Denn Leben bedeutet Aufblühen, Sich-Entfalten, Überwinden, Wachsen, Sich-Wandeln. Was sich nicht mehr öffnen kann, ist tot. Darum heißt es in der Pfingstsequenz: „Wärme du, was kalt und hart; löse, was in sich erstarrt; lenke, was den Weg verfehlt."

Um welche Verhärtungen geht es hier? Woher kommen sie? Wahrscheinlich weiß jeder von uns, wie eng und hart und stumm, wie abweisend und verschlossen, wie unnachgiebig und beziehungslos ein Mensch werden kann, der sich allzusehr im Vordergründigen verloren hat, an seine Arbeit, an seinen Besitz, an ein

Leben im Genuß, an einen bestimmten Menschen, an eine Idee, an sich selbst.

In einem Gespräch sagte mir eine Mutter hinsichtlich ihrer beiden Kinder: „Mein Mann verdient gut. Daher können wir uns einiges leisten. Jedes Jahr fahren wir dreimal in die Ferien. Dabei bemerke ich, wie die Ansprüche der Kinder von Jahr zu Jahr wachsen. Ich weiß nicht, wie ich einen Riegel davorschieben soll." Und sie fügte hinzu: „Ich bin mir bewußt, daß unser üppiges Leben auch etwas mit unserem Glauben zu tun hat. Für die Armen und Notleidenden tun wir so gut wie nichts. Ein solches Leben macht uns unglaubwürdig. Der Sinn für Höheres ist uns verlorengegangen. Wir haben weder Zeit noch Verständnis füreinander."

In diesem Zusammenhang können wir das Wirken des Heiligen Geistes verstehen: Wer sich von ihm ergreifen läßt, den öffnet er für das Ganze des Daseins. Er hebt ihn über die bloß irdischen Interessen hinaus. Er schenkt Freude an geistigen Werten. Er gibt ihm Mut, in seinem Leben Gott an die erste Stelle zu setzen.

Verhärtung kann aber auch durch Verdrängung entstehen. In jedem Menschenleben gibt es ja Augenblicke, in denen die Erfahrung von Vergeblichkeit, von Mißlingen, von Verfehltem und Versäumtem das Gemüt erschüttert. Die Verliebtheit in sich selbst, der Stolz oder die Feigheit können dazu führen, die eigene Wirklichkeit zu verdrängen. In einer solchen Situation hängt vieles davon ab, ob der Mensch sich zur Ehrlichkeit und Wahrheit durchringen kann oder ob er den Ruf des Geistes überspielt und wieder zu seiner gewohnten Tagesordnung zurückkehrt. Wie auch immer, in solchen Augenblicken lädt der Heilige Geist uns ein: „Nimm alles, wie es ist, und gib es in die Liebe Gottes hinein; ohne zu grübeln und ohne dich zu rechtfertigen. Dann wirst du innerlich zur Ruhe kommen und aus dieser Ruhe wieder leben können."

Eine letzte Verhärtung kann dem Menschen durch die Verbitterung angesichts eines schweren Schicksals widerfahren. Wer sich in dieser Weise seinem Schicksal gegenüber sperrt, kreist letztlich nur um sich selbst und verbraucht damit seine besten Lebenskräfte. Hier sagt uns der Heilige Geist: „Nichts verwandelt dich so sehr wie ein schweres Schicksal, wenn du bereit bist, es anzunehmen. Es hilft dir, deine oberflächliche Lebensweise aufzugeben. Es lehrt dich, dich mit anderen, die es vielleicht noch schwerer haben, zu solidarisieren. So öffnet sich dir eine neue Welt. Du findest ganz neue Freunde und fängst an, die Bergpredigt zu leben. Ein neues Wertbewußtsein breitet sich in dir aus. Was dir früher süß erschien, schmeckt dir jetzt bitter; und was dir früher bitter war, das ist es, was du heute suchst."

Der Psychiater Karl Menninger schrieb im Alter von 83 Jahren an einen sterbenden jungen Freund: „Indem ich diese Zeilen schreibe, wie sie mir in den Sinn kommen, Wort für Wort, Schritten gleich, komme ich zu Dir. Ich komme zu Dir hinüber, um meinen Arm um Dich zu legen. Ich bin 800 Kilometer von Dir entfernt – oder wenigstens mein Körper, dem ich keine Ortsveränderung mehr zumuten kann. Aber mein Geist, meine Gedanken, meine Phantasie können im Nu jede Entfernung überwinden. Und jetzt bin ich da, bei Dir – bei Dir im Zimmer."

Verhärtung durch Stehenbleiben im Vordergründigen, Verhärtung durch Verdrängung, Verhärtung durch Verbitterung – keine Spur davon findet sich bei diesem Mann. An ihm wird deutlich, was der Heilige Geist zu geben hat. Er führt uns zu uns selbst und läßt uns zugleich beim anderen, vor allem beim Hilfsbedürftigen sein. Er läßt uns unsere Grenzen erfahren und hilft uns, sie zu überwinden. Er läßt uns unter der Entfernung eines Freundes leiden und schafft doch durch Gedanken und Phantasie Möglichkeiten der Nähe. Er zeigt uns, daß es für die Liebe keine Hindernisse gibt. So verwandelt der Heilige Geist unsere Enge in Weite, unsere Traurigkeit in Freude, unsere Angst in Ruhe, unsere Herzenskälte in Warmherzigkeit, unsere Grobheit in Feinfühligkeit, unsere Gleichgültigkeit in Zärtlichkeit.

Das ist der Geist, um den wir an Pfingsten bitten. Du erfährst ihn in jedem guten Einfall, in jedem heilsamen Entschluß, in der bestandenen Versuchung, im Durchstehen schwieriger Situationen, im täglichen Getragensein, in der Unermüdlichkeit, Gutes zu tun, im Mut, von dem Deinen anderen mitzugeben, im Bekenntnis und Tun der Wahrheit, im Ja, das du sagen kannst, und im Nein, das du sagen mußt. Im Trost, in der Stärkung, in der Vergebung, im Glauben, daß alles zu etwas Gutem führt. Was würde aus unserem Leben, wenn es den Heiligen Geist darin nicht gäbe? *Rudolf Stertenbrink OP*

Dreifaltigkeitssonntag: Mt 28,16–20

Leben aus dem dreifaltigen Gott

Jesus trat auf sie zu und sagte zu ihnen:
Mir ist alle Macht gegeben im Himmel und auf der Erde.
Darum geht zu allen Völkern,
und macht alle Menschen zu meinen Jüngern;
tauft sie auf den Namen
des Vaters und des Sohnes und des Heiligen Geistes.
Mt 28,18–19

Carl Gustav Jung, der berühmte Psychiater und Freudschüler, erhielt seinen Konfirmationsunterricht durch den eigenen Vater. Er sei fürchterlich langweilig gewesen, erzählt er später. Ungeduldig habe er sich den Katechismus vorgenommen und darin geblättert, ob es denn wohl wenigstens ein Kapitel darin gäbe, das ihn auf Anhieb interessieren könnte. Er fand eines. Die Überschrift lautete: „Dreifaltigkeit – Gott, in drei Personen ein einziger." Voll Ungeduld wartete er auf den Tag, an dem der Vater zur Besprechung dieses Kapitels kommen würde. Die herbeigesehnte Stunde kam. Der Vater fing an: „Mein Sohn, diesen Abschnitt – nun, den werden wir überschlagen. Ich verstehe selber zu wenig davon." – „Damit", so C. G. Jung, „war meine letzte Hoffnung begraben. Ich bewunderte zwar die Ehrlichkeit meines Vaters, was mir aber über die Tatsache nicht hinweghalf, daß von da an alles religiöse Gerede mich tödlich langweilte."

Es ist nicht zu leugnen: Wenn es um die Lehre von der Dreifaltigkeit geht, wird heute selbst unter Theologen die Luft dünn. Hinzu kommt die Hilflosigkeit, die Lehre von der Dreifaltigkeit mit dem Leben der Christen in Verbindung zu bringen. Auf einen „Ansatz für's Leben", der Sie „vom Stuhl reißen" könnte, hoffen Sie meist vergeblich.

Das war keineswegs immer so. Im Gegenteil! In der Anfangszeit der Kirche gab es keine spannendere Frage. Das Thema erregte aber nicht nur die Gemüter der Theologen. Wir haben einen Bericht darüber, daß sich die Marktfrauen in Ephesus geprügelt und mit Obst beworfen haben, so daß die Ordnungshüter einschreiten mußten. Der Grund war das unterschiedliche Verständnis von Dreifaltigkeit. Das zeigt die Leidenschaft und Lebendigkeit des Interesses an der Frage.

Versuchen wir hier einen kleinen geschichtlichen Ausflug zurück in diese Zeit. Als die Christen anfingen, ihr Bekenntnis zu Vater, Sohn und Heiligem Geist als *einem* Gott zu verstehen und zu verkünden, geschah dies in einer Umwelt, die von Göttern wimmelte. Die Sonne war ein Gott und der Regen, der Krieg war ein Gott und der Frieden eine Göttin. Es gab Götter für alles, für die Liebe und den Streit, die Freude und die Trauer. Es gab den Gott des Weines, des Meeres, der Fruchtbarkeit usw. Diese Götter lagen häufig miteinander im Streit. Die Menschen waren ihnen mit ihrem Schicksal ausgeliefert. Sie waren unbedeutende Figuren für deren grausames Spiel. Auf diesem Hintergrund wird ein Gott, der Vater ist, vor allem zu einer Aussage des Glaubens an einen Gott, der die Menschen liebt. Der Mensch kann ihm ohne Mißtrauen begegnen. Er muß sich nicht vor ihm in Sicherheit bringen, ihn nicht besänftigen. Ein Gott, der Vater ist, schürt nicht menschliche Konflikte, sondern er hilft, sie zu bewältigen.

Hervorgehoben werden muß hier auch, daß es in der damaligen Welt niemandem schwerfiel, von „Göttersöhnen“ zu reden. Göttlichen Ursprungs zu sein, behaupteten die von sich, die die Herrschaft hatten oder beanspruchten. Auf diesem Hintergrund wird ein Gottessohn, der gerade nicht herrschen, sondern dienen will, ebenfalls zu einer Aussage des Glaubens an einen Gott, der sich den Menschen liebevoll zuwendet. Dieser Gott macht sich Sorgen um die Menschen. Er teilt ihre Not, ihre Krankheit und ihr Versagen.

Und auch dies ist wichtig: Als die Christen anfingen, ihr Bekenntnis von Vater, Sohn und Geist als *einem* Gott zu verstehen und zu verkünden, geschah dies in einer Umwelt, in der man sich sicher war: Götter passen nicht auf diese Erde. Aber wenn schon ein Gott Menschengestalt annimmt, dann nur vorübergehend, sozusagen als Episode. Hier findet die Predigt vom Geist ihren Platz. Sie macht deutlich: Jesus, der Gottessohn, war nicht nur eine Episode. Gottes Sorge um die Menschen ist von Dauer. Gottes Liebe ist stabil.

Angesichts der antiken Götterwelt wird also die Predigt der Christen von einem dreifaltigen Gott zum Bekenntnis einer dreifach erfahrenen einzigen Liebe. Vater, Sohn und Geist sind so sehr einander und den Menschen zugetan, daß man zwar von „Drei“ sprechen kann und doch zugleich „Eins“ sagen muß, und das deshalb, weil die Sprache der Liebe eine andere Sprache ist als die der Mathematik.

Ich möchte versuchen, das noch ein wenig zu verdeutlichen. Stellen wir uns zwei junge Menschen vor. Sie gehen miteinander spazieren, halten sich bei der Hand, bleiben stehen, legen die Arme umeinander, schauen sich lange und tief in die Augen, suchen den Mund des anderen. Je echter das ist, was die beiden tun, um so berechtigter kann man sagen: Hier sind zwei auf dem Weg, eins zu werden. Die Liebe macht möglich, was die Mathematik bereits bestreiten muß: Zwei können eins sein.

Verfolgen wir diese Liebesgeschichte weiter, dann müssen wir sogar sagen: Wenn das Einswerden der Zwei vollkommen ist, sind sie nicht mehr zwei, sondern drei. Eins-Sein und zugleich

Drei-Sein ist auf dieser Ebene kein Gegensatz. Im Gegenteil! Wir stehen damit vor der „Logik der Liebe“. Was nun die Liebe beim Menschen in der Sehnsucht für kleine Zeiträume möglich macht, das ist bei Gott ewige Existenzweise; denn Gott *ist* Liebe.

Wenn es nun stimmt, daß wir nach dem Bild dieser Liebe, daß wir nach Gottes Ebenbild geschaffen sind, dann steckt in uns etwas vom Wesen dieser Liebe. Der Glaube an den dreifaltigen Gott würde so auch zu einer Lebensaussage für den Menschen. Sie könnte lauten: Du kannst du selber sein, du darfst dich vom anderen unterscheiden, ohne das Einssein mit ihm verlieren zu müssen. Es ist möglich, daß zwei, daß drei ganz sie selber sind und doch zugleich eins; denn die Logik der Liebe macht möglich, was berechnendes Kalkül bestreiten muß.

Wenn wir uns umsehen, finden wir davon wenig. Was wir erblicken, ist mißlingende Partnerschaft; Aufstand von Kindern gegen Eltern; Nichtakzeptieren von Eltern gegenüber den Vorstellungen und Entwicklungen ihrer Kinder; Neid und Mißgunst in Gemeinschaften, Nachbarschaften, Gruppen, Kirchen, Völkern und Nationen. Wieviel davon beruht letztlich auf der einzigen Angst: Ich kann nicht mehr ich selber sein, wenn der andere anders ist. Liebe nach dem Bild des dreifaltigen Gottes kann diese Angst fallen lassen. Sie kann auf die Einheit in der Verschiedenheit setzen.

Wenn Christen sich darum zu einem dreifaltigen Gott bekennen, dann geben sie damit ihrer Hoffnung Ausdruck, daß die Sprache der Liebe möglich und sinnvoll ist, in der man sagen kann: Drei sind ganz und gar drei und doch eins. Und wenn Christen sich im Namen des dreifaltigen Gottes segnen, dann wünschen sie einander, daß in ihrem Leben die Logik der Liebe gegenüber dem berechnenden Kalkül Sieger bleibt. So möchte ich Sie segnen im Namen des dreifaltigen Gottes, des Vaters, des Sohnes und des Heiligen Geistes. Amen. *Manuel Merten OP*

In der Erinnerung liegt unsere Erlösung

Während des Mahles nahm Jesus das Brot und sprach den Lobpreis;
dann brach er das Brot, reichte es ihnen und sagte:
Nehmt, das ist mein Leib.
Mk 14,22

„Septembertag" – so lautet der Titel einer Erzählung von Luise Rinser. Darin geht es nicht um irgendeinen Tag im Monat September, sondern um einen Tag im „September des Lebens" der seinerzeit 56jährigen Dichterin. Heiterkeit und Wehmut, Gelassenheit und zugleich ein wenig Angst, Bescheidung und Reife, das sind die Grundtöne dessen, der bewußt den September seines Lebens erlebt. Es sind zugleich die Grundtöne jener Schilderung, wie die in Rom lebende Dichterin ihren Tag im September ihres Lebens beginnt, nämlich mit dem Besuch der Frühmesse bei den Benediktinern in S. Anselmo auf dem Aventin:

„Die große Kirche ist fast leer. Die Studenten der Benediktiner-Universität sind noch in den Ferien. Einige Brüder knien im Schiff, und wir zwei Stammgäste: die alte Portiersfrau und ich, nebeneinander, schweigend, befreundet seit Jahren, eine die andere sorgenvoll vermissend, wenn sie einmal fehlt. Meine alte Freundin neben mir weiß nichts von Realpräsenz und hypostatischer Union, und fragte ich sie, wie denn ihr Gott da sei in dem weißen Brot, so würde sie gewiß eine Häresie sagen; was tut's, ihr Herz weiß die Wahrheit; genug, der Herr ist da, das Geheimnis ist tägliches Brot, dient zum Essen, wirkt Liebe; mehr zu wissen, mehr zu glauben: unnötig!"

Wer diese vier kleinen und einfachen Aussagen in seinem Herzen, das allein zur vollen Wahrheit findet, überdenkt, der weiß und glaubt von jenem Ereignis genug, das Jesus vor seinem Tod den Seinen als die Summe seines ganzen Lebens gegeben hat.

„Der Herr ist da!" Was heißt das? Es gibt einen, der immer auf mich wartet. Es gibt ein Du, das immer für mich da ist, zu dem ich kommen darf, wie ich bin. Jeder Mensch braucht ein solches Du, in das er sein Ich verlieren kann. Daher schreibt Dostojewski in seinem Roman „Arme Leute": „Wenn ich mich bedrückt fühle, dann bin ich immer froh, sprechen zu können. Das ist die beste Arznei: Ich fühle mich sofort erleichtert, namentlich, wenn ich alles sagen kann, was ich auf dem Herzen habe." Das Du ist also die beste Arznei für das Ich. Ohne sie ist es immer krank. Im Hinblick auf das göttliche Du, das Gott dem Menschen in Jesus Christus angeboten hat, schreibt Manfred Hausmann: „Alles darf der Mensch vor Gott bringen, auch das und gerade das, was er mit dem verständnisvollsten Menschen, mit dem Freund, mit dem Geliebten, mit der Ehefrau, mit dem Ehemann, nicht besprechen kann. Der Mensch darf Gott so tief vertrauen, daß er mit ihm sogar über das spricht, worüber er mit sich selbst nicht zu sprechen wagt, über die Gedanken, die er immer wieder schaudernd von sich selber wegschiebt; er darf Gott tiefer vertrauen als sich selbst." In diese Richtung müßten die Gedanken gehen, wenn man den Hinweis überdenkt: „Der Herr ist wirklich da, bereit, dich auf- und anzunehmen, wie du bist."

„Das Geheimnis ist das tägliche Brot!" Was ist das Geheimnis des Brotes? Es liegt in seiner Selbstlosigkeit. Das Brot ist nicht für sich, sondern ganz für andere da. Nur was in dieser Weise selbstlos ist, ist gut, geht in anderes ein, baut es auf, stärkt und belebt es. Daher wollte Jesus gerade im Brot über seinen Tod hinaus bei den Menschen sein, weil die Selbstlosigkeit des Brotes seinem Wesen am vollkommensten entspricht. Hier ist einer bereit, in den, der glaubt, einzugehen, um ihn aufzubauen, zu stärken und ihm für die vielfältigen Situationen seines alltäglichen Lebens göttliche Kraft zu geben.

„Dient zum Essen!" Romano Guardini hat einmal geschrieben: „Wir müssen Christus essen, um als Gläubige aus ihm leben zu können." Gut, daß Guardini dieses Wort nicht nur niedergeschrieben, sondern auch ein wenig erklärt hat. Er sagt ungefähr so: Fragt man einen liebenden Menschen, ob er einem, der ihm lieb und teuer ist, alles geben würde, was er habe, so würde er dies bestimmt bejahen. Und würde man ihn fragen, ob er sich für ihn opfern würde, so würde er auch dem zustimmen. Würde man ihn aber fragen: „Willst du, daß er dich als Nahrung in sein Leben aufnimmt?", so würde er nachdenklich. Er mag großzügig sein und weder Feigheit noch Selbstsucht kennen; es käme ihm dennoch die Frage: „Bin ich denn so, daß ich den mit mir ausfüllen darf, den ich liebe?" Es würde ihm all das Verworrene, Böse und Unreine, das es in seinem Inneren gibt, bewußt. So würde er sich dagegen wehren, mit all dem in den anderen einzugehen, und das aus der Furcht, für ihn Gift zu werden. Jesus hingegen sagt: „Wenn ihr mein Fleisch nicht eßt, werdet ihr das Leben nicht in euch haben" (vgl. Joh 6,53). Hier zeigt sich, wer Jesus ist: der unbedingt Heile, der uns deshalb zu heilen vermag. Wer ihn in sich aufnimmt, in dessen Denken und Tun verwandelt er sich hinein.

„Wirkt Liebe!" In einem seiner Briefe kommt Paulus auf das zu sprechen, was Liebe ist: „Die Liebe ist langmütig, die Liebe ist gütig. Sie ereifert sich nicht, sie prahlt nicht, sie bläht sich nicht auf ... Sie sucht nicht ihren Vorteil ... Sie trägt das Böse nicht nach ... Sie erträgt alles, glaubt alles, hofft alles, hält allem stand" (1 Kor 13,4–7). Laotse hingegen sagt: „Die Liebe ist weich, deshalb bezwingt sie alles." So erklärt der chinesische Philosoph den Apostel und der Apostel den chinesischen Philosophen: Die Liebe Christi macht weich. Sie schwemmt allen Egoismus, der hart macht, aus uns heraus. Auf diese Weise werden wir gütig, geduldig, bescheiden und selbstlos.

In Jerusalem gibt es eine Gedenkhalle, die zu Ehren der Opfer des Nationalsozialismus errichtet worden ist. Man nennt sie „Halle der Erinnerung". Vor einer Urne, die mit Asche von Märtyrern gefüllt ist, brennt eine ewige Flamme. Man liest die Worte: „Das Geheimnis der Erlösung liegt in der Erinnerung." Dazu gibt es eine Parallele: Jede Kirche, in der die heilige Eucharistie aufbewahrt wird, ist ihrerseits eine „Halle der Erinnerung", gebaut zur Ehre des gekreuzigten und auferstandenen Herrn. Nicht vor einer Urne mit Asche, sondern vor dem Tabernakel mit dem verwandelten Brot brennt das Ewige Licht. Auch hier könnten die Worte stehen: „Das Geheimnis der Erlösung liegt in der Erinnerung“, in der Erinnerung an die Eucharistie, die uns sagt: „Der Herr ist da, das Geheimnis ist tägliches Brot, dient zum Essen, wirkt Liebe.“ *Rudolf Stertenbrink OP*

7. Sonntag im Jahreskreis: Mk 2,1–12

Ein Bild der Gemeinde Jesu

Da brachte man einen Gelähmten zu ihm;
er wurde von vier Männern getragen.
Weil sie ihn aber wegen der vielen Leute
nicht bis zu Jesus bringen konnten,
deckten sie dort, wo Jesus war, das Dach ab,
schlugen die Decke durch und ließen den Gelähmten
auf seiner Tragbahre durch die Öffnung hinab.
Als Jesus ihren Glauben sah, sagte er zu dem Gelähmten:
Mein Sohn, deine Sünden sind dir vergeben!
Mk 2,3–5

Daß der Gelähmte im heutigen Evangelium auch ein Sünder ist, empfindet man mehr oder weniger als eine Selbstverständlichkeit. Wer ist kein Sünder! Aber die andere Überlegung will nicht einleuchten, obwohl sie die biblische ist. Sie besagt, daß Lähmung und Schuld in Zusammenhang stehen, daß Sünden lähmen können, daß alle in lähmende Schuld verstrickt sind und daß das eigentliche Wunder darin besteht, diesen Verstrickungs- und Lähmungszusammenhang – die Sünde! – aufzuheben.

Es gibt viele Anzeichen dafür, daß auch wir Gelähmte sind: Menschen haben weithin aufgehört, Herren im eigenen Hause, das heißt, selbstbestimmte und verantwortungsvolle Individuen zu sein. Sie besorgen die Geschäfte anderer, die ihrerseits anderer Leute Geschäfte betreiben. Die Prozesse laufen mehr oder weniger anonym ab. Schon als verdienender und steuerzahlender Bürger dieses Landes bin ich, ob ich will oder nicht, verstrickt in einen, verglichen mit dem Welthungerproblem, unverantwortlich hohen Verteidigungshaushalt. Ich zahle willig die Mieterhöhung und beteilige mich so daran, die Zahl derer zu vergrößern, die immer weniger Geld für etwas anderes als die Miete zurückbehalten. Mit dem Kaffee, den ich jeden Morgen trinke, betrüge ich diejenigen, die ihn anbauen, um den größten Teil ihres Lohnes, der von großen Konzernen (die unseren Wohlstand mitbegründen) extrem niedrig gehalten wird.

Soll daher kein Kaffee mehr getrunken, kein weißer Zucker mehr gekauft, kein Büttenpapier mehr benutzt werden? Sollen wir aufhören, unseren Wohlstand in diesem Land zu kultivieren? Oder – wenn diejenigen recht haben, die sagen, solche Askese sei naiv – sollen wir uns Augen und Ohren zuhalten und lernen, wie man über das Wesentliche schweigt; einwilligen in jene Situation, die alle langsam krank macht und lähmt: das Hirn, die Wahrnehmung, den Charakter, die Courage, und die uns komplizenhaft einbezieht in den Verstrickungszusammenhang des Bösen? – Wer befreit uns aus diesem Teufelskreis? Wer durchbricht die Sprachlosigkeit, die uns befallen hat? Wer zeigt neue Wege auf?

„Da brachte man einen Gelähmten zu ihm; er wurde von vier Männern getragen. Weil sie ihn aber wegen der vielen Leute nicht bis zu Jesus bringen konnten, deckten sie dort, wo Jesus war, das Dach ab, schlugen die Decke durch und ließen den Gelähmten auf seiner Tragbahre durch die Öffnung hinab“ (Mk 2,3–4).

Der Gelähmte ist völlig hilflos. Ihm fehlt die Kraft. Allein hat er keine Chance, sich zu befreien. Kein Protest gegen seine schlimme Lage, keine noch so ehrliche und schonungslose Selbstanklage, kein noch so reuevoller Verzicht würden ihn dauerhaft herausreißen aus dem lähmenden Zusammenhang der Schuld. Er braucht Menschen, die ihn entdecken und die ihn nicht nur betreuen und so in seinem Schicksal bestätigen, sondern die ihn mitnehmen und – trotz der Passivität und Zuschauermentalität der „Menge“ – zu Jesus bringen. Hier beginnt das Wunder.

Diese fünf: der Gelähmte und die vier, die ihn tragen, sind ein Bild der Gemeinde Jesu. Nicht, daß die Gemeinde aus vier Gesunden und einem Gelähmten bestände, dem ihre mitleidig-caritative Fürsorge gilt. Sie selbst ist krank und zugleich fähig zu tragen. „Krank“ ist die Gemeinde, weil auch sie verstrickt ist und verstrickt bleibt in den weltweiten Schuldzusammenhang, der die heutige Menschheit zu lähmen droht. Trotzdem kann die Gemeinde „tragen“, wenn sie sich nur aus der „Menge“ löst – aus der „schweigenden Mehrheit“ der religiös Konsumierenden, der passiven Anbeter innerhalb und außerhalb der Kirche – und einen praktischen, das heißt solidarischen Zugang zu Jesus sucht. Sie wird ihn finden, wenn es sein muß trickreich. Sie wird das Wunder erleben.

Längst gibt es solche Gemeinden in Lateinamerika, Italien, Frankreich, Holland. Es sind die sogenannten Basisgemeinden, die durch eine neue religiöse Sprache und eine neue Praxis dokumentieren, daß Umkehr konkret-politisch möglich ist, daß die Wunder keine Träume sind.

Wo sind solche Gemeinden – in unserem Land? Gemeinden, die nicht resignativ schweigen, sondern die zu sprechen beginnen über die wachsende Unmöglichkeit, hierzulande und weltweit menschlich zu leben, über die Unfähigkeit der Liebe im radikalen Sinn des Mitleidens. Wann verwandeln sich die Normal-Gemeinden in solche, die allein den Namen verdienen und etwas ganz Ungewöhnliches, ja Revolutionäres lernen, nämlich Brücken zu bauen in das unwegsame Gelände der menschlichen Beziehungen hin zur lange schon verratenen Verantwortung, die alle für die Unterdrückten dieser Erde haben, die sich also bewegen, nachdem sie lange gelähmt waren?

Die Gelähmten würden aufstehen, ihre Bahre nehmen und hinausgehen. Und die Menschen würden staunen und sagen: „So etwas haben wir noch nie gesehen“ (Mk 2,12).

Tiemo Rainer Peters OP

Vergiß nicht, daß du Flügel hast

Leute kamen zu Jesus und sagten:
Warum fasten deine Jünger nicht,
während die Jünger des Johannes
und die Jünger der Pharisäer fasten?
Jesus antwortete ihnen:
Können denn die Hochzeitsgäste fasten,
solange der Bräutigam bei ihnen ist?
Mk 2,18–19

Zuweilen kommt es vor, daß wir eine Predigt hören, ohne uns von ihr angesprochen zu fühlen. Das muß nicht unbedingt die Schuld des Predigers sein. Es kann auch an der Situation liegen, in der wir uns augenblicklich befinden. Andererseits kann es sein, daß wir hier oder dort – vielleicht von einer Litfaßsäule her – unerwartet von einem Wort getroffen werden. Unmittelbar spüren wir, wie es in uns Kräfte weckt, die unser Leben auf neue Wege bringen.

Mir kommt hier ein Mann in den Sinn, der im Wartezimmer seines Arztes saß. Da griff er zu einer Zeitschrift und begann zu lesen. Plötzlich stieß er auf ein Wort, das ihm wie ein wertvoller Fund erschien, auf den er schon lange gewartet hatte, ohne ihn näherhin zu kennen. In den folgenden Wochen dachte er auf einsamen Gängen immer wieder über dieses Wort nach. Es lautete: „Vergiß nicht, daß du Flügel hast!“ Es war ihm klar, daß dieses geheimnisvolle Wort sein weiteres Leben begleiten würde. Klar war ihm auch, daß er dieses Wort nicht für sich allein behalten dürfe. Er sagte sich: „Du mußt es weitergeben; denn es gibt außer dir noch viele Menschen, die in der Gefahr stehen zu vergessen, daß sie Flügel haben.“

„Vergiß nicht, daß du Flügel hast!“ Warum vergessen wir das so schnell? Weil wir übersehen, daß es nicht nur sichtbare, sondern auch unsichtbare Flügel gibt, nicht nur äußere, sondern auch innere, nicht nur leibliche, sondern auch seelische. Sie tragen uns viel weiter als die Flügel eines Vogels. Die Schriftstellerin Luise Rinser möchte uns ermuntern, das zu glauben. In einem ihrer Romane schreibt sie: „Wir haben viel stärkere Flügel, als wir glauben. Wir wagen nur nicht, sie zu entfalten. Wir wagen nicht zu fliegen. Wir machen kleine feste Pläne, wir stecken sie auf dem Erdboden ab und bewegen uns dann vorsichtig und töricht wie Hühner im Abgesteckten, im ängstlich Begrenzten. Warum aber? Draußen und darüber ist die unendliche Weite."

Angesichts dieses eindringlichen Dichterwortes stellt sich uns die Frage: Was können wir tun, damit sich unsere unsichtbaren Flügel entfalten, so daß wir aus unserer kleinen ängstlich abgesteckten Welt herauskommen und zur Erfahrung gelangen, daß es draußen und darüber die unendliche Weite gibt? Eine der besten Antworten lautet: Es ist vor allem das Fasten, das unsere inneren Flügel zur Entfaltung bringt. Aufgrund einer langen Erfahrung sagt die kirchliche Liturgie: „Durch das Fasten des Leibes hältst du die Sünde nieder, erhebst du den Geist, gibst du uns die Kraft und den Sieg."

Was ist damit über das Fasten gesagt? Bei Romano Guardini findet sich eine Beschreibung, die uns die Antwort in klassischer Kürze gibt: „Der Körper wird gleichsam aufgelockert. Der Geist wird freier. Alles löst sich, wird leichter. Last und Hemmung der Schwere werden weniger empfunden. Die Grenzen der Wirklichkeit kommen in Bewegung, der Raum des Möglichen wird weiter. Der Geist wird fühliger. Das Gewissen wird hellsichtiger, feiner und mächtiger. Das Gefühl für geistige Entscheidung wächst."

So ist es eigentlich nicht verwunderlich, daß die Meister des geistlichen Lebens immer wieder zum Fasten aufrufen. Auch verstehen wir von hier aus, warum die Jünger des Johannes und die Pharisäer zu fasten pflegten. Dennoch sollten wir in diesem Zusammenhang nicht übersehen, daß das Fasten den Pharisäern nicht selten dazu diente, die Menschen auf ihre Frömmigkeit aufmerksam zu machen. Aus diesem Grund weißten sie ihr Gesicht und gingen in unordentlichen Kleidern umher. Zugleich war das Fasten für sie ein Mittel, die Aufmerksamkeit Gottes auf sich zu ziehen. Mit dieser Praxis hatten sie sich vom eigentlichen Sinn des Fastens weit entfernt. Beachtenswert ist daher die kritische Anfrage, mit der die Leute zu Jesus kamen: „Warum fasten deine Jünger nicht?“ Jesus bedient sich eines anschaulichen Bildes, um die Frage zu beantworten.

Nach der Hochzeit öffneten damals junge Paare ihr Haus für eine Woche allen Freunden. Ununterbrochener Frohsinn beherrschte dieses Freudenfest, an dem das Schmausen kein Ende nahm. Alle Fastenvorschriften waren außer Kraft gesetzt. Mit diesen geladenen Hochzeitsgästen vergleicht Jesus seine Jünger. Das bedeutet für uns: Ein Christ müßte an seiner Lebensfreude und an seiner Heiterkeit zu erkennen sein. Die Teilnahme am göttlichen Lebensgeheimnis seines Herrn müßte christlichem Leben eine festliche Grundstimmung geben. Nicht in erster Linie das Fasten, sondern die Erfahrung seiner Nähe und die Aufnahme seiner unglaublichen Botschaft entfesseln die in ihm liegende Kraft Gottes, so daß er sich von allem zu lösen vermag, was ihm wesenswidrig ist und so aus der Enge in die Weite, aus dem Dunkel ins Licht und aus der Gefangenschaft in die Freiheit gelangt. Offensichtlich hatte der russische Schriftsteller Leo Tolstoi diese Kraft im Auge, als er schrieb: „Jesus Christus lehrt die Menschen, daß in ihnen etwas ist, was sie über dieses Leben mit seinem Jagen, seiner Angst und Lust emporhebt. Wer die Lehre Christi begreift, hat dasselbe Gefühl wie ein Vogel, der bis dahin nicht wußte, daß er Flügel besitzt, und nun plötzlich begreift, daß er fliegen, frei sein kann und nichts mehr zu fürchten braucht.“

Schauen wir auf die großen Gestalten des Glaubens. Sie hatten begriffen, daß die Gotteslehre Jesu eine völlig neue ist und sich mit der herkömmlichen so wenig in Verbindung bringen läßt wie ein neues Stück Tuch mit einem alten Kleid. Von seiner Lebensart fasziniert, verspürten sie in sich die Kraft, alles Bisherige loszulassen. So sicher sie sich waren, daß alte Schläuche nicht das Richtige für einen neuen Wein sind, so entschieden fingen sie an, aus dem alten Menschen auszuziehen, um in dieser Welt als neue Menschen zu leben. Von allem konnten sie jetzt lassen, nur nicht mehr von diesem ihrem Christus.

Bemerkenswert ist noch, welche Vorbilder Jesus den Seinen gibt. Er verweist sie nicht auf diesen Heiligen oder jenen Märtyrer, sondern er sagt ihnen: „Seht euch die Vögel an“ (Mt 6,26).

Rudolf Stertenbrink OP

9. Sonntag im Jahreskreis: Mk 2,23 – 3,6

Vieles in uns ist verdorrt

Als Jesus ein andermal in eine Synagoge ging,
saß dort ein Mann, dessen Hand verdorrt war.
Und sie gaben acht, ob Jesus ihn am Sabbat heilen werde;
sie suchten nämlich einen Grund zur Anklage gegen ihn.
Mk 3,1–2

Die Seele eines Menschen ist bekanntlich in allen Gliedern seines Leibes gegenwärtig; denn alles ist von ihr durchseelt. In jeder Bewegung bringt sie sich zum Ausdruck. Dabei ist das Gesicht das deutlichste Bild der unsichtbaren Seele. Doch neben dem Gesicht sind es vor allem die Hände, in denen sie sich offenbart.

In seiner Erzählung „Vierundzwanzig Stunden aus dem Leben einer Frau“ bringt Stefan Zweig eine Frau zu Wort, die im Alter von vierzig Jahren ihren Mann verlor. Da es ihr unmöglich war, in dem verlassenen Haus auch nur noch einen Tag länger zu bleiben, beschloß sie, die nächsten Jahre auf Reisen zu gehen. So kam sie auch nach Monte Carlo. Öfters ging sie ins Kasino und setzte sich als Gast in die Nähe des Spieltisches. Dort fielen ihr neben den Gesichtern die Hände der Menschen auf. Viele Jahre später erzählte sie einem Gesprächspartner die Eindrücke, die diese Hände auf sie machten:

„Die vielen hellen, bewegten, wartenden Hände rings um den grünen Tisch, alle aus der immer andern Höhle eines Ärmels vorlugend, jede ein Raubtier, zum Sprung bereit. Alles erkennt man an diesen Händen, an der Art, wie sie warten, wie sie greifen und stocken: den Habsüchtigen an den Krallen, den Verschwender an der lockeren Hand, den Berechnenden am ruhigen, den Verzweifelten am zitternden Gelenk. Ich kann Ihnen gar nicht schildern, wieviel tausend Spielarten von Händen es gibt. Jede wirkt anders; denn jedes dieser Händepaare drückt ein anderes Leben aus."

Um Gesichter und Hände – oder sagen wir genauer: um eine Hand – geht es auch in jener kurzen Geschichte, die uns Markus in seinem Evangelium zum heutigen Sonntag erzählt. Vergegenwärtigen wir uns zunächst die Situation. Es war Sabbat. Am Sabbat war jede Arbeit verboten. Das galt auch für die Heilung eines Kranken. Nur bei Lebensgefahr durfte ihm geholfen werden. Stürzte beispielsweise über jemandem ein Haus zusammen, so war Rettung erlaubt. Stellte sich jedoch heraus, daß er bereits tot war, dann mußte man den Toten bis zum Ende des Sabbats liegenlassen. Diese unmenschlich anmutenden Sabbatvorschriften waren auch Jesus bekannt. Strenggläubige Juden hielten sie genau ein.

Als Jesus wieder einmal in eine Synagoge ging, wahrscheinlich war es die Synagoge des kleinen Fischerdorfes Kafarnaum, hatte sich in ihr bereits eine Menge Menschen versammelt. Unter ihr befand sich irgendwo am Rand ein Mann, der eine vertrocknete Hand hatte. Diese verdorrte Hand weist darauf hin, daß dieser Mann in seinem Menschsein stark verkümmert war.

Auch hatten sich schon mehrere Vertreter des Hohen Rats eingefunden. Niemand konnte sie übersehen, da sie die Plätze in der vordersten Reihe einnahmen. Sie waren keineswegs zum Gottesdienst gekommen, um zu beten oder um etwas zu lernen. Vielmehr wollten sie in Erfahrung bringen, was Jesus an diesem Sabbat sagen und tun würde. Daher heißt es gleich am Anfang der Erzählung: „Sie beobachteten, ob Jesus ihn am Sabbat heilen werde; sie suchten nämlich einen Grund zur Anklage gegen ihn"

(Mk 3,2). Und der Schlußsatz lautet: „Da gingen die Pharisäer hinaus und faßten zusammen mit den Anhängern des Herodes den Beschluß, Jesus umzubringen“ (Mk 3,6).

Man kann sich gut die Gesichter dieser Aufpasser, den tödlichen Blick in ihren Augen und die zerstörerische Gesinnung mit ihren finsteren und bösen Gedanken vorstellen. Der Grund für all das war ihr verhärtetes Herz. Verhärtet ist das Herz, das nicht mehr mitfühlen und nicht mehr mitleiden kann. Es ist das empfindungslose Herz, das nicht mehr zu weinen vermag. Das verhärtete Herz ist intensiver Ausdruck des Unglaubens. Hier stellen sich uns folgende Fragen: Was sagen meine Augen? Von welchen Gedanken müßte meine Gesinnung gereinigt werden? Welche Verhärtungen müßten in meinem Herzen aufgelöst werden? Wieviel Unglauben gibt es auch in mir?

Indem Jesus die Synagoge betrat, wohl wissend, wer darin auf ihn wartete, bewies er einen ungeheuren Mut. Nur weil er vollkommen in dem ruhte, was seines Vaters im Himmel war, vermochte er den Blicken der Pharisäer standzuhalten. Erstaunlich ist, daß sein Auge den Mann mit der vertrockneten Hand sofort gesehen hatte. Obwohl dieser nicht in Lebensgefahr war und es dem Mann nichts ausgemacht hätte, wenn er erst am nächsten Tag von seinem Übel geheilt worden wäre, sprach Jesus ihn an; denn aus der Verbundenheit mit seinem himmlischen Vater hatte er die feste Überzeugung, daß es keinen Tag gibt, an dem es verboten ist, Gutes zu tun, das heißt, Leben zu heilen. Deshalb forderte er jenen Mann auf, sich zu erheben und in die Mitte zu kommen.

Zweifellos war es diesem Mann nicht leichtgefallen, vom Rand in den Mittelpunkt der Aufmerksamkeit zu treten. Dennoch tat er in seinem Glauben an Jesus einfach, was dieser ihm sagte. Auf Jesu Wort hin kam er zur Mitte und streckte seine kranke Hand vor aller Augen aus. Ohne weiteren Kommentar fügt Markus hinzu: „Und seine Hand war wieder gesund“ (Mk 3,5).

Wir hätten diese Wundererzählung nicht verstanden, würden wir nicht erkennen, wieviel wir selbst mit diesem Mann zu tun haben; denn irgendwo sind wir alle handlungsunfähig. Wir müßten uns nur einmal fragen, an welchen Stellen unseres Lebens wir uns behindert fühlen, was in uns verdorrt und leblos ist. Wir müßten uns fragen: „Was taucht in mir auf an Verdrängungen, Widerständen; Projektionen? Wie spüre ich Verbitterung, Verwundungen, Verunsicherungen? Blockiert mich innere ‚Trockenheit', oder kann ich sie geduldig und gelassen akzeptieren?" (Paul Imhof). Jener Geheilte gibt uns den Mut und das Vertrauen, daß wir all das, was in uns verdorrt und leblos ist, Jesus entgegenstrecken dürfen: unsere Habsucht, unsere verschwenderische Art, zu leben, unser berechnendes Denken, unsere innere Verzweiflung, eben all das, was unsere kranken Hände in ihren vielfältigen Spielarten zum Ausdruck bringen.

Rudolf Stertenbrink OP

10. Sonntag im Jahreskreis: Mk 3,20–35

Die Zivilisation der Liebe

Da kamen seine Mutter und seine Brüder;
sie blieben vor dem Haus stehen und ließen ihn herausrufen.
Es saßen viele Leute um ihn herum, und man sagte zu ihm:
Deine Mutter und deine Brüder
stehen draußen und fragen nach dir.
Mk 3,31–32

Jesus ist im Kreis des Volkes. Seine Verwandten aber stehen vor der Tür. Sie treten nicht ein, sondern bleiben draußen und versuchen, ihn in aller Förmlichkeit herauszubitten. Die Szene ist deutlich: Was normalerweise draußen ist, abgeschoben, ignoriert, nicht ernst genommen, nur gezählt: das Volk, ist drinnen bei Jesus; und was üblicherweise drinnen ist, eingeweiht, ernst genommen, geschätzt: die Familie, ist draußen und stört.

Wir können auch anders ansetzen, sozusagen bei der Dramaturgie des Markusevangeliums, das im selben Kapitel schon einmal von den Verwandten Jesu spricht. Sie nehmen Anstoß an Jesus, um den sich riesige Volksmengen versammelt haben: „Als seine Angehörigen davon hörten, machten sie sich auf den Weg, um ihn mit Gewalt zurückzuholen; denn sie sagten: Er ist von Sinnen“ (Mk 3,21). Das heißt zu deutsch: „Er ist verrückt.“

Zu dieser Erklärung paßt eine Anfrage, die im sechsten Kapitel zu lesen ist. Dort wird das Auftreten Jesu in der Synagoge von Nazaret geschildert. Die Gemeinde ist verärgert: „Ist das nicht der Zimmermann, der Sohn der Maria und der Bruder von Jakobus, Joses, Judas und Simon? Leben nicht seine Schwestern hier unter uns? Und sie nahmen Anstoß an ihm und lehnten ihn ab“ (Mk 6,3). Jesus erwidert: „Nirgends hat ein Prophet so wenig Ansehen wie in seiner Heimat, bei seinen Verwandten und in seiner Familie“ (6,3f).

Wenn man dies bedenkt, muß man sagen: Die Verwandten im heutigen Evangelium schicken nach Jesus, um ihn vom Volk zu trennen, um ihn zu überreden, lieber mit ihnen nach Hause zu gehen, dorthin, wohin ein Sohn gehört – nach allem, was recht ist.

Selbst wenn wir die Dinge nicht so dramatisch interpretieren wollen, obwohl wir es dürften, bleibt der Vorgang herausfordernd genug. Ohne jeden Zweifel läßt sich nämlich feststellen, daß hier zwei Welten aufeinanderstoßen: die familiäre Binnenwelt und die gesellschaftliche Außenwelt. Daher hält Jesus ein grundsätzliches Wort für angebracht, um das Verhältnis dieser beiden Welten im Licht der Frohen Botschaft neu zu bestimmen.

„Er erwiderte: Wer ist meine Mutter, und wer sind meine Brüder? Und er blickte auf die Menschen, die im Kreis um ihn herumsaßen, und sagte: Das hier sind meine Mutter und meine Brüder. Wer den Willen Gottes erfüllt, der ist für mich Bruder und Schwester und Mutter“ (Mk 3,33–35).

Gehen wir schrittweise vor. „Wer ist meine Mutter, und wer sind meine Brüder?“ Darf man diese Frage überhaupt im Ernst stellen? Ist nicht jeder vielmehr hineingestellt in die familiäre

Ordnung, in diese „erste Zelle“ des gesellschaftlichen Lebens? Und kommt nicht alles darauf an, diese Mikrowelt der Familie heil und intakt zu halten, weil sie wie ein Nährboden ist, nicht zuletzt auch für die Religion? Wo denn sonst, wenn nicht in der Familie, können religiöse Traditionen ausgebildet, eingepflanzt und stabilisiert werden? Und wo sollten die gesellschaftlichen Prozesse in vernünftige Bahnen gelenkt und mit dem Erbe der Väter und Mütter verbunden werden? Und leiten sich aus dieser Vorrangstellung nicht zu Recht Privilegien und Ansprüche ab: das Vorrecht, mitreden und mitbestimmen zu dürfen oder Einspruch zu erheben, in jedem Fall: bevorzugt zu sein? Eins ist klar: Mit der Selbstverständlichkeit dieses Anspruchs stehen die Verwandten vor der Tür.

Für Jesus aber, der Umkehr verlangt, das heißt radikale Neuorientierung, muß dieser Anspruch wie eine Bedrohung und Gefährdung gewesen sein. Ist doch die Familie, gerade als „Primärzelle“ und Traditionsvermittlerin, eher ein Ort der Anpassung als der Veränderung; eher ein Ort der Ruhe als der Wagnisse; eher ein Ort der Erhaltung als der Durchbrechung des gesellschaftlichen Status quo: nestwarm und darum desto wirksamer, umworben von den Konservativen aller Zeiten. Sie ist eben nicht unbedingt nur Hort; sie kann auch „Falle“ sein (G. Casalis) und zum Gefängnis werden, zumal für jenen frohen Botschafter, der die messianische Freiheit der Kinder Gottes verkündet.

Diese Falle wäre bereits zugeschlagen und hätte Jesus gefangen, vereinnahmt, „unschädlich“ gemacht, würde er jetzt aufstehen und das Volk, wenn auch nur für einen Augenblick, verlassen und die allgemein respektierte Rangordnung der gesellschaftlichen Verhältnisse wiederherstellen.

Aber Jesus steht nicht auf. Er verläßt die Leute nicht. Er stellt nicht die „Ordnung“ wieder her. Er stört nicht die große Ruhe, die über der Erzählung liegt und die nur von den Verwandten durchbrochen worden war.

„Und er blickte auf die Menschen, die im Kreis um ihn herumsaßen, und sagte: Das hier sind meine Mutter und meine Brüder“ (3,34). Ein ungeheurer Befreiungssatz. Provokativ zunächst natürlich für die Verwandten, deren familiäres Privileg aufgehoben ist. Aufgehoben im Sinn von ausgeweitet auf alle; also nicht negiert, sondern universalisiert. Dieser Satz fordert aber ebenso das Volk heraus, das sich um ihn geschart hat. Denn sie, die sich daran gewöhnt haben, „draußen“ zu stehen, ohne große Ansprüche, Erwartungen, Chancen, müssen sich sagen lassen, daß Freundschaft, Liebe, Vertrauen und Wärme in der Reich-Gottes-Ordnung nicht länger reserviert sind für die private, familiäre Binnenwelt, sondern daß sie sich auch draußen ereignen müssen, ebenso innig und selbstverständlich.

Sie müssen sich draußen ereignen, wenn das Vertrauen aufeinander eine tragfähige Realität und keine familiäre Ausnahme sein soll, wenn Freundschaft auf Dauer gelingen soll, wenn Liebe nicht im „trauten Heim“ verkümmern, sondern wenn sie eine „Zivilisation“ werden soll. „Wer den Willen Gottes erfüllt, der ist für mich Bruder und Schwester und Mutter.“ Das ist die Zivilisation der Liebe!

Tiemo Rainer Peters OP

Ist die Geduld Ihre starke Seite?

Jesus sprach zu der Menge:
Mit dem Reich Gottes ist es so,
wie wenn ein Mann Samen auf seinen Acker sät;
dann schläft er und steht wieder auf,
es wird Nacht und wird Tag,
der Samen keimt und wächst,
und der Mann weiß nicht, wie.
Mk 4,26–27

Ich gehe einmal davon aus, daß Ihre stärkste Tugend die Geduld ist. Wenn Sie beispielsweise im Supermarkt an der Kasse stehen und zehn Wagen vor Ihnen sind, löst es dann in Ihnen nicht eine Freude aus, wenn die Kassiererin einen kleinen Plausch mit einer Kundin beginnt oder wenn jemand in seinem Portemonnaie die Pfennige zusammensucht? Oder erfreut es Sie nicht, wenn Sie mit Ihrem Wagen an der Ampel stehen und Ihre Vordermänner so langsam in die Gänge kommen, daß die Ampel schon wieder rot wird, bevor Sie durch sind? Sicherlich hören Sie auch bei einer Predigt selbst dann noch zu, wenn Sie den Eindruck haben, daß eigentlich schon alles gesagt ist, und Sie im stillen bereits dreimal „Amen!“ gesprochen haben?

„Geduld ist in der Tat Ihre starke Seite!“ Wenn ich das einem sage, dann fängt er meist an zu lachen und fühlt sich erkannt. Ich muß Ihnen gestehen: Meine starke Seite ist es nicht; denn manches in unserem Leben, wie die Abfertigung in einem Supermarkt oder das Anfahren vor einer Ampel, kann man zügiger machen, und bei vielem brauchte man unsere Geduld nicht über Gebühr zu strapazieren, wenn man aufeinander ein wenig mehr Rücksicht nehmen würde.

Es gibt aber Dinge, die man nicht beschleunigen kann. Man muß sie geduldig wachsen lassen. Wenn ein Kleinkind seine ersten Zähne bekommt, dann beginnt meist nicht nur für das

Kind, sondern auch für die Eltern eine schlimme Zeit, die ihnen oft die Nachtruhe raubt. Die Eltern können das Wachsen der Zähne ihres Kindes nicht beschleunigen. Sie müssen einfach zusehen. Auch die ersten Schreib- und Leseübungen können Eltern auf die Probe stellen. Weder mit Druck noch mit Tricks können sie den Prozeß beschleunigen. Auch hier müssen sie einfach warten.

Genauso ist es, wenn sich Ihr Sohn das erste Mal verliebt und dann Liebeskummer hat. Auch diesen schmerzhaften Prozeß können Sie nicht abkürzen, indem Sie ihm die Freundin ausreden oder diese schlechtmachen. Sie müssen es ertragen, daß Ihr Junge seine Erfahrungen macht, damit er zu voller Liebesfähigkeit heranwächst.

Solch geduldiges Wachsenlassen durchzieht unser ganzes Leben. Ein Bekannter verlor nach über fünfzig Ehejahren seine Frau durch einen plötzlichen Tod. Da fiel er in eine tiefe Depression. Damit er den Tod seiner geliebten Frau „verarbeiten" kann, muß auch das Mit-leid seiner Freunde, seiner Angehörigen und seiner Bekannten von der Geduld getragen werden. Alle Ungeduld wäre hier falsch am Platz.

Selbst durch den Tod müssen wir hindurchwachsen. Das weiß ich aus meinem Umgang mit vielen Sterbenden. Man darf diese letzte Wachstumschance nicht abkürzen wollen, nur weil man als Außenstehender keine Geduld hat, den Anblick eines Sterbenden zu ertragen.

Sehr eindrücklich sagt uns Jesus Christus, daß es mit dem Reich Gottes oder im Bereich unseres Glaubens genauso ist. Er veranschaulicht es durch seine „Wachstumsgleichnisse": Der ausgesäte Samen wächst von selbst. Dabei ist es gleichgültig, ob der Bauer am Rand seines Ackers steht und zuschaut oder ob er faul im Bett liegt. Die Erde bringt von selbst ihre Frucht hervor.

Wie aber ist es im Bereich der Kirche? Können wir sagen, daß auch in ihr etwas heranwächst? Ist nicht eher das Gegenteil der Fall? Die Gottesdienste werden immer weniger besucht, die Kirchen immer leerer. Viele junge Leute legen auf eine kirchliche

Trauung keinen Wert mehr. Junge Ehepaare lassen ihre Kinder nicht mehr taufen. All das zeigt doch, daß in der Kirche nichts mehr wächst, daß in ihr offensichtlich vieles im Sterben liegt.

Wer diese Vorgänge bedenkt, gelangt zu der Überzeugung, daß die Kirche in Deutschland und Europa eine sterbende Kirche ist. Und doch haben wir bereits gesagt, daß auch das menschliche Sterben eine wichtige Wachstumschance ist, damit das neue Leben, das ewige Leben hervorbrechen kann. Das gilt auch hinsichtlich der Kirche. Vieles muß sterben, damit neues Leben in der Kirche entstehen kann. Jesus Christus wird eine neue Kirche wachsen lassen; denn sie ist seine Kirche, die er nicht untergehen läßt.

Zudem sollten wir unsere Kirche nicht vom deutschen „Bauchnabel“ aus betrachten; denn wir gehören zur universalen Kirche. Daher müssen wir unseren Blick immer wieder auf die junge Kirche in der Dritten Welt richten. Wer die dortigen Prozesse beobachtet, kann sich nur wundern, was Gott dort wachsen läßt.

Was die Kirche hierzulande betrifft, dazu möchte ich folgendes sagen: Sosehr es stimmt, daß äußerlich vieles zurückgeht, so kann man dennoch beobachten, wie in vielen Menschen eine neue Sehnsucht nach der Begegnung mit dem lebendigen Gott wächst. Vor allem unter jüngeren Leuten sind nicht wenige in eine intensive Beziehung zu Jesus Christus getreten. Auch dieser Vorgang läßt sich nicht beschleunigen. Wir müssen geduldig abwarten, was daraus wird.

Eltern, die darunter leiden, daß ihre Kinder nicht mehr glauben, möchte ich sagen: Zuweilen muß über zwanzig oder dreißig Jahre hinweg zunächst das Unkraut des Unglaubens gewachsen sein, bevor das zarte Pflänzchen des Glaubens neu zu keimen und zu wachsen beginnt. Auch hier kann Ungeduld eher das Gegenteil bewirken.

Meine Aufgabe als Priester und Ihre Aufgabe als Laien besteht darin, die Frohbotschaft auszusäen. Gott aber ist es, der keimen und wachsen läßt, wenn die Zeit dafür gekommen ist. Für mich ist es ermutigend, daß ich dies nicht zu besorgen brauche. Ich brauche mich nicht darum zu kümmern, was Gottes Sache ist. Das befreit mich von jedem Zwang, Dinge tun zu müssen, die nicht in meiner Macht stehen. Ich vertraue darauf, daß Gott zur rechten Zeit wachsen läßt. Das ist seine Zusage, auf die ich baue.

Cletus Wingen OP

12. Sonntag im Jahreskreis: Mk 4,35–41

Wo ist Gott angesichts all unserer Not?

Plötzlich erhob sich ein heftiger Wirbelsturm,
und die Wellen schlugen in das Boot,
so daß es sich mit Wasser zu füllen begann.
Er aber lag hinten im Boot auf einem Kissen und schlief.
Sie weckten ihn und riefen:
Meister, kümmert es dich nicht, daß wir zugrunde gehen?
Mk 4,37–38

Es gibt eine Frage, die niemanden unberührt läßt. An keinem geht sie vorüber. Sie trifft jeden, der nicht einfach stumpf und gedankenlos den Lauf der Dinge und den Gang der Welt über sich ergehen läßt. Die Frage, die wir meinen, tritt freilich nicht immer mit der gleichen Heftigkeit und Dringlichkeit auf. In einem behüteten und von Lebensgütern gesegneten Leben mag sie sich nur schwach und von fern melden. Für andere aber ist sie ständig da und läßt sich nicht abschütteln. Sie übertönt alles, jede Überlegung, jeden Entschluß. Die Frage lautet: „Wie kann Gott angesichts all der Not, in die Menschen geraten können, schweigend zusehen?" Oder anders formuliert: „Wie kann Gott all die leidvollen Situationen, die einen aus heiterem Himmel überfallen können, zulassen?"

Diese Frage läßt mich an das vielfache Leid denken, das es in dieser Welt gibt, an die unverschuldete Krankheit, an das Sterben und den Tod so erschreckend vieler in Katastrophen und Unglücksfällen, an die Unterdrückung und die Gewalt, denen täglich Unschuldige zum Opfer fallen. All diese Erfahrungen von Not, Leid und Angst, die wir selber machen oder von denen wir hören, münden in diese Frage: Wie kann der allmächtige Gott, ohne dessen Willen nichts geschieht, bei all dem zusehen?

Diese Frage ist der Bibel nicht fremd. Sie kehrt wieder im Evangelium von der Stillung des Seesturms: „Meister, kümmert es dich nicht, daß wir zugrunde gehen?“ Was sagt Markus dazu?

Halten wir uns zunächst die Situation der Jünger vor Augen. Wasser, Sturm und Wellen haben sie in höchste Lebensgefahr gebracht. Sie sind verzweifelt. Wenn die Jünger als Fischer in ihrer Angst keinen Ausweg mehr sehen, dann muß die Gefahr wirklich groß gewesen sein. Es war ein Ringen mit dem Tod. In dieser Situation der Seenot schläft Jesus seelenruhig hinten im Boot auf einem Kissen.

Hier haben wir unsere eigene Situation. Das Boot ist ein Bild für die Sicherheit und Geborgenheit unseres Lebens. Und doch werden wir oft genug von außen und von innen bedroht, hin- und her geworfen, aufgerieben; wir haben Angst vor der Zukunft, vor den täglichen Überforderungen. Wie oft sind wir mit unserer Weisheit am Ende, wissen nicht ein noch aus, rufen um Hilfe! „Meister, kümmert es dich nicht, daß wir zugrunde gehen?“ Auch als Glaubende erfahren wir die Not der Verlassenheit, des Schweigens Gottes: „Er aber schlief.“

Der Evangelist Markus rückt unsere Frage zurecht und mahnt uns durch das, was Jesus schließlich tut, zu festem Vertrauen und Glauben. „Da stand Jesus auf, drohte dem Wind und sagte: Schweig, sei still! Und der Wind legte sich, und es trat völlige Stille ein.“ Durch dieses Machtwort erfahren die Jünger: In aller Bedrängnis ist Jesus unser Helfer und unser Retter. Er ist da; er ist uns nahe; er ist mächtig, auch wenn wir der Meinung sind, daß er schläft und unsere Not nicht sieht. Es geht ihnen auf, daß sie gar nicht untergehen können, weil Jesus bei ihnen ist. Ist dies auch uns schon aufgegangen?

Übersehen wir an dieser Stelle nicht: Was die Jünger auf dem See erlebten, ist zugleich ein Bild der Kirche. Wer sitzt denn im Boot, das auf dem See Gennesaret fährt? Es ist die Kirche Jesu Christi. Genauso wenig das Boot damals untergehen konnte, so wenig kann die Kirche untergehen, weder in den Stürmen der Naturelemente noch in den Stürmen der Weltgeschichte; denn nicht diese Stürme haben das letzte Wort; das letzte Wort hat immer der Herr.

So will uns diese Wundererzählung ins Bewußtsein rufen, daß Gott kein Talisman für Wohlergehen und gegen Unheil ist, sondern daß er gerade in jeder lebensbedrohenden Situation gegenwärtig ist: „Warum habt ihr solche Angst? Habt ihr noch keinen Glauben?“ Mit anderen Worten: „Warum laßt ihr zu, daß die Angst euren Glauben tötet? Wißt ihr nicht, daß ich gerade dann, wenn euch das Wasser bis zum Hals steht, also auch im Sterben und im Tod, da bin als euer Retter?“

Hier wird deutlich, was biblischer Glaube ist: mitten in aller Not sich festmachen in Gott; darauf vertrauen, daß sich Gottes Möglichkeiten nicht in den Möglichkeiten dieser Welt erschöpfen. Solches Vertrauen demonstriert Jesus durch sein Schlafen inmitten des tödlichen Sturms. Er ruht nicht in einem von den Wellen überfluteten Boot, sondern in den Händen seines Vaters.

Sind wir schon einmal einem Menschen begegnet, der aus solcher Geborgenheit in Gott lebte; der auch in schweren Schicksalsstunden zuversichtlich blieb, weil er fest darauf vertraute, daß Gott die Macht hat, uns selbst durch den Untergang hindurch zu retten? Ich denke hier an Edith Stein. Am Vorabend ihrer Deportation nach Auschwitz schrieb sie am Schluß ihres letzten Briefes: „Konnte bisher herrlich beten.“ Dieses Wort ist Ausdruck von unbedingtem Vertrauen und Glauben, von Friede und Ruhe, Sicherheit und Festigkeit, Geborgenheit und Zuversicht selbst in bedrängendster Situation.

Ein solcher Mensch ist die Bestätigung der biblischen Gewißheit, daß Gott immer wieder Menschen ihren Ängsten entreißt und aus dem Sturm ein Säuseln macht, so daß die Wogen des Meeres schweigen (vgl. Ps 107,28–29). Daher sind wir dem Sturm nicht hilflos ausgeliefert. Auch in den Stürmen und Nöten unserer Tage ist Gott gegenwärtig. Dafür steht er mit seinem Namen ein. Sein Name ist Jahwe und bedeutet: „Ich bin da." Er ist auch da unter unseren Kreuzen, in der unheilbaren Krankheit, beim Tod eines geliebten Menschen, in der Zeit, da er weit von uns entfernt zu sein scheint.

Diese Anwesenheit Gottes verdeutlicht eine oft erzählte Geschichte. Dennoch ist es gut, sich immer wieder an sie zu erinnern; denn sie vermag unseren Glauben und unser Vertrauen zu stärken, daß Gott vor allem in den Zeiten der Not bei uns ist: „Eines Nachts träumte ich, ich ginge mit dem lieben Gott am Strand entlang. Am Himmel blitzten Szenen aus meinem Leben auf. Jedesmal entdeckte ich Fußabdrücke im Sand. Manchmal waren es zwei Paare, manchmal nur eines. Während den schweren Zeiten in meinem Leben sah ich nur ein Paar Fußabdrücke. Da sagte ich: ‚Herr, du hast mir doch versprochen, mich stets zu begleiten. Warum warst du nicht für mich da, als ich dich am notwendigsten brauchte? Warum?' Der Herr erwiderte: ‚Mein Kind, dort, wo du nur ein Paar Fußabdrücke gesehen hast, dort habe ich dich getragen!'"

Gerfried A. Bramlage OP

Mit Jesus in Berührung kommen

Viele Menschen folgten Jesus und drängten sich um ihn.
Darunter war eine Frau, die schon zwölf Jahre an Blutungen litt.
Nun drängte sie sich in der Menge
von hinten an ihn heran und berührte sein Gewand.
Denn sie sagte sich:
Wenn ich auch nur sein Gewand berühre, werde ich geheilt.
Sofort hörte die Blutung auf.
Mk 5,24–25.27b–29a

Neulich sprach ich mit einem ehemaligen Schüler. Seine Mutter arbeitet als Pfarrsekretärin. Ich fragte ihn: „Wie geht es deiner Mutter?“ Da begann er zu schimpfen: „Sie wird von unserem Pfarrer ausgenutzt. Sie findet keinen Feierabend, weil er immer noch Arbeit hat. Zudem kommen die Leute aus der Pfarrei mit ihren großen und kleinen Problemen zu ihr.“ Wenn ich mir vorstelle, daß diese Frau auch noch einen Mann hat, der mit manchem Ärger von der Arbeit kommt und von seiner Frau erwartet, daß sie ihn aufbaut, dann wird deutlich, wie sehr auch er an ihrer Lebenskraft zehrt.

Für einen Pfarrer ist es etwas Großartiges, wenn er eine solche Sekretärin hat. Man kann ihr nicht nur vieles überlassen, das sie selbständig und zügig erledigt. Man kann ihr auch manche Seelsorgsprobleme anvertrauen, da sie ein offenes Ohr und ein offenes Herz hat. Das ist für den Pfarrer eine enorme Entlastung. Doch die Gefahr ist groß, daß man einen solchen Menschen kräftemäßig überfordert. Dann kommt irgendwann der Augenblick, da er gleichsam ausgebrannt ist. Man nennt das heute: burned out. Keiner kann immer nur geben. Keiner kann sich von anderen ständig in Anspruch nehmen lassen, ohne daß er sich vorzeitig aufreibt. Daher ist es nicht verwunderlich, wenn der menschliche Körper eines Tages durch alle möglichen Krankheiten auf sich aufmerksam macht.

Das Evangelium zum heutigen Sonntag erzählt von einer Frau, die schon zwölf Jahre an Blutungen litt. Das ist keine rein organische Krankheit. Wie viele Erkrankungen, so hat auch diese eine seelische Komponente. Das Blut steht für die Lebenskraft, die sie verloren hat. Wahrscheinlich kamen auch zu ihr viele, um bei ihr aufzutanken. So war auch sie immer die Gebende. Nur selten durfte sie von anderen etwas empfangen. So mußte der Tag kommen, an dem ihr Körper reagierte und in den Streik trat. Da ging sie zu vielen Ärzten, um sich von ihnen behandeln zu lassen. Ihr ganzes Vermögen hatte sie ausgegeben. Aber es hatte ihr, der Ausgenutzten, nichts genutzt. Ihr Zustand hatte sich nur verschlechtert.

Es könnte sein, daß einige von Ihnen sich selbst in dieser Frau wiedererkennen oder daß Sie in Ihrem Bekanntenkreis einige kennen, denen es wie dieser Frau ergangen ist. Daher die Frage: Was kann man gegen solche Überforderungen tun? Dazu kann man Verschiedenes sagen, wobei weder das eine noch das andere absolut falsch sein dürfte.

Ein Rat könnte zum Beispiel lauten: „Gehen Sie zum Arzt; er kann Sie behandeln; er kann Ihnen Bäder und Massagen verschreiben oder eine Kur verordnen." Manchmal kann es bereits Wunder wirken, wenn man zu begreifen beginnt: „Ich darf gut zu mir selber sein; ich darf mir selbst etwas gönnen." Ich bezweifle allerdings, ob diese Maßnahmen von anhaltender Wirkung sind; denn wenn ein solcher Mensch in seine gewohnte Umgebung zurückkehrt, gerät er erfahrungsgemäß alsbald wieder in das alte Fahrwasser.

Ein anderer Vorschlag wäre: „Suche dir Freunde, bei denen du nichts zu geben oder zu leisten brauchst, bei denen du einfach dasein darfst." Mancher ging jedoch in einen Freundeskreis, um den eigenen Problemen auszuweichen. Plötzlich mußte er erfahren, daß er mit den Problemen der anderen beladen und belastet wurde. Menschen, die sich gern von anderen benutzen und belasten lassen, werden oft selbst von Freunden wieder ausgenutzt.

Schließlich möchte ich sagen: „Komm mit Jesus Christus in

Berührung!“ Das sage ich nicht nur, weil ja noch etwas Frommes kommen muß, sondern weil es die Botschaft des Evangeliums ist und meiner innersten Erfahrung entspricht. Wenn Sie mit Jesus Christus in Berührung kommen, dann werden Sie geheilt, dann tun Sie das Beste, was Sie tun können, dann empfangen Sie göttliche Kraft.

Manch einer glaubt, es sei sehr mühsam und koste viel Kraft, sich zum Gebet aufzuraffen. So kann der Eindruck entstehen, selbst Gott wolle ihn ausnutzen. Doch das Gegenteil ist wahr. Durch unser Gebet möchte sich Gott von uns ausnutzen oder gar aussaugen lassen. Und wenn ich nur einen Zipfel seines Gewandes berühren würde, würde ich erfahren, wieviel heilende Kraft in mich und durch mich auf andere überströmen würde.

Ich freue mich, wenn ich im Werktagsgottesdienst immer wieder Frauen sehe. Sie kommen, um mit Jesus Christus in Berührung zu kommen, um ihm zu begegnen. Denn sie wissen: Ohne ihn kann ich nicht leben; ohne ihn werde ich aufgerieben; durch die Berührung mit ihm werde ich fähig, ein gesundes Leben zu führen.

Oft müssen wir nur den ersten Schritt tun – wie die Frau, die an Blutfluß litt –, um wirklich zu erfahren, welch eine Kraft uns zufließt, wenn wir mit Jesus Christus in Berührung kommen.

Cletus Wingen OP

Gott liebt auf menschliche Weise

Jesus kam in seine Heimatstadt; seine Jünger begleiteten ihn.
Am Sabbat lehrte er in der Synagoge.
Und sie nahmen Anstoß an ihm und lehnten ihn ab.
Mk 6,1–2a.3b

Hatten die Bewohner von Nazaret so unrecht, wenn sie an Jesus Anstoß nahmen und ihn ablehnten? Über dreißig Jahre hatte er in diesem Dorf mit ihnen gelebt, mit ihnen gearbeitet und mit ihnen in der Synagoge gebetet. Er war für sie also alles andere als ein Unbekannter. Wie sollten sie dann auf einmal glauben, daß er, der Zimmermann von nebenan, der Sohn Gottes, der Messias sei?

Gewiß, für die Leute von Kafarnaum oder von Chorazin mochte er etwas Besonderes sein. Sie kannten ihn nicht näher. Sie waren nicht mit ihm groß geworden. Doch hier in Nazaret wußte man über ihn Bescheid: „Ist das nicht der Zimmermann, der Sohn der Maria und der Bruder von Jakobus, Joses, Judas und Simon? Leben nicht seine Schwestern hier unter uns?“ (Mk 6,3). Daher wurden sie ärgerlich, als er auf einmal in der Öffentlichkeit auftrat, Wunder wirkte und sich mit den studierten Theologen anlegte.

Warum lehnen sie ihn ab? Was ist die Ursache ihres Unglaubens? Die Leute staunen zwar über seine Weisheit und seine Wunder; doch was sie gegen ihn haben, ist seine menschliche Herkunft. Diese seine Menschlichkeit ist es, die sie daran hindert, an seine Göttlichkeit zu glauben.

Ergeht es uns anders? Wie viele stören sich an der Menschlichkeit Jesu? Das erleben wir vor allem im Bereich seiner Kirche, in der die Menschlichkeit der Christen immer wieder zum Ärgernis wird. Die Kritiker und Skeptiker sagen: „Nach zweitausend Jahren Christentum sieht die Welt immer noch schlecht aus. Was hat sich denn zum Besseren gewandelt? Wenn Gott in Jesus

Christus die Welt erlöst hat, warum gibt es dann nicht mehr Frieden, Freiheit, Einigkeit, Gerechtigkeit und Menschlichkeit unter den Menschen?" Auch unter Christen erhebt sich diese Frage immer wieder.

Hinter solchen Fragen verbirgt sich eine Vorstellung, die zwar menschlich gut zu verstehen ist, die aber die Absicht Gottes und das Geheimnis seiner Menschwerdung außer acht läßt. Wir meinen: Wenn Gott in das Geschehen unserer Welt eingreift, dann muß etwas Aufsehenerregendes, etwas Außergewöhnliches passieren. Dieses Denken hat Gott jedoch im Kreuz seines Sohnes buchstäblich durchkreuzt. Gerade am Kreuzestod Jesu erkennen wir, daß das Reich Gottes nicht mit Gewalt in unsere Welt einbricht. So sehr hat Gott uns geliebt, daß er in seinem Sohn als Mensch unter uns Menschen leben wollte, um uns auf menschliche Weise seine Liebe nahezubringen.

Bedienen nicht auch wir uns menschlicher Zeichen, wenn wir einem anderen unsere Liebe zeigen wollen? Wir bringen ihm beispielsweise einen Blumenstrauß, wir schreiben ihm einen Brief, sagen ihm ein gutes Wort, schenken ihm eine Geste der Zuneigung, der Treue, der Zärtlichkeit. Ohne solche Zeichen geht es nicht. Ähnlich ist es mit der Liebe Gottes zu uns. Gott braucht die Menschlichkeit, um uns seine Liebe zu zeigen. Nur im Menschlichen wird sie uns erfahrbar. Daher ist er in Jesus von Nazaret Mensch geworden.

Zu allen Zeiten ruft der menschgewordene Gott Menschen zusammen, auf daß sie seine Kirche sind: eine menschliche Kirche. In der Vielzahl der Sakramente hat er seiner Kirche menschliche Zeichen hinterlassen, die seine Liebe weitergeben sollen. Das Zeichen des Wassers in der Taufe, Brot und Wein in der Eucharistie, die Salbung mit Öl in der Firmung, das Wort der Versöhnung im Bußsakrament, das Ja-Wort der Treue und des Vertrauens im Sakrament der Ehe, die Handauflegung bei der Priesterweihe, die Salbung, wenn wir krank sind. In all diesen Zeichen verbirgt sich Gottes liebende Gegenwart.

Da sich Gottes Liebe mit der Menschlichkeit des Menschen

verbunden hat, kann diese Liebe nicht nur zum Weg, sondern auch zum Ärgernis werden. Gott ist das Wagnis eingegangen, daß sein Menschsein in Jesus von Nazaret, in der Kirche und in den Sakramenten zu einem Stein des Anstoßes wird, der zu Widerspruch und Unglauben führt. Doch hätte uns Gott nicht auf eine so menschliche Weise geliebt, so wäre er für uns der ferne und unerreichbare Gott geblieben.

Dennoch dürfen die Mängel und Fehler der Christen mit dem Hinweis auf die Menschlichkeit der Kirche nicht zugedeckt werden. Wenn die Kirche ein Hindernis zum Glauben ist, dann liegt die Schuld daran nicht selten bei uns selbst. Vieles könnte in der Kirche und in unserem eigenen Leben besser sein. Es liegt an uns, so überzeugend wie möglich zu sein. Dazu müßten wir Gottes Liebe in aller Menschlichkeit erspüren. Wir müßten Gottes Wirken und Gottes Wunder in unseren menschlichen Bezügen und Zeichen entdecken lernen; denn in echter Menschlichkeit ist Gott gegenwärtig und erfahrbar.

Gerfried A. Bramlage OP

15. Sonntag im Jahreskreis: Mk 6,7–13

Umkehr – was ist das eigentlich?

Die Zwölf machten sich auf den Weg
und riefen die Menschen zur Umkehr auf.
Mk 6,12

Der bekannte Religionsphilosoph Romano Guardini wurde über achtzig Jahre alt. Nach diesem langen Leben sagte er kurz vor seinem Tod: „Je länger man lebt, desto deutlicher sieht man, daß die einfachen Dinge die wahrhaft größten sind. Darum sind sie auch am schwersten zu bewältigen." Zu diesen einfachen Dingen, die dennoch am schwersten zu vollbringen sind, gehört auch, den Weg der Umkehr zu gehen. Daher legt es sich nahe, einmal darüber nachzudenken, was Umkehr eigentlich bedeutet und wie sie uns gelingen kann.

Irgendwie wissen wir das alle; denn oft genug schon haben wir uns auf Wegen verlaufen und sind umgekehrt. Auch wissen wir, daß eine Umkehr uns nicht allzu schwer fällt, wenn wir nur so dahinschlendern. Das ändert sich jedoch, sobald es für uns zur Gewohnheit geworden ist, denselben Weg zu gehen. Und auch dies ist uns nicht unbekannt: Je länger der Weg ist, den wir bereits hinter uns haben, um so mehr spüren wir einen inneren Zwang, ihn wie bisher weiterzugehen. Es ist, als hätte uns der bereits zurückgelegte Weg in seiner Gewalt. Das gilt nicht nur für den Weg, den wir täglich gehen. Es gilt auch für unseren Lebensweg.

So können wir jene verstehen, die von der Veränderbarkeit eines Menschen zum Besseren hin wenig halten. Erwähnt sei hier zunächst ein Wort des Propheten Jeremia: „Ändert wohl ein Schwarzer seine Hautfarbe oder ein Leopard seine Flecken? Ebensowenig könnt auch ihr euch ändern, die ihr ans Böse gewöhnt seid" (13,23). Bekannt ist auch, daß ein Mensch sich mit seiner Veränderung um so schwerer tut, je älter er ist. Aber auch einem jungen Menschen fällt es nicht leicht, seinem Leben eine andere Richtung zu geben. Hinzu kommen unsere eigenen, oft deprimierenden Erfahrungen, wie mühsam es ist, irgendeinen Fehler zu verlassen, und wie kurzatmig die besten Vorsätze sein können. All das zeigt, warum man einer wirklichen Umkehr wenig Chancen gibt.

Und dennoch ist es ein Hauptthema der Bibel, daß Umkehr möglich ist: „Die Zwölf machten sich auf den Weg und riefen die Menschen zur Umkehr auf" (Mk 6,12). Wären die Zwölf davon überzeugt gewesen, daß Umkehr unmöglich ist, sie hätten sich gewiß nicht auf den Weg gemacht. Die Zwölf waren sich also sicher, daß Umkehr möglich ist. Aber zugleich waren sie sich bewußt, daß sie nur in Verbindung mit dem Glauben geschehen kann. Der Glaube ist die Kraft der Umkehr. Ohne sie bleibt jede Umkehr immer nur ein Versuch. So können wir sagen: Umkehr ist in dem Maße möglich, wie man glaubt. Aus diesem Grund verkündet Jesus: „Alles kann, wer glaubt“ (Mk 9,23). Erklärend fügt er hinzu: In der Kraft des Glaubens wird er Berge versetzen und über Abgründe hinweggehen. Solch unerschütterlicher Glaube macht Umkehr möglich.

Zu solchem Glauben kommen wir nur, weil Gott an uns glaubt, weil Gott uns unbeirrbar liebt. Von einem islamischen Mystiker wird erzählt, er habe seine Schüler einmal gefragt, worin das rechte Verhalten des Menschen Gott gegenüber bestehe. Sie antworteten: „Darin, daß man Gott liebt.“ Der Meister schüttelte den Kopf: „Nicht darin, daß ihr denkt, wir lieben Gott“, sprach er. „Wer denkt, er liebe Gott, der steht noch unter dem Zwang. So sollt ihr sprechen: Ich glaube fest, daß Gott mich liebt. Das ist das rechte Verhalten des Menschen Gott gegenüber.“ Dieses Wort enthält letztlich unser ganzes Glaubensbekenntnis; denn dieser Glaube ist es, der alles verändert. Warum? Unsere Liebe zu Gott ist nur als Antwort auf die Liebe Gottes zu uns möglich. Wer meint, sagen zu können: „Ich liebe Gott“, der überschätzt seine eigene Kraft.

Die erste Missionsreise, die uns aufgetragen ist, führt also immer in das eigene Herz. Und die Frohbotschaft, die wir uns selbst dort zu verkünden haben, lautet: „Du bist vom unendlichen Gott geliebt – trotzdem und dennoch!“ Diese Liebe Gottes findet ihren Ausdruck in einem Dokument unbekannter Herkunft. Darin spricht Gott zu jedem Menschen: „Ich kenne dein Elend, die Kämpfe und Verwirrungen deiner Seele; die Schwachheit und Krankheit deines Körpers; ich kenne deine Feigheit, deine Ohnmacht; gleichwohl sage ich dir: Gib mir dein Herz. Liebe mich, so wie du bist. Selbst wenn du oft in deine Fehler zurückfällst, die du ja lieber nicht haben möchtest: Liebe mich, so wie du bist. In jedem Augenblick, in jeder Lage, in der du dich befindest, im Eifer und in der Trockenheit, in der Treue oder in der Untreue. Wenn du glaubst, mit deiner Liebe warten zu können, bis du vollkommen bist, dann wirst du mich nie lieben. Ich liebe dich mit deiner Schwachheit. Was brauche ich dein Wissen und deine Talente?

Ich verlange nicht deine Tugenden. Wenn du viele solcher hättest, wäre auch gleich die Eigenliebe wieder da. Ich stehe wie ein Bettler vor deinem Herzen, ich, der Herr, und warte. Nur deine Zweifel und dein Mangel an Vertrauen könnten mich verletzen. Daher denk daran: Liebe mich, so wie du bist."

Demnach bedeutet Glaube: sich im Vertrauen von dieser Liebe Gottes ergreifen lassen, sich von ihr bestimmen lassen und sich völlig dieser Liebe überlassen. Man kann es auch so sagen: sich mit seinem Schicksal vertrauend in Gottes Hände legen.

Jeder, der sich in solchem Glauben der Liebe Gottes überläßt, wird alsbald erfahren, daß Gegenkräfte in ihm lebendig werden, die auf vielfache Weise versuchen, den gewonnenen Glauben wieder zunichte zu machen. Erst wenn diese Gegenkräfte zum Schweigen gebracht werden, entsteht jener Raum, in dem sich die Liebe Gottes entfalten kann. Eine solche Auseinandersetzung kann nicht ohne ein mühsames Loslassen vollzogen werden.

Solches Loslassen all dessen, was uns wesensfremd ist, ist die höchste, aber auch die schwerste Kunst, die man als Mensch erlernen kann. Schwer ist sie, weil es dabei um einen schmerzhaften Ablösungsprozeß geht. „Wer die eigene Seele nur ein wenig kennt, weiß Bescheid darüber, wie lange es dauert und welch tiefgreifende Umwandlungen es fordert, bis ein solches Loslassen wirklich vollbracht, nicht nur gemeint, gewollt, beschlossen und ausgesprochen ist" (Ida Friederike Görres). Nur ein alles umfassendes Loslassen in der Kraft des Glaubens bringt eine tiefgreifende Wandlung in Gang. Ohne eine solche Wandlung, die immer das Ergebnis harter Arbeit ist, wird kein Mensch wirklich Mensch; denn einzig ein allumfassendes Loslassen weckt in uns die Sehnsucht, im Unendlichen aufzugehen und den Unendlichen in uns aufzunehmen.

Erwähnen wir noch jene beiden Eigenschaften, die jeder gläubigen Umkehr zu eigen sind. Ich meine zunächst ihre Unmittelbarkeit. Das „Sofort" spielt ja in allen biblischen Berufungsgeschichten eine entscheidende Rolle. Aus diesem Grund sagt die hl. Therese von Lisieux: „Warten Sie nie bis morgen, um damit zu beginnen, heilig zu werden", das heißt, aus der Kraft des Glaubens zu leben.

Mit dieser Unmittelbarkeit verbindet sich wie von selbst die Entschiedenheit. Der Mensch, der mit Entschiedenheit glaubt und in der gleichen Weise zur Umkehr bereit ist, hat nicht mehr sich, sondern Gott im Auge, in dessen Kraft Unmögliches möglich werden kann. Daher lesen wir im Buch Ijob (22,28): „Was du beschließt, das wird dir gelingen, und Licht erstrahlt über deinem Weg." Durch gläubige Entschiedenheit läßt sich alles erreichen; denn sie ist das Zusammenwirken von menschlichem Willen und Gottes Kraft. Was den Menschen seelisch müde und krank macht, ist seine Unentschiedenheit.

Unmittelbarkeit und Entschiedenheit machen also die Echtheit der Umkehr aus dem Glauben aus. Inwieweit sind mir diese beiden Eigenschaften zu eigen? Von der Beantwortung dieser Frage hängt der Erfolg meiner Umkehr ab. *Rudolf Stertenbrink OP*

16. Sonntag im Jahreskreis: Mk 6,30–34

Gott liebt mich, wenn ich singe

Die Apostel, die Jesus ausgesandt hatte,
versammelten sich wieder bei ihm
und berichteten ihm alles, was sie getan und gelehrt hatten.
Da sagte er zu ihnen:
Kommt mit an einen einsamen Ort,
wo wir allein sind, und ruht ein wenig aus.
Mk 6,30–31

„Kommt mit an einen einsamen Ort, wo wir allein sind, und ruht euch ein wenig aus." Von Ausruhen, von Entspannung, Feiertag, Urlaub und Ferien ist in der Heiligen Schrift selten die Rede, um so mehr hingegen von Arbeit und Pflicht. Bereits auf den ersten

Seiten der Bibel lesen wir: „Gott, der Herr, nahm den Menschen und setzte ihn in den Garten von Eden, damit er ihn bebaue und hüte“ (Gen 2,15). Demnach war der Mensch nicht einmal im Paradies ohne Arbeit. Richtig los ging es aber, als das Paradies verloren war: „Im Schweiße deines Angesichtes sollst du dein Brot essen“ (Gen 3,19).

Die Bibel ist ein arbeitsfreundliches Buch. Man bedenke beispielsweise ein paar Verse, die im Buch der Sprichwörter stehen: „Geh zur Ameise, du Fauler, betrachte ihr Verhalten, und werde weise! Sie hat keinen Meister, keinen Aufseher und Gebieter, und doch sorgt sie im Sommer für Futter, sammelt sich zur Erntezeit Vorrat. Wie lang, du Fauler, willst du noch daliegen, wann willst du aufstehen von deinem Schlaf?“ (Spr 6,6–9). Aus dem Munde Jesu hören wir: „Was steht ihr hier den ganzen Tag untätig herum? … Geht auch ihr in meinen Weinberg“ (Mt 20,6–7). An anderer Stelle sagt er: „Die Ernte ist groß, aber es gibt nur wenig Arbeiter. Bittet also den Herrn der Ernte, Arbeiter für seine Ernte auszusenden“ (Mt 9,37). Zum selben Thema schreibt schließlich Paulus den Thessalonichern: „Als wir bei euch waren, haben wir euch die Regel eingeprägt: Wer nicht arbeiten will, soll auch nicht essen“ (2 Thess 3,10).

Über Feierabend und Urlaub schweigt des Sängers Höflichkeit. Eine wichtige Ausnahme bildet allerdings das dritte der Zehn Gebote Gottes. Es sind zwei Fassungen überliefert. „Der siebte Tag ist ein Ruhetag, dem Herrn, deinem Gott, geweiht. An ihm darfst du keine Arbeit tun … Denn in sechs Tagen hat der Herr Himmel, Erde und Meer gemacht und alles, was dazugehört; am siebten Tag ruhte er. Darum hat der Herr den Sabbattag gesegnet und ihn für heilig erklärt“ (Ex 20, 10–11). Die Variante lautet: „Und Gott ruhte am siebten Tag, nachdem er sein ganzes Werk vollbracht hatte. Und Gott segnete den siebten Tag und erklärte ihn für heilig; denn an ihm ruhte Gott“ (Gen 2,2–3).

Diese Worte erwecken den Eindruck, Gott hätte schwere Arbeit geleistet und danach das Bedürfnis gehabt, sich von seinen

Anstrengungen auszuruhen und zu erholen. Doch diese Worte sind für uns geschrieben. Sie wollen uns sagen: Der Sonntag ist um der Entspannung willen da. Wir sollen die Arbeit unterbrechen und ausruhen, damit wir sie am Montag mit neuen Kräften wieder aufnehmen können. Demnach sind Sonntage, Feiertage und Urlaubstage um der Arbeit willen da. Wir verstoßen also gegen Gottes Willen, wenn wir uns an freien Tagen so verausgaben, daß wir unsere Pflichten des nächsten Werktages nur halb oder gar nicht erfüllen können.

Diese Auslegung des dritten Gebotes Gottes ist aber unvollständig. Der fromme Autor unseres biblischen Textes wußte genau, daß Gott sich bei der Erschaffung der Welt in keiner Weise anzustrengen brauchte. Er hat ja die ganze Welt durch sein Wort erschaffen. Für den Allmächtigen gibt es keine Anstrengung. Daß Gott die ganze Welt in sechs Tagen erschaffen hat, soll auch nichts anderes heißen, als daß die Erschaffung der Welt Gott schnell und mühelos von der Hand ging. Fragen wir deshalb noch einmal: Was bedeutet der Satz, daß Gott am siebten Tag von seinem Schöpfungswerk ruhte?

In der genauen Übersetzung des Urtextes lautet das Tätigkeitswort nicht „er ruhte“, sondern „er wurde fertig“: „Und Gott segnete den siebten Tag … ; denn an ihm wurde er fertig mit seinem ganzen Werk“ (Gen 2,3). Aus der Umgangssprache kennen wir die Redewendung: „Damit werde ich schon fertig!“ Damit wollen wir sagen: „Wir werden das Problem schon lösen.“

Wer jedoch tiefer schaut, wird alsbald erkennen: Im eigentlichen Sinn werden wir niemals fertig. Es gehört zum Wesen unseres mit begrenzten Kräften ausgestatteten, vergänglichen Lebens, daß wir nie fertig werden, weder mit uns selbst noch mit unseren Mitmenschen noch mit dem Leben. Nichts gelingt uns bis zur Vollendung. Dazu reicht weder unsere Kraft noch unsere Zeit aus. Gerade für den arbeitsamen Menschen kommt der Tod immer zu früh.

Dieses Empfinden haben vor allem die Menschen, die Großes leisten. Der 35jährige Mozart hat sein Requiem auf seinem Sterbebett komponiert. Er war damit noch nicht fertig, als er in die Ewigkeit abberufen wurde. Das gewaltige musikalische Werk „Die Kunst der Fuge“ bricht an der Stelle ab, wo der Tod dem 65jährigen Johann Sebastian Bach die Feder aus der Hand nahm. Unvollendet blieb auch die 8. Symphonie von Schubert und die 9. von Bruckner. Ähnlich erging es auf literarischem Gebiet dem großen Schriftsteller Dostojewski. Ein plötzlicher Unglücksfall setzte seinem Schaffen ein Ende, obwohl er noch große Pläne hatte. Erwähnt sei schließlich Rembrandt. Als er mit dreiundsechzig Jahren starb, ließ er sein letztes großes Gemälde unvollendet auf der Staffelei zurück.

„Und Gott segnete den siebten Tag …; denn an ihm wurde er fertig mit seinem ganzen Werk“ (Gen 2,3). Gottes Wesen ist die Ewigkeit. Daher steht er nie unter Termindruck. Niemals hat er es eilig. Weil seine Macht unendlich ist, kann er nicht ermüden. Deshalb sind alle seine Werke vollendet: „Gott sah alles an, was er gemacht hatte: Es war sehr gut“ (Gen 1,31).

Wir Menschen werden niemals fertig. Aus diesem unserem existentiellen Ungenügen und der damit verbundenen tiefen Ruhelosigkeit ruft Gott uns in die freie Zeit und in die Freiheit des Sonntags, des Feiertages und der Urlaubstage. Der in Glaube und Liebe Gott verbundene Mensch nimmt teil an der Ruhe Gottes, an seiner Weltüberlegenheit und Herrlichkeit. Daher erscheint einem solchen Menschen der Besuch des Gottesdienstes als die tragende Mitte des Sonntages und des Feiertages. Deshalb sucht er auch und gerade im Urlaub Gott, der ihn an seiner eigenen Freiheit und Freude teilnehmen lassen will.

Silvester Beckers OP

Das Wunder des Vertrauens

Einer seiner Jünger, Andreas, sagte zu Jesus:
Hier ist ein kleiner Junge,
der hat fünf Gerstenbrote und zwei Fische;
doch was ist das für so viele!
Jesus sagte: Laßt die Leute sich setzen!
Da setzten sie sich;
es waren etwa fünftausend Männer.
Joh 6,8–10

Jesus sieht den Hunger der Menschen, und er hat Mitleid mit ihnen. Wieviel Hunger gibt es auch heute unter den Menschen? Es gibt den Hunger der Leiber und den Hunger der Seele, den Hunger der Herzen und die Hungersnot des Glaubens. Es gibt einen Hunger an Brüderlichkeit und an Liebe. Aber die Hilfsmittel, die Jesus zur Verfügung stehen, sind sehr gering: fünf Brote und zwei Fische. Es ist das, was ein kleiner Junge für sich mitgebracht hatte und was er dann Jesus überließ. In seinen Händen wurde das Wenige auf wunderbare Weise viel. Auch heute sind die Hilfsmittel der Kirche lächerlich klein, um den vielfältigen Hunger in der Welt zu stillen. Und doch wird auch hier das Wenige, das wir geben, die Situation der Welt verändern.

Aber bleiben wir bei Jesus. Schauen wir genauer hin, um zu erkennen, wie das Wunder der Brotvermehrung in Gang kommt. Jesus erwartet von den Leuten, die um ihn sind, nichts anderes als einen Akt des Vertrauens. Er fordert sie auf, sich zu setzen. Es ist nicht leicht, sofort zu verstehen, was Jesus damit will. Solange diese Leute noch stehen, können sie weggehen, um sich etwas zum Essen zu besorgen. Doch von dem Augenblick an, da sie sich setzen, verzichten sie darauf, etwas aus eigener Kraft zu unternehmen. Mit anderen Worten: Indem die Leute der Aufforderung Jesu folgen, überlassen sie sich ihm.

Ich kann mir gut vorstellen, wie manche gezögert haben oder

– vom Hunger gequält – unruhig oder gar ungehalten wurden, als Jesus sagte: „Setzt euch, und verlaßt euch auf mich.“ Vielleicht haben sie sich gefragt: „Sollte er tatsächlich imstande sein, unseren Hunger zu stillen?“ Was hätten wir denn gemacht, wären wir an ihrer Stelle gewesen? Wahrscheinlich wären wir davongelaufen, um selbst etwas gegen unseren Hunger zu unternehmen. Doch die Leute ließen sich auf Jesus und sein Wort ein. Johannes berichtet: „Da setzten sie sich.“ Zunächst einige, andere folgten ihnen. Und dann sah man, wie ganze Blöcke es taten. Schließlich waren es fünftausend, die sich in gläubigem Vertrauen auf Jesu Wort niederließen.

Als man dann begann, das Brot und die Fische unter ihnen herumzureichen, und jeder seinen Anteil bekam und sogar eine Menge noch übrigblieb, da war möglicherweise niemand mehr so richtig erstaunt; denn das eigentliche Wunder hatte bereits vorher stattgefunden. Es war das Wunder des Vertrauens und des Glaubens.

Haben wir dieses Vertrauen und diesen Glauben? Oft genug haben wir nur das Verlangen zu glauben; aber wir leben noch nicht aus dem Glauben. Irgend etwas in uns bäumt sich gegen den Glauben auf. Wir weigern uns, uns bedenkenlos Jesus zu überlassen. Genau das aber ist es, weshalb es in unserem Leben so wenige Wunder gibt; denn ich bin sicher, daß uns Jesus vor jedem Wunder fragt: „Glaubst du an mich? Glaubst du, daß ich lebendig genug bin, dich lebendig zu machen? Glaubst du, daß ich die Kraft habe, deine Sehnsüchte zu erfüllen? Glaubst du, daß ich so mächtig und so liebevoll bin, daß ich dir zu einem neuen Dasein verhelfe?“

Was das bedeuten kann, las ich bei dem geistlichen Schriftsteller Johannes Bours, der vor ein paar Jahren gestorben ist. Zu ihm kam ein junger Kaplan und sagte ihm: „Ich habe ein großes Problem; denn ich habe eine große Erbschaft gemacht. Können Sie mir helfen, in diese Angelegenheit ein wenig Ordnung zu bringen?“ Da überlegten beide, wieviel zurückgelegt, wieviel an die Armen gegeben und wieviel in die Dritte Welt weitergeleitet werden sollte. Nach zwei Wochen trafen sie sich wieder. Da fragte ihn Johannes Bours: „Nun, wie geht's?“ Der Kaplan hob die Hände hoch, machte Tanzbewegungen und sagte: „Jetzt fühle ich mich frei. Alles ist fort. Ich habe alles weggegeben.“ Damit brachte er zum Ausdruck: „Ich verlass' mich nicht auf meine große Erbschaft, sondern auf einen ganz anderen.“ So etwas gibt es.

Hier sehen wir: Der Glaube ist immer eine Tat, die über unsere natürlichen Kräfte hinausgeht. Der Glaube ist eine Gnade, die uns hilft, das, was wir haben, loszulassen. Der Glaube schenkt uns die Kraft, im Vertrauen auf Gottes Güte alle Zweifel und alle Angst zu überwinden. Im Glauben gewinnen wir eine innere Sicherheit, eine innere Freude und Freiheit, die uns erahnen lassen, daß wir einen Vater im Himmel haben, der für uns sorgt. Ein Leben aus dem Glauben macht die Gegenwart und das Eingreifen Gottes immer spürbar. Nicht von großartigen Argumenten wird unser religiöses Leben getragen, sondern von der Berührung mit dem Göttlichen. Wenn unsere religiöse Praxis nachläßt, wenn wir ein Leben führen, das nur aus sinnlichen Schwächen besteht, wird unser gläubiges Vertrauen bald tot sein.

Wer Gott hat, wird mehr von Gott bekommen. Das erfahren die Frommen an tausend Zeichen. Sie erfahren es beispielsweise an der Freude, die einer guten Tat folgt, oder an der Kraft und der Eingebung, die das Gebet gibt.

Ich hörte von zwei Ordensbrüdern, die in Rom waren und an einer großen Papstmesse teilnehmen wollten. Überall fragten sie nach Eintrittskarten, aber sie bekamen keine. So gingen sie etwas bedrückt nach St. Peter und wollten hineingehen. Da kam ein Schweizer Gardist auf sie zu und sagte: „Ihre Eintrittskarten, bitte!“ Sie antworteten ihm: „Wir haben keine. Wir haben gebetet, daß uns jemand hilft.“ – „Ach“, sagte er zu ihnen, „dann warten Sie einen Augenblick.“ Daraufhin ging er aufrecht bis zum Papstaltar, kam zurück, salutierte vor den beiden, machte eine tiefe Verbeugung und nahm sie mit, so daß jeder glaubte, sie seien hochangesehene Persönlichkeiten. Vorne wies er ihnen die erste Reihe an. Später fragte sie ihr Ordensgeneral, der ganz hinten saß: „Wie habt Ihr das gemacht?“ – „Ach“, sagte der eine, „wir haben etwas gebetet und auf das Wort vertraut: ‚Die Letzten werden die Ersten sein.‘ Es war wunderbar!“ Diese beiden hatten dieses Ereignis nicht ihrem Geschick zugeschrieben, sondern der Güte Gottes, der vor allem den Kleinen hilft. Durften nicht auch Sie schon einmal diese Güte Gottes erfahren?

Emmanuel Renz OP

18. Sonntag im Jahreskreis: Joh 6,24–35

Jesus Christus – der brotgewordene Gott

Sie baten ihn: Herr, gib uns immer dieses Brot!
Jesus antwortete ihnen:
Ich bin das Brot des Lebens;
wer zu mir kommt, wird nie mehr hungern,
und wer an mich glaubt, wird nie mehr Durst haben.
Joh 6,34–35

Im Brot ist etwas verborgen, das uns tief betroffen machen kann. Gehen wir zunächst von dem Brot selbst aus. Der Dichter Hermann Hesse zählt es zu den „guten, bedeutungsschweren Wörtern“. In einer kleinen Betrachtung schreibt er: „Man braucht es nur auszusprechen und das in sich einzulassen, was es enthält, so sind schon alle Lebenskräfte, die des Leibes wie der Seele, angerufen und in Tätigkeit gesetzt.“ Vielfältige Erinnerungen werden in uns wach. Wir denken an den Eßtisch, an dem wir in unserer Kindheit mit den uns vertrauten Gestalten saßen: „Vater oder Mutter schneidet vom ganzen Laib die Stücke und bemißt ihre Größe und Dicke je nach Alter oder Hunger des Empfängers. Oder es überfällt uns mit heftigem Reiz die Erinnerung, wie es ganz früh am Morgen, noch bei halber Nacht, vom Haus des Bäckers her gerochen hat, warm und nahrhaft, anregend und begütigend, Hunger weckend und ihn halb schon stillend. Und weiter erinnern wir uns, durch die ganze Weltgeschichte hindurch, der tausend Szenen, in denen das Brot eine Rolle spielt, die Worte der Dichter melden sich und viele Bilder der Bibel, und überall hat das Brot neben der derben nahrhaften Bedeutung des Alltags noch eine höhere, bis hinauf in jenes Gleichnis des Heilands bei der Stiftung des Abendmahls." Unwillkürlich denkt man an die vielen Wandlungen, die einander folgen, damit aus dem Weizenkorn das Brot wird. Das Weizenkorn muß sterben, die Ähren müssen gemäht, die Körner gemahlen und das Mehl gebacken werden. So verstehen wir, warum die Italiener und Tessiner einen wahrhaft guten Menschen „buono come il pane" nennen.

Von solch einem Menschen, der „gut wie das Brot" ist, erzählt der Hamburger Dichter Wolfgang Borchert in einer seiner Kurzgeschichten. Sie spielt in der Nachkriegszeit und erzählt von einer älteren Frau, die plötzlich nachts um halb drei erwachte: „In der Küche hatte jemand gegen einen Stuhl gestoßen. Sie horchte nach der Küche. Es war still. Es war zu still, und als sie mit der Hand über das Bett neben sich fuhr, fand sie es leer. Sie stand auf und tappte durch dic dunkle Wohnung in die Küche. In der Küche trafen sie sich. Ihr 63jähriger Mann hatte sich verstohlen von dem wenigen Brot ein Stück abgeschnitten und wollte es nicht eingestehen. Als die beiden wieder zu Bett lagen, vernahm die Frau nach einigen Augenblicken, wie ihr Mann vorsichtig und leise kaute. Doch sie atmete tief und gleichmäßig, damit er nicht bemerkte, daß sie noch wach war. Am nächsten Tag legte sie ihm vier statt drei Scheiben auf den Teller. Da bemerkte sie, wie er sich beschämt über seinen Teller beugte. In diesem Augenblick tat er ihr leid. „Du kannst doch nicht nur zwei Scheiben essen", sagte er, auf seinen Teller schauend. „Doch, abends vertrag' ich das Brot nicht so gut. Iß man. Iß man."

„Gut wie das Brot" ist jene Frau, die ihren Mann mit der zusätzlichen Scheibe ihre Güte erfahren läßt. Worin besteht ihre Güte? Tief vermag sie sich in seine Situation einzufühlen. Von seiner Frau in der Küche überrascht, versteckt er sich hinter einer Lüge. In ihrer Feinfühligkeit versteht sie sein Verhalten. Das tiefe Mitleid, das sie mit ihm hat, befähigt sie, ihm von ihrer Brotration eine Scheibe zu überlassen. Einfühlung, Verstehen, Mitleid, Opferbereitschaft: alle diese Eigenschaften ihrer Güte gehen ein in das Brot, das sie ihrem Mann überläßt. Sich über das Brot beugend, beugt er sich zugleich vor der Güte seiner Frau.

Diese Hinweise lassen uns wie von selbst an die biblische Erzählung von der wunderbaren Brotvermehrung (Joh 6,1–15) denken. Sie offenbart uns, wie sehr das Leben Jesu von Einfühlung, Verstehen, Mitleid und Opferbereitschaft bestimmt war. Mit dem Brot wurden diese seine Eigenschaften an die versammelte Menge verteilt. Dadurch wurde aus der „Menge" eine „Gemeinschaft". So wundert es uns nicht, daß die Leute Jesus suchten, als er sich von ihnen zurückgezogen hatte.

Doch in seiner eigentlichen Absicht verstanden sie ihn nicht: „Ihr sucht mich nicht, weil ihr Zeichen gesehen habt, sondern weil ihr von den Broten gegessen habt und satt geworden seid. Müht euch nicht ab für die Speise, die verdirbt, sondern für die Speise, die für das ewige Leben bleibt und die der Menschensohn euch geben wird" (Joh 6,26–27). Die Leute erkannten zwar das Brot in seiner nahrhaften Bedeutung des Alltags, doch seine höhere Bedeutung ging ihnen nicht auf. Sie waren auf die Dinge dieser Welt hin orientiert, auf das Brot, das satt macht. Nicht, daß sie dieses Brot haben wollen, war falsch, sondern daß ihr Hunger nicht groß genug war, daß ihre Sehnsucht so schnell befriedigt war. Sie wünschten sich einen Heilbringer, der dafür sorgt, daß man nicht mehr hungert. Sie kamen nicht zur tieferen Einsicht, daß es Jesus nicht in erster Linie auf das irdische Brot ankam, sondern auf das Brot vom Himmel, das uns die Kraft gibt, den Weg zum ewigen Leben zu gehen.

An diesem Punkt beginnen wir das Geheimnis der heiligen Eucharistie zu erahnen. Er, der „gut wie das Brot" war, verwandelte sich in das Brot, um gerade im Schwachen und Unscheinbaren bei uns zu sein. So fügte er dem Brot die höchste Verwandlung hinzu. Warum hat er das getan? Könnte es nicht sein, daß

Jesus, der brotgewordene Gott, in den so verschiedenartig veranlagten Menschen die ganze Menschheit – also auch dich und mich – mit ihrem tiefen Hunger nach ewigem Leben sah? Daher nahm er im Abendmahlssaal das Brot und sprach darüber die Worte: „Das ist mein Leib", damit ich heute an diesem meinem Ort die Gewißheit habe: Hier ist einer, der mit mir fühlt, der mich versteht, der mit mir leidet und der mir gibt, was er selber ist und hat. Wer in seiner menschlichen Ohnmacht nach Gottes Kraft hungert, wird vernehmen, was Jesus meinte, als er sagte: „Wer von diesem Brot ißt, wird in Ewigkeit leben" (Joh 6,51).

Rudolf Stertenbrink OP

19. Sonntag im Jahreskreis: Joh 6,41–51

Wovon lebt der Mensch?

Ich bin das Brot des Lebens. Eure Väter haben in der Wüste
das Manna gegessen und sind gestorben.
So aber ist es mit dem Brot, das vom Himmel herabkommt:
Wenn jemand davon ißt, wird er nicht sterben.
Joh 6,48–50

„Wovon kann der Mensch leben?" Genau das ist die wichtige Frage, über die Jesus mit den Juden in einen herausfordernden und schwierigen Dialog gerät. Wer sind diese Juden? Sie sind die ersten, die in eine unmittelbare Beziehung zu Gott geraten sind, die von Gott angesprochen und zur Gemeinschaft mit ihm eingeladen wurden, und zwar nicht nur als einzelne Menschen, sondern als das ganze Volk.

Dabei sind sie oft an Gott gescheitert. Das kann uns nicht wundern. Weil wir seine Wege oft nicht verstehen, ist es nicht leicht, mit ihm zurechtzukommen. Daher ist die Begegnung mit ihm immer auch mit Scheitern verbunden. Gerade dieses Scheitern an Gott haben die Juden in ihren Heiligen Schriften festgehalten, um es als Dienst für die kommenden Generationen aufzubewahren. Sie wollten, daß ihre Nachfahren wissen, wie schwer es ist, Gott zu begegnen.

Nach vielen geglückten und mißglückten Anläufen geraten sie erneut vor Gott: dieses Mal in der Gestalt Jesu von Nazaret. Warum scheitern sie an ihm? Weil ihre Vorstellungen von Gott nicht richtig sind. Daher bewegt sie die Frage: Was hat es mit dem „Brot vom Himmel“, von dem Jesus spricht, auf sich? Und da Jesus ihnen erklärt: „Ich bin das lebendige Brot, das vom Himmel herabgekommen ist“ (Joh 6,51), interessiert sie natürlich, wie ein Mensch vom Himmel kommen kann, um ihnen dieses Brot zu geben.

Von diesem Brot versprechen sie sich vor allem Sicherung und Verbesserung ihres Lebens, das nicht aufhören soll, das Qualität, Erlebnisreichtum und Tiefe hat. Dabei denken sie an das „Manna in der Wüste“. Mit diesem Manna hatten ihre Väter vierzig Jahre lang die Wüste überlebt. Immer wieder lag es zu ihrem Erstaunen ohne ihr Zutun auf dem kargen Wüstenboden. So erfuhren sie fortwährend das Durchbrechen des Normalen; denn normal wäre gewesen, wenn sie auf ihrem langen Weg durch die Wüste verhungert wären. Mit dieser Grundvorstellung treten die Juden nun an Jesus heran und beurteilen sein Angebot. Und da sie nicht bereit sind, ihre Vorstellung und Erwartung aufzugeben und sich nicht auf die Gabe Jesu einlassen wollen, scheitern sie an ihm.

Was haben wir mit den Juden damaliger Zeit zu tun? Sehr viel; denn wie sie damals, so fragen wir heute: „Was haben wir vom Himmel zu erwarten? Was ist uns mit dem Brot vom Himmel gegeben?“ Auch wir suchen etwas, das uns in schwierigen Situationen überleben läßt und uns nicht dem Tod ausliefert. Von besonderer Wichtigkeit ist uns dabei in unseren Wohlstandsländern eine Erweiterung des Erlebnishorizontes. Was wir im Hinblick auf die vielen Reisemöglichkeiten haben, finden wir auch auf der psychischen Ebene. Viele Menschen suchen heute andere Dimensionen ihres Lebens zu erreichen. Bücher über Bücher werden darüber geschrieben. Auch die Drogenproblematik gründet darauf. Mit einem Trip versucht man, aus der normalen Welt herauszukommen, um in einen göttlichen Bereich zu gelangen.

In diesem Umfeld kommt Jesus auf uns zu und spricht uns an: „Ich bin das lebendige Brot, das vom Himmel herabgekommen ist. Wer von diesem Brot ißt, wird in Ewigkeit leben" (Joh 6,51). Verwundert fragen wir heute: „Wer ist dieser Jesus? Wie kann er so etwas von sich behaupten? Ist es nicht unglaublich, daß einer sagt: Nimm mich, und du wirst in Ewigkeit leben?" Die Juden erklärten damals: „Es gibt nichts, was uns veranlassen könnte, dieses Angebot anzunehmen. Nichts Außerordentliches ist an diesem Jesus zu bemerken. Wir kennen seinen Vater und seine Mutter. Wie kann er jetzt sagen: Ich bin vom Himmel herabgekommen?" (vgl. Joh 6,42). Mit anderen Worten: Es liegt ihnen völlig fern, sich auf Jesus und das, was er zu geben hat, einzulassen. Doch nur wer dazu bereit ist, wird erleben, wie sich ihm ganz andere Welten erschließen.

Das ist das Geheimnis der Liebe. Nur wer sich in die Liebe hineingibt, erfährt, wie weit sie trägt. Das heißt in diesem Zusammenhang: Wenn unser Leben von der Liebe Gottes getragen sein soll, dann müssen wir unsere Vorbehalte aufgeben und aus unseren Verstecken herauskommen, um uns Jesus, dem Sohn Gottes in der Welt, anzuvertrauen.

Wie soll das geschehen? Wie kann uns das gelingen? Das Evangelium sagt es uns deutlich: Wir können Jesus nur annehmen, wenn uns Gottes Liebe dazu bewegt. Die einzige Voraussetzung ist, daß wir uns auf diese Liebe ohne Murren einlassen. Wer murrt, sagt: „Das bringt es nicht!" Er hält sich nur an das, was ihm unmittelbar ins Auge fällt. Aber so gelangt er nie zu dem Geheimnis, von dem diese Welt und sein persönliches Leben getragen wird. Nie kann er erfahren, daß Gott ihn führt. Der Weg zum tieferen Leben bleibt ihm versperrt.

Daher sagt Jesus: „Murre nicht. Iß das Brot des Lebens. Nimm dir die Zeit, Gottes Liebe in der Geschichte deines Lebens zu bedenken. Prüfe, ob nicht auch dein Leben von ihr sorgsam geführt wird, so daß du keine Angst zu haben brauchst!" Ich denke hier an Menschen, die selbst in ihrer schweren Krankheit bekennen: „Mein Leiden ist mir liebevoll zugedacht." Oder an jene, die mir sagten: „Wäre mir dieser Unfall nicht zugestoßen, dann wäre ich ein oberflächlicher Mensch geblieben. Nie hätte ich gelernt, was Leben eigentlich ist. Hart war es, aber ich bin dankbar, daß es mir von Gottes Liebe zugemutet wurde, die das, was tief in mir ist, zum Klingen bringen will. Eigentlich konnte mir nichts Besseres widerfahren."

Der heilige Dominikus war seinem Namen entsprechend ein Mensch, der mit und aus dem Herrn lebte und sich dem Wort Jesu im gläubigen Vertrauen einfach überließ. Von ihm wird erzählt: Wenn er mit den Brüdern unterwegs war, ließ er sie bisweilen vorangehen, indem er ihnen sagte: „Laßt uns an unseren Erlöser denken." Vieles, auch Negatives, ist ihm unterwegs zugestoßen. Aber immer war es für ihn etwas vom Erlöser, der die Menschen aus ihren Gefängnissen, aus ihren unguten Bindungen herausholen will, um sie in neue Räume zu führen.

„Laßt uns an unseren Erlöser denken!" Wer das von Dominikus lernt, wird irgendwann erfahren, daß das Wort des Herrn wahr ist: „Ich bin das Brot des Lebens. Wer an mich glaubt, der hat das Leben!"

Karl Meyer OP

Verstehen wir die Sprache der Liebe?

Ich bin das lebendige Brot,
das vom Himmel herabgekommen ist.
Wer von diesem Brot ißt, wird in Ewigkeit leben.
Das Brot, das ich geben werde, ist mein Fleisch,
ich gebe es hin für das Leben der Welt.
Joh 6,51

Oft genug beurteilen wir das, was wir sehen oder hören, nach dem, was uns bekannt ist. Was in diesen Rahmen nicht hineinpaßt, halten wir für falsch oder für unmöglich. Doch auf diese Weise setzen wir uns selber Grenzen. Wir verlieren den Sinn für das Undenkbare, das Unvorstellbare, das Unwahrscheinliche.

Die heilige Teresa von Ávila schreibt einmal: „Ihr werdet schon einmal gehört haben, auf welch wunderbare Weise in der Natur die Seide entsteht. Nur der Herr konnte eine solche Erfindung machen. Da ist zunächst ein winziges Samenkorn, aus dem, wenn der Maulbeerbaum seine ersten Blätter treibt, mit der Wärme ein Räupchen ausschlüpft. Es beginnt also erst zu leben, wenn es sich auch ernähren kann. Es frißt nun die Maulbeerblätter, bis man der großgewordenen Raupe Zweige hinlegt, unter denen sie sich mit Seidenfäden, die aus ihrem Munde hervorgehen, in eine feste Hülle einspinnt. Das ist das Ende der großen und häßlichen Seidenraupe, aus deren Puppe dann ein weißer, ganz entzückender Schmetterling hervorgeht." Mit anderen Worten: Der Tod der Raupe ist die Auferstehung des Schmetterlings.

Darin haben schon die Väter unseres Glaubens ein Gleichnis für die Verwandlung des Menschen im Tode gesehen. Zugleich fragen sie diejenigen, die sich so etwas nicht vorstellen können: Was sagt ihr, wenn ihr seht, wie sich ein Wurm in eine Raupe, eine Raupe in eine Puppe und eine Puppe in einen Schmetterling verwandelt? Denkt an diese Verwandlung. Erkennt darin einen deutlichen Fingerzeig auf die Auferstehung und zweifelt nicht an der Verwandlung, die Paulus allen verkündet (Basilius).

Dieses Beispiel zeigt, daß etwas in ganz andere Dimensionen hineinwachsen und in Berührung mit ganz anderen Welten kommen kann, als wir es ursprünglich geglaubt hätten. Das Beispiel zeigt darüber hinaus, daß dies auch im Verhältnis zwischen Gott und uns Menschen gilt. Vor allem hier sollten wir unseren Vorstellungen keine Grenzen setzen. Andernfalls bleiben wir in einer Enge, aus der sich ein Mißverständnis nach dem anderen ergibt. Das heutige Evangelium führt uns gleich vier solcher Mißverständnisse vor.

Das erste Mißverständnis bezieht sich auf das Wort Jesu: „Ich bin das lebendige Brot, das vom Himmel herabgekommen ist" (Joh 6,51). Dieses Wort können wir schnell im Rahmen der Geschenke beurteilen, die uns bekannt sind. So waren die Juden der Überzeugung, das Manna, das ihre Väter auf dem Weg durch die Wüste für Brot vom Himmel hielten, sei das Höchste, was man „von oben" erwarten kann. Daß sich aber *Gott selbst* als Brot des Himmels dem Menschen schenkt, das erschien ihnen unmöglich. Wir selbst verhalten uns reserviert. Was aber ist der Himmel, der sich uns in Jesus geöffnet hat, wenn nicht Gott? Und ist nicht jede Gabe letztlich der Geber selbst?

Das zweite Mißverständnis betrifft das Wort Jesu: „Wer von diesem Brot ißt, wird leben in Ewigkeit" (Joh 6,51). Daß Gott gar als greifbare Gabe zu uns Menschen kommt, klingt nahezu unsinnig. Ist denn unser Leib soviel wert? Diese Frage drängt sich vor allem auf, wenn wir Erfahrungen mit Krankheit und Hinfälligkeit des Körpers machen. Noch mehr bedrängt sie uns, wenn wir sehen, wie täglich mit Menschen umgegangen wird, wie sie täglich auf den Abfallhaufen der Geschichte geworfen werden. Ist der Mensch wirklich soviel wert, daß Gott leibhaftig mit ihm in Berührung kommen will?

Der Mensch möchte alles, was mit Gott zu tun hat, eher geistig verstehen. Aber die Liebe zu Gott bedeutet nicht ein Auswandern aus der Welt; Gott ist in die Welt eingewandert. „Das Wort ist Fleisch geworden", sagt Johannes. Gottes Liebe ist also nicht einfach geistig. Sein Kommen zu den Menschen ist ein wirkliches Berühren. Jesus, der Sohn Gottes, heilt die Kranken; er vergibt nicht nur Sünden. Denken wir an Bernadette Soubirous, eine vom Herrn Berührte. Von ihren Erkrankungen her deutete alles auf einen schnellen Verfall. Zudem wurde ihr Leichnam in einer feuchten Gruft beigesetzt. Dennoch ist er heute immer noch völlig unverwest. Ist dies nicht ein Zeichen dafür, daß Gott am ganzen Menschen interessiert ist? Unsere Liebe zu Gott bedeutet eben nicht in erster Linie ein Jasagen zu einer Lehre. Sie ist vielmehr ein Berühren des Herrn. Das innigste Berühren aber ist das Sich-Einverleiben. Das bietet uns Gott in Jesus an.

Das dritte Mißverständnis betrifft das Wort Jesu: „Wenn ihr das Fleisch des Menschensohnes nicht eßt und sein Blut nicht trinkt, habt ihr das Leben nicht in euch" (Joh 6,53). Man sagt: „Du kannst nicht nur von Luft und Liebe leben." Das ist richtig. Doch zur Zeit der großen Liebe kann Essen und Trinken für die Liebenden sehr nebensächlich werden. Das Miteinander-Sein gibt genug zum Leben. Aber wie lange hält das an? Häufig ist es genau umgekehrt. Daß der Mensch wirklich ganz von der Liebe leben kann, das scheint unmöglich. So beurteilen wir auch Gottes Möglichkeiten.

Jesus sagt einfach so: „Wie mich der lebendige Vater gesandt hat und wie ich durch den Vater lebe, so wird jeder, der mich ißt, durch mich leben" (Joh 6,57). Jesus macht die Erfahrung, daß er durch Gott, seinen Vater, lebt. Und er bietet uns an, daß wir durch ihn leben. Unter mehreren Menschen ist die Mahlgemeinschaft das Innigste, was möglich ist. Wer das nimmt, was Jesus zu bieten hat, der wird durch ihn leben. Auch hier gibt es durch die Jahrhunderte die zeichenhafte Erfahrung, daß Menschen nur von der heiligen Eucharistie leben. Umgekehrt ist bekannt, daß Menschen, denen man alles gibt, nur nicht die Liebe, an einem reichgedeckten Tisch sterben können.

Und schließlich das vierte Mißverständnis. Wünsche, im anderen aufzugehen, gibt es genügend. Aber es gibt auch die Traurigkeit über Erfahrungen von Vergeblichkeit und Getrenntsein; es gibt die Angst, durch den anderen überwältigt, absorbiert oder ausgelöscht zu werden. Es gibt eben eine absolute Grenze für Nähe, so sagt unsere Erfahrung.

Gilt das auch für Gott? Jesus sagt: „Wer mein Fleisch ißt und mein Blut trinkt, der bleibt in mir, und ich bleibe in ihm" (Joh 6,56). Keiner von beiden wird ausgelöscht. Für ein solch gegenseitiges Durchdringen ohne Aufgabe der Persönlichkeit gibt es im irdischen und menschlichen Bereich keine Vergleichsmöglichkeit. Aber genau das ist die Erfahrung mit Jesus und mit der heiligen Eucharistie. Paulus hat es unüberholbar so gesagt: „Ich lebe, aber nicht mehr ich, sondern Christus lebt in mir" (Gal 2,20). Im anderen bleiben und trotzdem ganz selbst sein.

Wenn es diese Erfahrungen gibt, wenn es also Realität ist, was der Herr uns anbietet, warum verstehen viele Menschen sie nicht? Ahnungen von anderen Dimensionen haben wir schon. Sie äußern sich in Traumbildern und in Gleichnissen. Aber es braucht wohl die Liebe, daß man diese Ahnungen für sein eigenes Leben als möglich übernimmt. Es bedarf des Hörens mit dem Herzen auf seine Worte. Wenigstens anfanghaft muß man die Sprache der Liebe verstehen. Daher die Frage: Verstehen wir die Sprache der Liebe?

Karl Meyer OP

Ohne Entscheidung gibt es keinen Glauben

Jesus fragte die Zwölf: Wollt auch ihr weggehen?
Simon Petrus antwortete ihm:
Herr, zu wem sollen wir gehen?
Du hast Worte des ewigen Lebens.
Wir sind zum Glauben gekommen und haben erkannt:
Du bist der Heilige Gottes.
Joh 6,67–69

Was die Kirche sagt, ist unerträglich. Das sagen einige überzeugte Katholiken, die gegen Änderungen und Neuerungen in der Kirche protestieren und für die Beibehaltung der Tradition eintreten. Es ist ihnen ein Ärgernis, daß die lateinische Messe nicht mehr üblich ist. Die ökumenische Annäherung der Konfessionen zerstört in ihren Augen den wahren Glauben. Den Wunsch nach mehr Beteiligung und Mitbestimmung von Laien in der Kirche halten sie für eine Eingebung des Teufels.

Was die Kirche sagt, ist unerträglich. So empfinden andere und verlassen aus Protest die Gemeinden. Sie stoßen sich an der starren Haltung der Kirche hinsichtlich vieler moralischer Fragen. Die Erklärungen der Kirche zur Geburtenregelung und das Verbot der Wiederverheiratung von Geschiedenen finden sie absurd. Die Gottesdienste sind ihnen zu formalistisch und zu wenig auf das konkrete Leben ausgerichtet.

Nicht zu übersehen ist eine dritte Gruppe, die lautlos aus der Kirche auszieht. „Ich weiß nicht, wie es gekommen ist“, sagte ein junger Mann. „Ich habe es nie als eine direkte Absage an Gott oder an Jesus Christus verstanden, als ich immer seltener zur Kirche ging. Und dann stellte ich eines Tages fest, daß ich weder die Kirche noch den Gottesdienst noch das Gebet in meinem Leben vermisse. Ich war erstaunt, wie wenig ich all das brauchte. Das Leben ging weiter wie eh und je. So große Worte wie ‚Glaubensentscheidung‘ kommen in meinem Leben nicht mehr vor.“

In dieser Weise mag es manchem Christen ergehen, der in seinem Glauben nachlässig und träge geworden ist. Die Mehrheit der kirchlich Gleichgültigen ist auf diesem Weg an den Rand der Kirche geraten. Sie gehören zwar noch nicht zu den eigentlich Ungläubigen, doch ihre kirchliche Bindung und Praxis schwindet mehr und mehr.

„Nicht mehr mit der Kirche gehen" – so lautet die verschiedenartig motivierte Entscheidung der einen wie der anderen, mögen sie die Kirche aus Protest oder aufgrund einer langsamen stillschweigenden Entfremdung verlassen.

Ähnliche Vorgänge gab es bereits in der Jüngergemeinde Jesu; denn auch Jesus war für viele unerträglich geworden. Sein Leben und seine Lehre waren für die einen Grund ihres Glaubens, für andere hingegen ein Stein des Anstoßes. Wer ihm begegnete und sich mit ihm auf den Weg machte, mußte sich früher oder später entscheiden. Das ist der Grund, weshalb viele nicht bei ihm blieben.

„Mit Jesus gehen" – darauf kommt es offensichtlich an. Warum gehe ich noch mit ihm? Warum bleibe ich bei ihm? Aus Gewohnheit, aus Angst, aus Bequemlichkeit, aus Überzeugung, aus Liebe? Haben wir uns schon einmal diese Frage gestellt? Aller Glaube bleibt nur dann lebendig, wenn man sich immer wieder neu für Jesus entscheidet. Es ist eine Lebensentscheidung, die sich dann in den konkreten Alltagsentscheidungen verwirklicht. So verbindet sich meine Entscheidung mit der oft sehr wechselhaften Geschichte meines Lebens.

Das sehen wir an den Lebensgeschichten, von denen die Evangelien des Neuen Testamentes berichten. Sie erzählen von Menschen, die sich in ihrem konkreten Leben für Jesus und oft auch gegen ihn entschieden haben. In ihren Erfahrungen spiegeln sich unsere Erfahrungen wider. Daher sind unsere Lebenswege in den Lebenswegen der Menschen um Jesus vorgezeichnet. Das verdeutlicht sich beispielsweise an der Geschichte des Simon Petrus.

Am Anfang steht der Ruf Jesu: „Komm, folge mir nach." Ohne zu zögern, ließen er und sein Bruder Andreas die Netze liegen und gingen mit ihm. Das war eine spontane Entscheidung, gefällt aus der Kraft der Faszination, die Jesus auf sie ausübte. Aber diese Faszination verblaßte im Staub der Wege durch Galiläa: „Was bekomme ich dafür, daß ich alles verlassen habe und dir nachgefolgt bin?" So fragt er, als er die Last der Herausforderung spürt, die eine Entscheidung für Jesus bedeutet. „Was habe ich davon?" Wie oft wird diese Frage auch heute gestellt? Und Jesus erwidert ihm: „Dir fehlt nichts. Und vor allem bist du auf dem Weg zum ewigen Leben." Dem Petrus genügt diese Antwort; er ist geblieben. Auf dem Berg Tabor bekommt er einen Zipfel der kommenden Herrlichkeit zu spüren und möchte sie sofort festhalten.

Die Worte, die Jesus nach dem Evangelium des Johannes in der Brotrede spricht, haben auch in den Ohren der Jünger hart geklungen. Danach gehen viele nicht mehr mit ihm. Jesus ruft sie nicht zurück. Wir wissen weder, ob sie noch einmal zurückgekommen sind, noch wohin sie gegangen sind. Was wir wissen, ist dies: Ihre Entscheidung gegen Jesus hat eine „Krise in der Jesus-Bewegung in Galiläa" (Josef Blank) ausgelöst. Nur wenige sind es, die weiterhin mit ihm gehen.

Um so verwunderlicher ist die Frage Jesu an die Gebliebenen: „Wollt auch ihr weggehen?" (Joh 6,67). Und wieder ist es Petrus, der das Wort ergreift: „Herr, zu wem sollen wir gehen? Du hast Worte des ewigen Lebens. Wir sind zum Glauben gekommen und haben erkannt: Du bist der Heilige Gottes." Der geistliche Schriftsteller Johannes Bours kommentiert dieses Bekenntnis mit den Worten: „Petrus weiß und sagt, daß ihr Leben allein noch hängt an ihm. Weggehen in das Frühere gäbe keinen Sinn mehr; zu einem anderen, es gäbe keinen Sinn: Er allein ist es! Nur bei ihm geht es um das ewige Leben: ‚Worte des ewigen Lebens hast du.' Begreifen kann er nicht, aber vertrauen, radikal vertrauen: diesem allein!"

Höhen und Tiefen wechseln sich im Leben des Petrus ab. Neben Nähe und Zuwendung erfährt er die Fremdheit Jesu. Auf dem See erkennt er ihn nicht, hält ihn für ein Gespenst. Auch wenn er auf Jesu Einladung das Boot verläßt und über das Wasser geht, so packt ihn doch alsbald die Angst, und der Herr zieht ihn an sich. In diesem wechselnden Auf und Ab steht die Nachfolge des Petrus. Sein Wort: „Herr, ich will für dich sterben" gehört ebenso dazu wie seine Beteuerung: „Ich kenne diesen Menschen nicht." Doch das Entscheidende in dieser Lebensgeschichte ist die Liebe Jesu, von der sich Petrus gehalten weiß und auf die er in all seiner Schwachheit antwortet: „Herr, du weißt alles; du weißt, daß ich dich liebe."

In der Lebensgeschichte des Petrus wie anderer biblischer Personen spiegelt sich mein Leben. Woher aber nehme ich die Kraft, meine Lebensentscheidung für Jesus immer wieder neu zu treffen, um in den Höhen und Tiefen meines Lebens bei ihm zu bleiben, mit ihm zu gehen? Die Liebe zu Jesus ist der einzige Grund, warum die Jünger nicht weggingen, sondern bei ihm blieben. Wer sich in solcher Liebe an Jesus hält, der kann sein Versagen, seine Inkonsequenz tragen im Vertrauen auf sein Wort, daß er mitträgt und uns zum Leben führt.

Immer wieder wird der Weggang der vielen durch die Zeiten weitergehen. Wie wir eingangs gesehen haben, tut er sich auch in der heutigen Kirche kund. So stellt sich auch hier die Frage: Woher nehmen wir die Kraft, unsere Lebensentscheidung für die Kirche immer wieder zu treffen, um in ihren Höhen und Tiefen bei ihr zu bleiben? Die Antwort dürfte ähnlich der sein, die wir vorhin gegeben haben: Die Liebe zu Jesus, der trotz allem menschlichen Versagen mitten in seiner Kirche lebt, ist der einzige Grund, der uns in ihren Reihen hält.

Gerfried A. Bramlage OP

Warum wir nicht in Übereinstimmung mit uns selbst leben

Die Pharisäer und die Schriftgelehrten fragten Jesus:
Warum halten sich deine Jünger nicht
an die Überlieferung der Alten,
sondern essen ihr Brot mit unreinen Händen?
Mk 7,5

Es spricht für die Pharisäer, daß sie aus einer realistischen Einschätzung des Menschen und aufgrund seiner religiösen Trägheit und Vergeßlichkeit unerbittlich über die Ordnungen, Regeln und Gebräuche wachten. Allein in ihnen, so meinten sie, lassen sich die Gottesgeschichte und die Tradition am Leben erhalten. Niemand sollte hier stören dürfen und ungestraft eigene Wege gehen. Erst recht nicht diejenigen, die, wie Jesus und seine Jünger, mit heiligem Anspruch auftraten, die Religion zur Herzenssache erklärten und doch gerade so erkennen ließen, daß sie die geheiligte Offenbarung selbst aufs Spiel zu setzen bereit waren. Waren sie es wirklich?

Gegen die Pharisäer, diese subjektiv rechtschaffenen und realistischen Advokaten einer gut funktionierenden religiösen Ordnung, führt Jesus eine Unterscheidung ins Feld, die zunächst nur wieder ihn selbst in Beweisnot zu bringen scheint:

„Er antwortete ihnen: Der Prophet Jesaja hatte recht mit dem, was er über euch Heuchler sagte: Dieses Volk ehrt mich mit den Lippen, sein Herz aber ist weit weg von mir. Es ist sinnlos, wie sie mich verehren; was sie lehren, sind Satzungen von Menschen. Ihr gebt Gottes Gebot preis und haltet euch an die Überlieferung der Menschen. Und weiter sagte Jesus: Sehr geschickt setzt ihr Gottes Gebot außer Kraft und haltet euch an eure eigene Überlieferung“ (Mk 7,6–9).

Herz und Lippen, das wirklich Geglaubte und das rituell Gesagte: Ist es nicht realitätsfern, zu hoffen, diese beiden könnten je übereinstimmen? Irgendwann war natürlich die Gottesgeschichte etwas unmittelbar Erfahrenes und Erlebtes. Irgendwann hatte sie die Menschen mitgerissen, ihre Lebens- und Denkgewohnheiten verändert, und sie verkündigten, wovon ihre Herzen voll waren. Aber als die ursprünglich religiöse Faszination nur noch Erinnerung war, als sich Gott gleichsam in die Tradition zurückgezogen hatte, mußte diese sorgsam bewahrt und geschützt werden, und zwar desto behutsamer und genauer, je weiter der Ursprung zurücklag. War es deshalb nicht schon viel, wenn man wenigstens mit den Lippen bekannte, was zwar noch als wichtig, sozial notwendig, aber eben nicht mehr unmittelbar erfahren wurde? Mußte es also nicht zu jener „frommen" Arbeitsteilung zwischen Herz und Lippen kommen, nicht nur, weil die Herzen fern von Gott waren, sondern auch, weil Gott ferngerückt zu sein schien von den Herzen der Menschen?

Anders und prinzipiell gefragt, besonders im Blick auf das Neue Testament und dessen Tradition: Wie sollen Menschen einem fordernden Gott durch die Geschichte hindurch nahe bleiben, ohne ihn für sich irgendwie erträglich zu machen? Wie sollen sie eine angekündigte, aber nicht kommende „Endzeit" aushalten, ohne sich darin auf die eine oder andere Weise einzurichten? Wie können sie mit einer radikalen Tradition langfristig umgehen, ohne das Kantige, Schwerverständliche, Herausfordernde abzurunden, das heißt, ohne Satzungen von Menschen zu lehren, also ohne zu fälschen?

Und doch: Mit letzter Leidenschaft kämpft Jesus gegen eine solche nur allzu verständliche, für ihn selbst jedoch unerträgliche Verzeichnung des Gottesbildes und der Gottesgeschichte durch die Pharisäer. Und er verkündet den nahen, in den Herzen und im Handeln der Menschen beheimateten Gott. Er bietet ihn auf gegen einen peinlich gehüteten, aber zugleich erfolgreich gefälschten Gott, der an Brandopfern und einem verinnerlichten „System der Reinheit" mehr Gefallen habe als an einfühlsamer Barmherzigkeit.

Hier wird die Brisanz und Aktualität der Auseinandersetzung Jesu mit den Pharisäern erkennbar. Jesus wendet sich ja nicht nur gegen die Traditionshüter, sondern auch gegen die Behüter, die für ihren religiösen Gehorsam meist einen hohen persönlichen Preis zu zahlen haben: den Preis ihrer Identität. Attackiert und der Heuchelei geziehen wird ganz allgemein der in Herz und Lippen gespaltene Mensch. Attackiert wird jeder Mensch, der nicht in Übereinstimmung mit sich selbst, sondern „aus den Blicken der anderen" (J.-P. Sartre) lebt.

Gäbe es nicht schwerwiegende Gründe, so würden alle Menschen lieber in Übereinstimmung mit sich selbst leben. Warum tun sie es nicht? Ist es die Angst, nicht bestehen zu können – vor sich selbst und vor anderen –, die sie daran hindert? Die Angst davor, daß es keine andere Sicherheit gibt als die, die Menschen von Menschen erhalten: persönlich, wirtschaftlich, gesellschaftlich, ideologisch? Dann wäre es am Ende die Angst davor, daß Gott uns nicht hält, ja daß es ihn gar nicht gibt, sondern nur die gnädigen bzw. ungnädigen anderen und die „herrschenden" Verhältnisse, denen wir uns gehorsam zu fügen haben? Dies wäre der Tod, lange schon vor dem Ende!

Daher wehrte sich Jesus nicht nur gegen den gefälschten Gott der Pharisäer. Er prangerte zugleich die aus Angst geborene „Falschheit", Doppelmoral und Nicht-Identität des „Volkes" an. Er meinte, daß Menschen ständig in der Gefahr sind, sich aus einer anspruchsvollen Gottesgeschichte wegzustehlen und der religiösen Tradition nur noch so zu folgen, wie es von ihnen verlangt wird. Es war die Selbstentfremdung des Menschen als Schicksal jener Gottesfinsternis, gegen die Jesus Christus als „Licht der Welt" (Joh 8,12) auftrat, indem er die Einheit von Gott und Mensch, Gottesliebe und Menschenliebe lebte und verkündete und darin gerade auch die Einheit des Menschen mit sich selbst. „Wer mit dem Herzen glaubt und mit dem Mund bekennt, wird Gerechtigkeit und Heil erlangen" (Röm 10,10).

Tiemo Rainer Peters OP

Nur wer richtig hört, kann auch richtig reden

Sogleich öffneten sich seine Ohren,
seine Zunge wurde von ihrer Fessel befreit,
und er konnte richtig reden.
Mk 7, 35

„Er konnte richtig reden." Diese Feststellung, auf die die ganze Wundererzählung hinausläuft, hat ihre Hintergründe. Sie weist nicht nur darauf hin, daß dieser Mann, der vorher kein Wort über die Lippen brachte, nach seiner Heilung durch Jesus „fließend" reden konnte. Sie hat auch und vor allem die Bedeutung, daß sein Reden sinnvoll war und der Wahrheit entsprach. Daher kommt der Hinweis: „Und er konnte richtig reden" als Frage auf uns zu: „Können wir richtig reden?"

Es gibt Menschen, die ein Gespräch fast allein bestreiten. Andere reden nur von sich selbst. Erwähnenswert ist auch, was Sören Kierkegaard in einem Gebet zum Ausdruck bringt: „Vater im Himmel! Im Verhältnis zu einem Menschen geschieht es zuweilen, daß wir eines sagen, während er zugegen ist, und leider, wenn er fortgegangen ist, etwas anderes. Wir sprechen von ihm in seiner Gegenwart anders als in seiner Abwesenheit." Warum sprechen wir eigentlich ungut von anderen? Es kann der Versuch sein, das Ungute, das es in uns selber gibt, zu verbergen.

Der Jakobusbrief (3,2–5) weist uns in anschaulichen Bildern darauf hin, daß ein Mensch sein Leben mit der Vielzahl seiner Triebe nur dann in Ordnung halten kann, wenn er richtig zu reden versteht. Wie kann uns das gelingen? Schauen wir auf Jesus. Er hatte dem Taubstummen nicht nur die Zunge gelöst; zuerst berührte er seine Ohren. Von hier aus dürfen wir vermuten: Der Taubstumme konnte nicht reden, weil er nicht hören konnte. Darauf macht uns auch die Wortverbindung aufmerksam. Sie spricht zunächst vom Tauben und erst dann vom Stummen. Das heißt für uns: Vor dem richtigen Reden kommt das richtige Hören; denn im Hören liegt die Kraft zum Reden. Das bestätigt ein indianisches Sprichwort, das sagt: „Hör zu, sonst macht dich deine Zunge taub." Gewiß aufgrund dieser Erfahrung heißt es in dem bereits erwähnten Brief des Apostels Jakobus: „Wißt, meine geliebten Brüder: Jeder Mensch soll schnell bereit sein zu hören, aber zurückhaltend im Reden" (1,19). Wer also richtig reden will, muß damit beginnen, richtig zu hören. Dazu muß er ins Abseits; er muß in die Stille.

In der Stille erfahren wir, wie laut es in uns ist, wieviel Unruhe und ungeordnete Liebe uns besetzen, wie viele Zwänge uns gefangenhalten. In der Stille geht uns auf, wie verschlossen und unerlöst wir sind, wie sehr wir des heilenden Wortes aus der Ewigkeit bedürfen. In der Stille vernehmen wir, daß wir selbst im Grunde unseres Herzens jener Taubstumme sind; der Taube, weil unser Herz hart und eng geworden ist; der Stumme, weil wir bei all unserem Reden oft genug nichts Wesentliches zu sagen haben. Je nachhaltiger uns all das in der Stille zu Bewußtsein kommt, um so mehr wächst in uns die Sehnsucht, auf irgendeine Weise Jesus zu begegnen. Irgendwie spüren wir: Wenn er das Wort Gottes ist, dann muß er auch der Hörende und Verstehende, der Mitfühlende und Mitleidende sein; denn er ist es doch, der uns durch sein Wesen und sein Leben lehrt: Im Hören liegt die Kraft des Redens. Bevor er sich jenem Taubstummen als das lösende und erlösende Wort zuspricht, hört er dessen lautloses Verlangen nach Hilfe.

Wie einfühlsam sich Jesus ihm gegenüber verhält, zeigt sich daran, daß er ihn beiseite nimmt, weg von den Menschen. Er will mit ihm alleine sein. Warum? Die Masse ist nicht der geeignete Rahmen, sich einem Notleidenden in ganz persönlicher Weise zuzuwenden. Das weiß Jesus. Weil er sich gut in seine Situation versetzen kann, schützt er ihn vor neugierigen Augen. Aber Jesus versetzt sich nicht nur in seine Situation. Er steigt in seine Not hinab, geht ganz in seine Existenz ein. Er legt ihm die Finger in die Ohren und löst seine Zunge mit Speichel. Danach verbindet er sich mit dem Himmel und seufzt, das heißt, er ringt mit den

Mächten des Verderbens. Dann spricht er sein Wort „Effata!, das heißt: Öffne dich!" in ihn hinein, um ihn von seinem Innersten her zu öffnen. „Sogleich öffneten sich seine Ohren, seine Zunge wurde von ihrer Fessel befreit, und er konnte richtig reden."

Wer sich durch Jesu Wort öffnen läßt, der lebt auf. Er ist ein heiler Mensch. Als solcher kann er seinerseits andere durch sein Wort und durch sein Tun öffnen. Auf diese Weise vollzieht sich unsere Menschwerdung. Mensch werden, das heißt: aus sich herausgehen, auf andere eingehen, um sie zu öffnen und sie von ihren Fesseln zu befreien.

Übersehen wir nicht den Hinweis des Evangelisten, daß die Heilung des Taubstummen sofort geschah. Wenn man bedenkt, wie viele Entwicklungsphasen ein Mensch durchmachen muß, bis er richtig hören und sprechen kann, erkennt man die lange Zeit, die das Wunder Jesu förmlich überspringt. Es gehört zur Wundermacht Jesu, daß sie das, was für uns lange Zeit in Anspruch nimmt, sofort vollbringt. Ich denke in diesem Zusammenhang an Therese von Lisieux. Nachdem sie von einer psychischen Erkrankung, die sie lange Zeit in qualvoller Selbstverschlossenheit gefangen hielt, geheilt worden war, schreibt sie: „In einem Augenblick hatte Jesus vollbracht, was mir in zehnjähriger Anstrengung nicht gelungen war. Ich fühlte die Liebe in mein Herz einziehen, das Bedürfnis, mich selbst zu vergessen, um anderen Freude zu machen, und von da an war ich glücklich." Und an anderer Stelle hält sie fest: „Er verwandelte mich so, daß ich mich selbst nicht wiedererkannte." Das fordert unser liebendes Vertrauen zu Jesus heraus. Wofür wir unendlich lange brauchen, um es dann doch nicht zu schaffen, das vollbringt er sofort.

Von diesem Vertrauen waren jene beseelt, die den Taubstummen zu Jesus brachten und ihn baten, er möge ihn berühren. Dieses ihr gläubiges Vertrauen verdeutlicht das Wesen des Gebetes. Wer sich im Gebet an Jesus wendet, der glaubt, daß Gottes Kraft in ihm wirksam ist und sein krankes Leben heilen kann. Inwieweit haben wir diesen Glauben? Die Antwort auf diese Frage offenbart uns, inwieweit wir betende Menschen sind. Außerdem sehen wir an dieser Stelle, wie vielfältig das Gebet ist. Es geschieht nicht nur auf den Knien und mit gefalteten Händen, sondern auch durch das Hinbringen eines anderen zu Jesus. Bringen und Beten gehören zusammen. Bringen ist Beten, und Beten ist Bringen.

Erwähnen wir zum Schluß, daß unsere Wundererzählung eine Missionsgeschichte ist. Jesus befindet sich in einem heidnischen Gebiet. Weil sein göttliches Wesen verborgen bleiben soll, verbietet er den Leuten, das Erlebte weiterzuerzählen. Doch je mehr er es ihnen verbietet, desto mehr machen sie es bekannt. Einmal möchten sie ihrem Staunen Ausdruck geben; darüber hinaus wollen sie die Ungläubigen zu Jesus bringen. So schließt sich der Kreis: Im Bringen vollzieht sich unser Christentum, vollzieht sich unser christlicher Glaube. *Rudolf Stertenbrink OP*

24. Sonntag im Jahreskreis: Mk 8,27–35

Über unangenehme Dinge redet man nicht gern

Dann begann er, sie darüber zu belehren,
der Menschensohn müsse vieles erleiden
und von den Ältesten, den Hohenpriestern
und den Schriftgelehrten verworfen werden;
er werde getötet, aber nach drei Tagen werde er auferstehen.
Und er redete ganz offen darüber.
Mk 8,31–32

Wenn jemand operiert wird und man befürchten muß, es könnte Krebs sein, dann breitet sich eine eigenartige Sprachlosigkeit aus. Der Arzt drückt sich nicht selten davor, dem Patienten „die Wahrheit“ zu sagen. Ist es die Mutter, die an einer solchen Krankheit zu leiden hat, so spricht sie nicht darüber, weil sie meint, sie müsse ihrem Mann und ihren Kindern Angst und Traurigkeit ersparen, obwohl sie im Stillen ahnt, daß sie bereits

Bescheid wissen. Der Mann und die Kinder schweigen ihrerseits, weil sie glauben, sie sollten der Mutter das Unangenehme ersparen. Daher trösten sie diese mit den nichtssagenden Worten: „Du wirst ja bald wieder zu Hause sein."

Wie hilfreich aber wäre es für beide Seiten, wenn man über alles offen sprechen würde! Auf diese Weise könnte man die Angst miteinander teilen und wirklichen Trost spenden. Die Familie und die Kranke könnten lernen, sich auf das Sterben vorzubereiten und daran zu wachsen. So werden oft wichtige Chancen vertan. Man bleibt in einer trostlosen Einsamkeit allein, die die Krankheit noch schwerer macht, weil man nicht darüber redet.

Auch in der Kirche weicht man unangenehmen Dingen gerne aus. Mittlerweile weiß man beispielsweise, daß in fünf bis zehn Jahren der Priestermangel so katastrophal sein wird, daß von einer flächendeckenden Versorgung aller Gemeinden in den Diözesen nicht mehr die Rede sein kann. Natürlich ist das allerorts bekannt. Aber redet man darüber?

Aufgrund dieser Situation sind die Priester überarbeitet. Eine geheime Resignation befällt nicht wenige. Und doch könnte ein Priester seiner Gemeinde sagen: „So kann es nicht weitergehen. Unter diesem Dauerstreß kann ich nicht länger arbeiten. Wenn ich meinen Dienst wie ein Verwaltungsbeamter tun muß, kann ich unter euch nicht mehr Hirte sein." Stattdessen bürdet man ihm eine weitere Gemeinde auf. Kann man es einem Priester unter diesen Umständen verdenken, wenn er sich in einen falschen Trost stürzt: in den Sex oder in den Suff? So etwas greifen die Medien natürlich gerne auf.

Oder sagen die Gemeinden zu ihrem Priester: „Es geht nicht, daß Sie sich weiterhin aufreiben. Wir können es nicht verantworten, wie Sie sich zugrunde richten. Wir werden Ihnen alles abnehmen, was Sie nicht unbedingt tun müssen. Wir werden Sie nur noch für das beanspruchen, was Ihr Dienst als Priester ist"? Oft hat man den Eindruck, die Gemeinden begnügen sich mit dem Gedanken: „Wir haben ja noch unseren Pfarrer; nach uns die Sintflut."

Im Evangelium steht ein Satz, der mich in besonderer Weise anspricht und bewegt: „Und er redete ganz offen darüber." Jesus ist nicht blind in sein Leiden und in seinen Tod hineingegangen. Er wußte, was ihm bevorstand. Er wußte, daß er diesen Weg zu unserer Erlösung gehen mußte. Er wich diesem Unangenehmen nicht aus, sondern er redete ganz offen darüber. Warum tat er das? Hatte er etwa Angst, und brauchte er seine Jünger, um seine Angst abzubauen? Wenn wir ernst nehmen, daß Jesus ganz Mensch war, dann müssen wir annehmen, daß er auch Angst hatte. Man vergegenwärtige sich nur seine Todesangst am Ölberg.

Aber damit ist nicht alles gesagt. Jesus mußte seine Jünger auf das Kommende vorbereiten; denn diese lebten in der Vorstellung: „Bald wird Jesus als der Messias einen Umsturz herbeiführen, die Römer aus dem Land vertreiben und seine Herrschaft errichten. Dann werden wir die Ministerposten bekommen." Die Evangelien verschweigen nicht, wie irdisch die Jünger dachten. Deshalb mußte Jesus sie darüber aufklären, daß ihm keine irdische Herrschaft bevorsteht, sondern ein endgültiges Scheitern, daß aber in diesem Scheitern ein Neuanfang liegt, nämlich seine Auferstehung und das schnelle Wachsen der Kirche.

Das haben die Jünger nicht verstanden. Sie hielten an ihren eigenen Vorstellungen fest und waren nicht bereit, diese aufzugeben. Aus diesem Grund nahm Petrus den Herrn beiseite. Er wollte ihn von seinem Weg abbringen. Doch Jesus brachte seine Maßstäbe deutlich zum Ausdruck, wenn er ihm erklärte: „Weg mit dir, Satan, geh mir aus den Augen! Denn du hast nicht das im Sinn, was Gott will, sondern was die Menschen wollen" (8,33).

Kommen wir auf den erwähnten Priestermangel zurück. Es gibt viele, die sehr schnell wissen, wie man dieses Problem beheben kann. Sie machen der Kirche Vorwürfe, weil diese nicht gewillt ist, den Zölibat aufzuheben und Frauen zu Priestern zu weihen. Könnte es nicht sein, daß der Herr auch uns in dieser Situation sagt: „Ihr wollt nicht das, was Gott will, sondern was die Menschen wollen"?

Wäre es aber nicht denkbar, daß Gott durchaus die Abschaffung des Zölibates und das Priestertum der Frau will? Ich bin mir nicht sicher, daß es so ist. Im Moment habe ich eher den Eindruck, daß viele dem Leidensdruck ausweichen möchten. Vielleicht will Gott durch den Mangel an Priestern die müden Gemeinden aktivieren. Ein kranker Körper kann ja ungeheure Kräfte mobilisieren, wenn man sie zuläßt und nicht immer durch Medikamente unterdrückt.

So könnte es auch in der Kirche sein. Eine Kirche, die sich von unten her erneuert, wird wieder junge Menschen motivieren, sich ungeteilt in den Dienst Gottes zu stellen. Dies setzt lebendige Gemeinden voraus, die versuchen, das zu tun, was Gott will, und nicht, was die Menschen wollen. Das heißt aber, sein Kreuz auf sich nehmen – im persönlichen Leben, wie im Leben der Kirche.

Cletus Wingen OP

25. Sonntag im Jahreskreis: Mk 9,30–37

Von der Ohnmacht des Allmächtigen

Er sagte zu ihnen:
Der Menschensohn wird den Menschen ausgeliefert,
und sie werden ihn töten;
doch drei Tage nach seinem Tod wird er auferstehen.
Aber sie verstanden den Sinn seiner Worte nicht,
scheuten sich jedoch, ihn zu fragen.
Mk 9,31–32

Kinder träumen oft davon, einmal etwas Großes zu werden. Doch je älter sie werden, um so mehr verfliegen ihre Kindheitsträume. Was verbirgt sich eigentlich hinter solchen kindlichen Zukunftsträumen? Sie sind Ausdruck einer ständigen Ohnmachtserfahrung. Daraus erwächst der Wunsch, einmal mächtig zu sein, andere unter sich zu haben und ihnen befehlen zu können.

Der Wille zur Macht nimmt zuweilen recht sonderbare Formen an: Ein Familienvater, der in seinem Beruf nichts zu sagen hat, kann sich daheim zu einem wirklichen Haustyrannen entwickeln. Eine Sekretärin kann mit der Zeit eine solche Macht an sich reißen, daß man ohne sie keinen Zugang zum Chef findet. Ein kleiner Hausmeister, dem kaum einer Beachtung schenkt, fühlt sich gedrängt, die Hausbewohner auf immer neue Weise zu drangsalieren. Wer behauptet, von solchem Machtstreben völlig frei zu sein, fällt mit Sicherheit einer Selbsttäuschung anheim; denn in jedem Menschen gibt es in irgendeiner Weise dieses Streben. Bis zu welchen Ausmaßen es sich entwickeln kann, zeigt sich am Verhalten jener jungen Leute, die randalierend herumziehen und alles, was ihnen dazwischenkommt, kurz und klein schlagen. Sie tun es nicht zuletzt, um auf sich aufmerksam zu machen und ihre Macht zu demonstrieren.

Wenn ich Ihnen nun sage, daß auch Gott etwas mit Macht zu tun hat, daß er sogar der Allmächtige ist, dann wird das keinen besonderen Eindruck auf Sie machen. Sie wissen es aus dem Religionsunterricht. Und auch das ist allen klar: Wenn es einen Gott gibt, dann kann er nicht so ohnmächtig sein wie wir. Im Gegenteil! Es muß ihm alles möglich sein. Nicht wenige sagen sogar: „Ich glaube an Gott, solange er mir zeigt, daß er alle meine Wünsche erfüllen kann. Wenn ich mir für morgen schönes Wetter wünsche und es dann in Strömen regnet, kann ich nicht an Gott glauben.“ Oder sie sagen: „Wenn ich darum bete, daß meine kranke Mutter gesund wird, und dann erleben muß, daß sie stirbt, beginne ich, an Gott zu zweifeln.“ Oder: „Wenn ich keine Arbeit habe und trotz intensiven Betens keine bekomme, dann bestrafe ich Gott, indem ich bezweifle, ob er mir wirklich helfen kann.“ Das Bedenkliche daran ist, daß man sich von Gott und seiner Allmacht ein Bild macht, das den eigenen kindlichen Machtwünschen entspricht. Wenn Gott dann nicht auf diese eingeht, läßt man ihn fallen, anstatt sein falsches Bild zu zertrümmern.

Im Alten Testament gibt es das Gebot: „Lauft nicht in euer Verderben, und macht euch kein Gottesbildnis“ (Dtn 4,16). Dieses Gebot besagt zunächst, daß man sich keine Statue von Gott herstellen soll. Das Gebot gilt aber auch im übertragenen Sinn: Wir sollen uns von Gott kein Bild machen, um dann dieses Bild anzubeten; denn es gibt nur ein vollkommenes Bild von Gott, und das ist Jesus Christus. Im Brief an die Kolosser lesen wir: „Er ist das Bild des unsichtbaren Gottes“ (Kol 1,15). Wer also erfahren will, wer und wie Gott in Wirklichkeit ist, kann dies nur, wenn er auf Jesus Christus schaut. Wenn daher einer sich anschickt, von Gott zu reden, ohne dabei auf Jesus Christus zu schauen, dann redet er an Gott vorbei. Wollen wir Gott kennenlernen, dann müssen wir uns die konkreten Lebenssituationen des Herrn vor Augen führen. Was er in ihnen sagt und tut, das ist Gott.

Eine solche Situation ergab sich beispielsweise, als Jesus mit seinen Jüngern durch Galiläa zog und nicht wollte, daß jemand etwas davon erfuhr; denn er wollte sie über etwas sehr Wichtiges belehren. Er sagte zu ihnen: „Der Menschensohn wird den Menschen ausgeliefert, und sie werden ihn töten; doch drei Tage nach seinem Tod wird er auferstehen“ (Mk 9,30–31). Dieses Wort offenbart uns: Im Tod des Herrn ist Gott mit uns auf eine Weise solidarisch geworden, die nicht mehr zu überbieten ist. Wenn er mit dem grausamsten Leid und unserem Todesschicksal solidarisch wurde, dann kennt seine Liebe zu uns keine Grenze. So ist Gott.

Seltsam: Während die Jünger darüber diskutieren, wer von ihnen der Größte ist und wer die meiste Macht im kommenden Reich haben wird, spricht Jesus davon, daß der Weg Gottes ein ganz anderer ist, nicht der Weg der Macht, sondern der Entmachtung bis hin zur Ohnmacht des Todes am Kreuz. Gott wurde in seinem Sohn so ohnmächtig, daß es für uns abstoßend ist. Einen als Verbrecher gekreuzigten Gott anzubeten, das mögen wir nicht. Und doch ist es der Weg Gottes. Er setzt sich in der Kirche fort.

Viele wünschten sich eine mächtige Kirche. Eine Kirche, die schwach und ohnmächtig ist, wollen sie nicht akzeptieren. Es ist für manchen ein Grund, die Kirche zu verlassen. Und doch: Eine Kirche, die auf dem richtigen Weg ist, wird nicht umhinkommen, die eigene Machtlosigkeit und Ohnmacht zu erkennen. Es ist die Ohnmacht Gottes, in der sich die Macht der Liebe offenbart. Nur sie kann die menschliche Gesellschaft verändern.

Wenn Sie also erfahren, wie ohnmächtig Sie sind, Ihren Glauben zu leben und ihn vor anderen zu bekennen, obwohl er Ihnen wichtig ist, dann kann ich Ihnen sagen: Das ist der Weg des Herrn. Wenn Sie spüren, wie Sie Ihren Familienangehörigen, Ihren Arbeitskollegen, Ihren Nachbarn ausgeliefert sind, wie Sie aufgrund Ihres Glaubens Spott und Verachtung erleiden müssen, dann darf Sie das nicht mutlos machen; denn dann sind Sie auf dem Weg, den auch der Herr gegangen ist.

Ohne die Ohnmacht, ohne das Scheitern, ohne das Sterben, kann die wirkliche Macht, die Macht der Liebe, nicht zum Durchbruch kommen. Im Bewußtsein, daß nicht sein Tod das Letzte sein wird, sagte Jesus zu seinen Jüngern: „Doch drei Tage nach seinem Tod wird der Menschensohn auferstehen" (Mk 9,31). Diese seine Auferstehung ist für uns das Zeichen der Hoffnung und Zuversicht, daß auch wir durch die Macht von Gottes Liebe nicht in der Ohnmacht des Todes bleiben werden. Von den Jüngern heißt es: „Sie aber verstanden seine Worte nicht" (Mk 9,32). So wird es auch uns ergehen. Doch wie für die Jünger, so gilt auch für uns das Wort des heiligen Augustinus: „Versuche nicht, zu verstehen, um dann zu glauben, sondern glaube, um dann zu verstehen."

Cletus Wingen OP

Die Wahrheit hat viele Kleider

Johannes, einer der Zwölf, sagte zu Jesus:
Meister, wir haben gesehen, wie jemand
in deinem Namen Dämonen austrieb;
und wir versuchten, ihn daran zu hindern,
weil er uns nicht nachfolgt. Jesus erwiderte: Hindert ihn nicht!
Keiner, der in meinem Namen Wunder tut,
kann so leicht schlecht von mir reden.
Denn wer nicht gegen uns ist, der ist für uns.
Mk 9,38–40

Diese Verse aus dem Evangelium zum heutigen Sonntag enthalten etwas, das auch für uns von großer Bedeutung ist. Vergegenwärtigen wir uns zunächst noch einmal die damalige Situation.

Der Apostel Johannes stellt fest, daß es Leute gibt, die nicht zum engeren Kreis der Jünger Jesu gehören und die dennoch im Namen Jesu Wunder tun. Er will, daß Jesus ihnen dieses verbietet. Die Antwort Jesu ist eine Überraschung: Wer in seinem Namen anderen etwas Gutes tut, kann nicht im nächsten Augenblick sein erklärter Feind sein. Zwar gehört er ihm nicht an; aber es könnte ja sein, daß er eines Tages den Weg zu ihm findet. Damit möchte uns Jesus sagen: „Ertragt das, was nicht vollkommen ist. Laßt ihm Zeit zum Wachsen und zum Reifen!"

Dann formuliert er einen wichtigen Grundsatz, der Ausdruck seiner Güte und Weite ist: „Wer nicht gegen uns ist, der ist für uns." Das ist vor allem ein Aufruf zur Toleranz. Diese will uns zu Bewußtsein bringen, daß die Wahrheit mancherlei Wohnungen und viele Kleider hat. Tolerant ist, wer nicht vergißt, daß die Wahrheit immer größer ist als unser Verstand. Nie können wir sie ganz erfassen. Immer müssen wir um sie ringen; doch in Besitz nehmen können wir sie nicht. Die Wahrheit ist kein Stuhl, auf dem man sich niederläßt, um sich auf ihm auszuruhen; sie ist vielmehr ein langer und beschwerlicher Weg, länger als unser Leben.

In seiner kurzen Erzählung „Die Maus“ erklärt Werner Bergengruen: „Es ist leicht, der Wahrheit auf die Spur zu kommen. Aber die Wahrheit einzuholen, das ist schwer. Denn sie will sich nicht greifen lassen und läuft vor einem davon.“ Ferner: „Die Wahrheit läuft vor einem davon wie eine Maus, klein, grau und unscheinbar, und man eilt ihr nach. Wenn man sie beinahe ergriffen hat, dann hat sie sich irgendwo verkrochen ... Und vielleicht wird sich die Maus eines Tages in einen Sarg verkriechen, und man wird ihr auch dahin nachlaufen müssen, ja auch dorthin ...“ Das heißt wohl: Erst im Tod werden wir verstehen, was die Wahrheit ist. Bis dahin müssen wir sie suchen.

All das dürfen wir nicht übersehen, wenn wir nicht überhören wollen, was Jesus meint, wenn er sagt: „Wer nicht gegen uns ist, der ist für uns.“ Zugleich kann uns hier etwas aufgehen, was sich damals in der Gruppe der Jünger auszubreiten begann und dann später immer mehr praktiziert wurde. Man wollte eine abgeschlossene Ordnung haben. Die Jünger beanspruchten das Recht, allein predigen und Wunder wirken zu dürfen. Keinem anderen als ihnen sollte dies zukommen. Damit stoßen wir auf ein Kapitel, das man mit der Frage überschreiben könnte: „Was ist Ideologie, und was ist Glauben?“

Das Wort Ideologie hat einen negativen Sinn. Es bezeichnet ein halbwahres, unvollständiges Gedankengebilde, das in dieser Form nicht der Wirklichkeit entspricht. Dennoch meinen alle Ideologen, im Besitz der ganzen Wahrheit zu sein. In ihrer Engstirnigkeit und Unduldsamkeit, in ihrem Fanatismus und Sektierertum können sie zu sehr gefährlichen Menschen werden. Es geht ihnen nicht auf, daß sie immer nur einen Teil der Wahrheit im Auge haben. So sieht der Materialismus nur die Materie, der Nationalismus nur die nationalen Interessen, der Kapitalismus nur das Kapital, der Konfessionalismus nur die eigene Konfession.

Auch der Glaube kann ideologisch mißverstanden werden. Geschichtlich bedingte Ausdrucksformen des Glaubens können absolut gesetzt werden, so daß sie den Blick auf die unbegreifbare Größe Gottes verstellen. Gesetz und Moral, Recht und Ordnung können in den Vordergrund gestellt werden. Dann erleidet die Verkündigung des Herrn eine Akzentverschiebung, so daß dem christlichen Leben die erlösende und befreiende Fülle des Evangeliums verlorengeht. Sie erleidet eine gefährliche Verengung, die Gott und seinen Offenbarer Jesus Christus verdunkelt. Die Vielzahl der Gebote Gottes können auf einige wenige verkürzt werden. Vielfach stand das Gebot der Liebe hinter dem sechsten Gebot, und das nicht nur in ferner Vergangenheit. In den Kirchen kann sich ein Konfessionalismus breitmachen, der die Andersgläubigen nicht als Brüder und Schwestern anerkennt, sondern sie für Häretiker hält, die man bekämpfen oder vor denen man sich schützen muß.

All das hat mit echtem Glauben nichts zu tun; denn echter Glaube ist frei von Engstirnigkeit, Übertreibung und Fanatismus. Der gläubige Mensch weiß, daß alle Glaubensaussagen nur Bilder und Gleichnisse sind, daß wir die Wahrheit nie in den Griff bekommen können. Wir glauben, daß in Jesus von Nazaret Gott selbst zu uns spricht. Daher ist echter Glaube durch seine Person gegen jede Ideologie gefeit. Der in Wahrheit gläubige Mensch anerkennt den Vorrang der Gnade Gottes. Er hat die Überzeugung, daß Gott alle Menschen liebt und jeden einzelnen so, wie er ist.

Solcher Glaube ist nicht so angelegt, daß er keine Meinungsverschiedenheiten duldet. Offene Fragen und Unklarheiten wird es immer geben. Schon bei den Aposteln gab es sie. Wir können auch nicht erwarten, daß uns das kirchliche Lehramt das Denken erspart. So groß seine Bedeutung ist, es kann uns nicht von unserem Gewissen und von unserer persönlichen Entscheidung dispensieren. Damit deutet sich an, was wir an die nächste Generation weiterzugeben haben: den Geist der Freiheit, der Toleranz, der Offenheit und der Wahrheit. Jesus hat gesagt: „Wer nicht gegen uns ist, der ist für uns." Dieses Wort sollten wir nicht aus den Ohren und schon gar nicht aus dem Herzen verlieren und dafür Sorge tragen, daß die Würde und die Freiheit des Menschen wachsen und sich entfalten können. *Emmanuel Renz OP*

Wer ist glücklich verheiratet?

Am Anfang der Schöpfung hat Gott die Menschen
als Mann und Frau geschaffen.
Darum wird der Mann Vater und Mutter verlassen,
und die zwei werden ein Fleisch.
Sie sind also nicht mehr zwei, sondern eins.
Was aber Gott verbunden hat,
das darf der Mensch nicht trennen.
Mk 10,6–9

Vor einiger Zeit hat Ruth Stafford Peale ein Buch geschrieben über das Abenteuer, Ehefrau zu sein. Darin geht es ihr um eine glückliche Ehe – ihre eigene. Nach seinem Erscheinen erhielt sie ungewöhnlich viele Zuschriften, meist von Leuten, die trotz aller Mühe nicht zu einer glücklichen Ehe gelangten. Nicht wenige von ihnen äußerten die Meinung, die Ehe sei ein schlechtes Geschäft: Man stecke mehr hinein, als man herausbekomme. Dieses Gefühl war für sie der Hauptgrund ihrer Schwierigkeiten.

Ruth Stafford Peale erwiderte ihnen, sie sehe in der Ehe vor allem eine Verbindung, von der beide Teile mit Recht die Erfüllung von drei elementaren gefühlsmäßigen Bedürfnissen erhoffen, die dem ganzen Menschengeschlecht gemeinsam sind. Daher seien die glücklich verheiratet, die um diese Urbedürfnisse wissen und bereit sind, etwas zu ihrer Erfüllung zu tun. Wo dies nicht geschehe, da werde es unweigerlich zu schwerwiegenden Enttäuschungen kommen. Um welche Urbedürfnisse geht es hier? Peale antwortet: „Jeder möchte für einen Menschen an erster Stelle stehen, bei ihm Hilfe finden und von ihm gebraucht werden. Drei Dinge, mehr nicht. Aber sie genügen."

Jeder Mensch sehnt sich danach, im Leben eines anderen an erster Stelle zu stehen, für ihn der Liebste zu sein. Das ist das erste Grundbedürfnis. Die Erfüllung dieser Sehnsucht ist gleichsam der Eckpfeiler einer glücklichen Ehe. Um sich dieser bevorzugten Stellung sicher zu sein, ist es notwendig, daß sie vom anderen immer wieder durch deutliche Liebesbeweise bestätigt wird. Hier zeigt sich, daß sich das Geheimnis einer glücklichen Ehe nicht in erster Linie im geschlechtlichen, sondern im gefühlsmäßigen Bereich vollzieht. Mit anderen Worten: Das Glück der Ehe liegt nicht darin, ein Fleisch zu werden, sondern vor allem darin, eine Seele zu werden. Nur wenn man eine Seele geworden ist, kann man ein Fleisch werden. Die glückliche Ehe wird in der Seele geschlossen, und dort wird sie menschlich auch gelöst. Daher kommt es darauf an, daß sich ein Ehepaar nicht nur mit Worten verständigt, sondern vor allem durch die vielen spontanen Zeichen der gegenseitigen Annahme, die keiner Erklärung bedürfen. Wo dies nicht mehr geschieht, sei es durch Überbewertung von Arbeit oder durch unbewußte Gedankenlosigkeit und Gleichgültigkeit, da wird der ehelichen Liebe die Nahrung entzogen, und die eheliche Treue steht ständig auf dem Spiel.

Das zweite Grundbedürfnis besteht im Verlangen, bei einem anderen Hilfe zu finden. Jeder Mensch bedarf ja der Gemeinschaft, weil er ein bedürftiges Wesen ist. Das können wir täglich an uns selbst erfahren. Oft genug fühlen wir uns arm und schwach, überfordert und ratlos, niedergeschlagen und ohnmächtig. Deshalb bedürfen wir immer wieder des Rates, des Trostes, des Zuspruchs und der Unterstützung. Daher ist ein guter Ehepartner, wer ein aufmerksames Auge für die Hilfsbedürftigkeit des anderen hat und ihm das unbezweifelbare Bewußtsein schenkt: „Du bist nicht allein, ich bin einfach da für dich, dir zuhörend, dich verstehend, dich tragend, dir helfend, wo immer es mir möglich ist.“ Das schafft eine Atmosphäre der Sicherheit, Geborgenheit und Dankbarkeit. Wir spüren, welches Zartgefühl und Einfühlungsvermögen hier im Spiel sind. Ich hörte von einer Frau, die einen dickköpfigen, leicht aufbrausenden, aber trotzdem sehr liebenswerten Mann hat. An einem Freitag kam er sehr ungehalten aus dem Büro, weil er das Gefühl hatte, zu Unrecht kritisiert worden zu sein. Er setzte sich sofort hin und schrieb einen wütenden Brief. Seine Frau tat nichts, um ihn davon abzubringen. Sie brachte ihm vielmehr Briefumschlag und Marke und sagte: „Ich muß noch etwas zum Abendessen einkaufen und komme am Briefkasten vorbei. Da werde ich das gleich erledigen." Sie erledigte es auf ihre Weise. Am Sonntagmorgen gab sie ihm den Brief mit dem Hinweis zurück: „Wenn du ihn noch immer abschicken willst, ich habe nichts dagegen. Aber ich dachte, du brauchtest etwas Zeit, um dich zu beruhigen." Ihr Mann zerriß den Brief und erwiderte ihr: „Danke! Was wäre ich ohne dich!"

Das dritte Grundbedürfnis verbirgt sich in dem Wunsch, gebraucht zu werden. In dem Augenblick, da ein Mensch den Eindruck hat, daß man ihn braucht, bekommt sein Leben einen Sinn. Damit ist aber auch gesagt, daß das Leben sinnlos wird, wenn man sich sagen muß: „Dich braucht niemand; für keinen bist du wichtig; eigentlich bist du überflüssig in dieser Welt." Ein solches Gefühl isoliert, läßt vereinsamen und nimmt den Lebensmut. Warum ist das so? Weil jeder in dem, was er ist, anerkannt sein möchte. Wer von uns wüßte denn nicht, welche Rolle in unserem Leben die Beachtung, die Bewunderung, die Auszeichnung, der Beifall spielen? Ohne solche Gesten käme keine mitmenschliche Beziehung zustande. Nicht selten ist es vor allem die Ehefrau, die sich wünscht, daß sich ihr Mann bewußt ist, was sie ihm bedeutet, und es ihr auch zu verstehen gibt.

„Für einen Menschen an erster Stelle stehen, bei ihm Hilfe finden und von ihm gebraucht werden. Drei Dinge, nicht mehr. Aber sie genügen." Dennoch drängt sich hier die Frage auf: Wo liegt das „Mehr" einer christlichen Ehe? Es liegt in ihrer göttlichen Tiefe. Darauf verweist Jesus die im Gesetzesdenken geschulten Pharisäer, die von ihm die Frage beantwortet haben wollen: „Darf ein Mann seine Frau aus der Ehe entlassen?" Jesus erwidert ihnen: „Am Anfang der Schöpfung hat Gott die Menschen als Mann und Frau geschaffen. Darum wird der Mann Vater und Mutter verlassen, und die beiden werden ein Fleisch sein. Sie sind also nicht mehr zwei, sondern eins. Was aber Gott verbunden hat, das darf der Mensch nicht trennen" (Mk 10,6–9).

Mit dieser Erklärung greift Jesus auf den göttlichen Ursprung der Ehe zurück. Der Bund zwischen Mann und Frau ist demnach nicht die Schöpfung des Menschen, sondern vielmehr die Schöpfung Gottes. Wenn Mann und Frau Vater und Mutter verlassen und damit die Urgeborgenheit des Elternhauses aufgeben, dann nur, weil es in Gottes Schöpfungsplan eine noch tiefere Einheit gibt: „Die zwei werden ein Fleisch sein." Indem Gott Mann und Frau in der Ehe zusammenfügt und das menschliche Ja in sein göttliches Ja hineinnimmt, wirkt er beim Abschluß der Ehe mit und stiftet ihre unauflösliche Einheit. Er ist das Zentrum ihrer Liebe. Das ist es, worauf Jesus aufmerksam macht. Von Gott geliebt, können sie einander lieben; von ihm beschenkt, können sie einander beschenken; von ihm getragen, können sie einander tragen und ertragen. Das wird ein Ehepaar in dem Maße erfahren, wie es dafür sein Herz gläubig öffnet. *Rudolf Stertenbrink OP*

28. Sonntag im Jahreskreis: Mk 10,17–27

Die Kindergesetze des Gottesreiches

Jesus sah ihn an, und weil er ihn liebte, sagte er:
Eines fehlt dir noch:
Geh, verkaufe, was du hast, gib das Geld den Armen,
und du wirst einen bleibenden Schatz im Himmel haben;
dann komm und folge mir nach.
Der Mann aber war betrübt, als er das hörte,
und ging traurig weg; denn er hatte ein großes Vermögen.
Mk 10,21–22

„Geld macht nicht glücklich, aber es beruhigt kolossal." Das ist ein gängiges Sprichwort. Man kann es immer wieder hören, wenn gegenüber dem Besitz von Geld allzu weltfremd klingende Gedanken über die Erhabenheit innerer Werte vorgetragen werden. „Geld macht nicht glücklich, aber es beruhigt kolossal." Dieses Sprichwort erscheint mir auch wie ein Schlüssel zum Verständnis dessen, was wir gerade im Evangelium gehört haben. Lassen wir die Szene noch einmal vor unseren Augen erstehen.

Viele Menschen sind schon den ganzen Tag um Jesus herum. Sie wollen hören, was er sagt. Es muß etwas Faszinierendes an ihm und seinem Reden sein. Anders wird nicht verständlich, warum die Menschen in solchen Massen zu ihm kommen. Den Jüngern ist es längst zuviel geworden. Als schließlich auch noch Mütter ihre Kinder nach vorn schieben, damit Jesus sie segne, reißt ihnen der Faden. Sie werden ruppig und wollen die Mütter mit ihren Kindern verscheuchen. Jesus greift ein. Er tut es recht intensiv. Er sagt nicht nur: „Laßt die Kinder zu mir kommen." Nein, es ist, als hätte ihm das Verhalten der Jünger ein Stichwort für eine neue Predigt zugespielt. Er redet sich richtig in Fahrt, um am Ende bei dem Satz zu landen: „Wahrhaftig, das sage ich euch, wer das Reich Gottes nicht annimmt wie ein Kind, hat nicht begriffen, worum es mir geht." Jetzt erst scheint genug gepredigt. Jesus will gehen. Die Jünger atmen auf. Sie denken: „Endlich ist Feierabend!"

Kaum sind sie ein paar Schritte gegangen, da stellt sich ihnen ein junger Mann in den Weg: „Meister Jesus", sagt er, „ich hab' dir den ganzen Tag zugehört. Sag mir, was kann ich tun, um ein Leben zu leben, das sich lohnt, ein Leben, das wirklich den Namen ‚Leben' verdient, das nicht so leer ist, wie ich oft mein Leben empfinde, nicht so oberflächlich, nicht so eintönig. Ich suche ein Leben mit Höhen und Tiefen, mit Spannung und Kraft. Kannst du mir nicht sagen, wie ich es anstellen kann, daß aus meinem Leben etwas wird?"

Jesus geht vorsichtig zu Werke. Er ist ein guter Gesprächspartner. Deshalb überfällt er den jungen Mann nicht gleich mit Ratschlägen. Er hört ihm zunächst einmal zu, fragt auch nach und erkundigt sich nach seinen Lebensvoraussetzungen. Was der junge Mann dabei von sich gibt, klingt in Jesu Ohren sympathisch. Es entsteht das Bild eines netten und anständigen, aber vor allem auch aufgeschlossenen und suchenden Zeitgenossen. Jesus gewinnt ihn lieb. Genau deshalb macht er ihm ein großartiges Angebot: „Verkaufe alles, was du hast: Gib es den Armen und werde mein Freund. Tritt meinem Jüngerkreis bei. Wir versuchen nämlich ein solches Leben zu führen, wie du es dir wünschst. Weißt du, ein ‚Reich-Gottes-Leben' mit Kindergesetzen. In ihm kommt es nicht darauf an, was du hast; denn in ihm ist aller Reichtum Geschenk und nicht mühsam und anstrengend zu sicherndes Eigentum."

Wir kennen die Reaktion des jungen Mannes. Er geht weg, er, der Mann mit der Erfahrung, daß Geld nicht glücklich macht, aber auch mit der Erfahrung, daß Geld kolossal beruhigt. Er wählt, traurigen und betrübten Herzens übrigens, wie das Markusevangelium ausdrücklich betont, „Ruhe und Sicherheit" anstelle von Freundschaft, Offenheit, Glück und Leben. So jedenfalls sieht es Jesus, der seinerseits traurig ist. Er hatte gemeint, einen jungen Mann vor sich zu haben, dem es für sein Leben um mehr ging als nur um Ruhe und Sicherheit: „Wie schwer", sagt er, „ist es doch für die Menschen, die viel besitzen, die Gesetzmäßigkeiten des Reiches Gottes zu verstehen und ihnen zu trauen." Und dann fällt der bekannte Satz von dem Kamel und dem Nadelöhr. Das ist kein verurteilender, kein richtender oder gar hinrichtender Satz. Im Gegenteil! Der Mann tut Jesus ja leid: Wie schwer hat er's doch, weil er reich an Geld ist, den anderen Reichtum zu verstehen, den ein Leben in der Freundschaft Gottes und nach den Gesetzmäßigkeiten seines Reiches bereithält.

Die Jünger verstehen Jesus offensichtlich falsch. Daher sind sie schockiert: „Wer kann dann überhaupt noch zum Leben kommen?" fragen sie entsetzt, als wollten sie sagen: „Das darf doch nicht wahr sein, was du da sagst." Und was sagt Jesus? „Für Menschen ist das unmöglich, aber nicht für Gott, denn für Gott ist alles möglich." Das ist ein tröstliches Wort. Gott kann, sozusagen auf dem reinen Geschenkweg, für einen Menschen ein Leben in Fülle doch noch herstellen, auch wenn dieser nicht die Kraft aufbringt, aus freien Stücken auf die Einladung Gottes zu einem Leben nach den Gottesreich-Gesetzen einzugehen und ein Leben wie ein Kind zu wählen.

Aber wünschen würde Jesus sich und mehr noch den Menschen etwas anderes: Wünschen würde er dem Menschen anstelle des Verlangens nach schlichter Ruhe und Sicherheit die Reaktion eines unruhigen Kinderherzens, das, ohne ständig nach Sicherungen Ausschau zu halten, die Welt, das Leben, die Menschen kennenlernen und erfahren will. Wünschen würde er ein Herz, das sich und anderen Gutes zutraut; eine Mentalität, die nicht Versicherungsmentalität ist, sondern einen Einsatz wagt für die Erfahrung von Leben mit anderen und für andere. Wünschen würde er Hände, die nicht meinen, festhalten zu müssen, was sie einmal besitzen, aus Angst, sie würden nie wieder etwas bekommen; Hände, die nach einem Streit schnell wieder zur Versöhnung gereicht werden. Wünschen würde er Münder, die zum Spiel einladen, und einen Geist, der das Spiel zugleich ganz ernst nehmen kann und es doch nicht absolut setzen muß.

Es ist nicht leicht, wirklich zu beschreiben, was der Reichtum ist, den ein Mensch gewinnt, der sich auf die Kindergesetze des Gottesreiches einlassen will. Oft sieht er gar nicht so anders aus als der übliche Reichtum, aber seine Innenseite scheint anders zu sein. Reichtum nach Maßgabe des Gottesreiches fühlt sich anders an. Wie wäre sonst die Antwort Jesu auf die Frage des Petrus zu verstehen: „Du weißt, wir haben alles verlassen und sind dir nachgefolgt. Was werden wir dafür bekommen?“ Jesus erwiderte ihm: „Jeder, der um meines Namens willen Häuser oder Brüder, Schwestern, Vater, Mutter, Kinder oder Äcker verlassen hat, wird dafür das Hundertfache erhalten und das ewige Leben gewinnen“ (Mt 19,27–29). Was Jesus da sagt, ist nicht paradox. Es ist der Versuch, die unterschiedliche Weise des Habens von Reichtum und Armut, ja Armseligkeit deutlich zu machen.

Nein, es ist nicht leicht, dieses „Haben, als hätte man nicht“ (vgl. 1 Kor 7,29), wie der heilige Paulus das Lebensgesetz nach dem Geist des Reiches Gottes einmal ausdrückt, zu verstehen.

Noch viel schwerer ist es, es zu erklären. Vielleicht hilft eine kleine Geschichte mehr als alle abstrakten Erklärungsversuche.

Der Weise hatte nach mühsamer Wanderung den Dorfrand erreicht und ließ sich unter einem Baum nieder, um dort die Nacht zu verbringen. Da kam ein Dorfbewohner angerannt: „Gib mir den Stein. Gib mir den kostbaren Stein!“ – „Welchen Stein?“, fragte der Weise. „Letzte Nacht hatte ich einen Traum“, sagte der Dörfler, „bei Einbruch der Dunkelheit werde ich am Dorfrand auf einen Weisen treffen, der mir einen kostbaren Stein geben würde, so daß ich für immer reich wäre.“

Der Weise durchwühlte seinen Rucksack und zog einen Stein heraus. „Wahrscheinlich geht es um diesen hier“, sagte er und gab dem Mann den Stein. „Ich fand ihn vor wenigen Tagen auf einem Waldweg. Er scheint dir bestimmt zu sein, also sollst du ihn haben.“ Staunend betrachtete der Mann den Stein. Es war ein Diamant, ein ungeheuer großer und kostbarer Diamant. Er nahm ihn und ging heim.

Die ganze Nacht wälzte sich der Mann in seinem Bett und konnte nicht schlafen. Am nächsten Morgen stand er auf, nahm den Stein und brachte ihn dem Weisen zurück: „Nimm den Stein wieder an dich. Aber, bitte, gib mir statt dessen den Reichtum, der es dir ermöglicht hat, mir zuvor diesen Stein so leichten Herzens zu geben.“ *Manuel Merten OP*

Wie Leben gelingt

Wer bei euch groß sein will, der soll euer Diener sein,
und wer bei euch der Erste sein will,
soll der Sklave aller sein.
Denn auch der Menschensohn ist nicht gekommen,
um sich dienen zu lassen,
sondern um zu dienen
und sein Leben hinzugeben als Lösegeld für viele.
Mk 10,43–45

Haben Sie sich schon einmal gefragt, wann Sie Ihr Leben als gelungen ansehen können? Wenn Sie sich sagen können: „Ich habe eine berufliche Position erreicht, von der ich als junger Mensch immer träumte! – Ich wünschte mir immer ein eigenes Haus, und das habe ich erreicht! – Meine Kinder sind alle etwas geworden; sie sind bestens versorgt!“, ist damit Ihr Leben gelungen?

Es wäre schön, wenn es so wäre. Doch immer wieder begegne ich Menschen, die zwar erreicht haben, was sie wollten, von denen man also annehmen sollte, daß sie glücklich sind; statt dessen stelle ich fest, daß sie oft eine tiefe Traurigkeit bedrückt. Es sind nicht selten Menschen, die in einer tiefen Krise stecken, seien es Ehekrisen, Krisen in der Lebensmitte oder Krisen beim Ausscheiden aus dem Beruf. Oft weigern sie sich, ihre Krisensituation zu erkennen oder sie zuzugeben. Vielmehr schließen sie die Augen vor ihrer Wirklichkeit und meinen, damit seien alle Probleme gelöst. Doch diese melden sich ständig, beispielsweise in depressiven Verstimmungen, in andauernder Unzufriedenheit oder in Krankheiten, von denen niemand weiß, woher sie kommen.

Schauen wir auf Jesus. Würden Sie sagen, daß sein Leben gelungen war? Das kann man auf Anhieb nicht behaupten. Die Menschen haben ihn nicht angenommen. Obwohl sie anfangs von ihm begeistert waren, haben sie sich später von ihm abgewandt. Sie wollten seine Botschaft nicht hören. Wenn jemand mit etwa sechsunddreißig Jahren als Verbrecher am Kreuz sterben mußte, nachdem er höchstens drei Jahre in der Öffentlichkeit wirkte, dann kann man menschlich nur sagen: Das war ein gescheitertes Leben.

Aber in diesem Scheitern liegt der ganze Sinn des Lebens Jesu; denn dieses sein ganzes Leben war Hingabe als Lösegeld für viele. Durch das Scheitern Jesu, durch die Hingabe seines Lebens hat er uns erlöst. Beunruhigt Sie das? Vermutlich nicht. Beziehen wir es jedoch auf unser eigenes Leben, dann muß es uns schockieren; denn die Botschaft, die Jesus uns durch sein Leben und Sterben verkündet, lautet: „Wenn dein Leben gelingen soll, mußt du es hergeben." Möchten Sie Ihr Leben weggeben, wie Jesus es getan hat? Möchten Sie in Ihrem Leben einen Weg gehen, der im sicheren Scheitern endet?

Sicher haben wir im Augenblick nicht zu befürchten, daß wir wie die ersten Christen in Rom als Märtyrer sterben müssen oder daß wir wie Maximilian Kolbe in einen schrecklichen Tod getrieben werden, um das Leben eines anderen zu retten. Aber wenn Sie als Eltern Ihr Leben für Ihre Kinder hingeben, dann erfahren Sie, daß Sie viele kleine Tode sterben, weil nicht alles so gelingt, wie Sie es sich wünschen, weil Sie zugunsten Ihrer Kinder auf vieles verzichten müssen, weil Ihr eigenes Ich sterben muß, damit sich Ihren Kindern ein Raum öffnet, in dem sie leben können.

Genauso ist es, wenn Sie sich als Christ an Ihrem Arbeitsplatz für eine menschlichere Atmosphäre engagieren. Dann können Sie auch dort den Eindruck gewinnen, daß Sie scheitern, weil Leute Sie angreifen, von denen Sie es nicht erwartet haben, oder weil andere Sie verächtlich machen und Ihnen Dinge unterstellen, die keineswegs der Wahrheit entsprechen, oder weil Sie das Empfinden haben, daß alles, was Sie tun, nur das Gegenteil bewirkt. Damit wächst die Gefahr, daß Sie mutlos werden, die Flinte ins Korn werfen und aufgeben.

Die Botschaft Jesu aber lautet: „Gehe diesen Weg weiter;

denn es ist mein Weg. Es ist der Kreuzweg, den du gehen mußt, wenn du mein Jünger sein willst." Diese Botschaft richtet sich gegen alle Botschaften, die sonst in dieser Welt verkündet werden und in denen es immer wieder heißt: „Du mußt dich selbst verwirklichen! Du mußt Erfolg haben! Du mußt oben sein! Du mußt der King sein, das heißt, du mußt herrschen und nicht dienen." All das kehrt Jesus um, wenn er uns sagt: „Euer Weg ist nicht Herrschen, sondern Dienen; euer Weg ist nicht kleinkarierter Ellenbogen-Egoismus, sondern liebende Hingabe eures Lebens als Lösegeld für viele."

Nur wenn Eltern ihr Leben an ihre Kinder hingeben, können diese sich entfalten. Der Einsatz ihres Lebens ist das Lösegeld für ihre Kinder. So gelingt ihr Leben und bekommt einen dauerhaften Sinn. Wenn Mutter Teresa und ihre Schwestern die Sterbenden von den Straßen in Kalkutta auflesen und ihr ganzes Leben in diesen Dienst hineingeben, dann geschieht Erlösung, durch die Menschen in die befreiende und erlösende Liebe Gottes hineingeführt werden.

Dasselbe gilt für die vielen Laien, die in der Kirche in einem hingebungsvollen Dienst stehen. Auch sie dürfen nicht auf den äußeren Erfolg schauen. Allein dadurch, daß sie diesen Dienst in Hingabe tun, können sie Gottes Mitarbeiter in Kirche und Welt sein, auch wenn sie es nicht merken. Daher lautet die Botschaft, die der Herr heute zu unserem Herzen sprechen möchte: „Durch die Hingabe deines Lebens kannst du zum Lösegeld für viele werden; denn nur die liebende Hingabe vermag alle Fesseln zu lösen!"

Cletus Wingen OP

Weiß ich, was mir in der Seele fehlt?

Als Jesus mit seinen Jüngern
und einer großen Menschenmenge Jericho verließ,
saß an der Straße ein blinder Bettler,
Bartimäus, der Sohn des Timäus.
Mk 10,46b

1944 starb im Alter von achtzig Jahren der norwegische Maler und Graphiker Edvard Munch, einer der Wegbereiter des Expressionismus. Munch hatte eine leidvolle Kindheit. Zeitlebens war er ein einsamer und gefährdeter Mensch. So verwundert es nicht, daß Angst und Liebe, Leid und Tod die wesentlichen Themen seiner Bilder sind. Ebenso kann man verstehen, wenn er schreibt: „Kunst wächst aus Freude und Leid, aber vor allem aus Leid."

Sein berühmtestes Bild hat den Titel „Schrei". Im Hintergrund sieht man glühend rote und gelbe Sonnenwellen am Abendhimmel. Darunter eine schwarzblaue Landschaft. Mittendrin ein See, in dem sich die Sonne spiegelt. Im Vordergrund läuft eine Brücke schräg in das Bild hinein. Ganz vorn schwankt ein menschliches Wesen, von dem man nicht sagen kann, ob es ein Mann oder eine Frau ist. Offensichtlich kann es jedermann sein, jeder Mann und jede Frau. Die schmalen, überlangen Hände sind an den blassen Kopf gepreßt. Der weit aufgerissene Mund ist Ausdruck eines unüberhörbaren Schreis. Um so erstaunlicher ist, daß er die Spaziergänger, die weiter hinten auf der Brücke ruhig dahinschlendern, unberührt läßt.

Das Bild ist ungemein ausdrucksstark. Wer es einmal gesehen hat, wird es nicht mehr vergessen. Doch mir scheint: Es ist ein Bild ohne Hoffnung; denn der Schrei geht ins Nichts hinein. Niemand ist da, der bereit wäre, diesen Schrei mit allem, was er zum Ausdruck bringt, in sich selbst hineinzunehmen. So möchte man in Anlehnung an ein berühmtes Nietzsche-Wort sagen: Arm, einsam und verlassen ist, wer keinen hat, den er anrufen kann, zu dem er schreien kann in Zeiten von Not, Schmerz und Bedrängnis. Haben wir einen, der für uns da ist, wenn wir nicht mehr können, wenn wir am Ende sind? Mit dieser Frage geraten wir auf einmal zwischen diese namenlose Gestalt von Munch und dem blinden Bartimäus von Markus. Wem von beiden stehen wir näher?

Der blinde Bartimäus hockt am Wegrand und mit ihm sein Schicksal. Keiner weiß, wie lange schon. Nie mehr das Erlebnis des Lichtes, der aufgehenden oder untergehenden Sonne. Nie mehr die Möglichkeit, in ein liebendes Antlitz schauen zu können. Nie mehr: Welch eine Trostlosigkeit und Schwermut liegt in diesen Worten! Daher der Rat: Sage niemals „nie" in deinem Leben; denn unverhofft können sich ganz neue Horizonte öffnen.

„Sage niemals ‚nie' in deinem Leben!" Wenn doch dieses Wort auch von denen gehört würde, die in einer Großstadt an den Rand geraten sind. Wieviel Schicksal findet sich auch hier! Selbst dort, wo wir meinen, alles sei in bester Ordnung, ist nicht selten das Gegenteil der Fall. Daher kann man sagen: In irgendeiner Weise ist jeder Mensch ein Bartimäus. Ich sage das, weil jedem Menschen irgend etwas in der Seele fehlt und weil das, was ihm fehlt, auch seine Sicht behindert, ihn in irgendeiner Weise erblinden läßt. Daher: „Weiß ich, was mir in der Seele fehlt?"

Es gab im Leben von Bartimäus eine Situation, in der das Wort „nie" indirekt eine alles entscheidende Rolle spielte. Das war der Augenblick, als er hörte, daß Jesus des Weges komme. Da sagte er sich nämlich: „Entweder jetzt oder nie!" Diese Alternative sammelte seine ganze Kraft und trieb sie in den Schrei hinein: „Jesus, erbarm dich meiner!"

Bartimäus schreit nicht ins Leere; er schreit vielmehr – wie Jesus selbst es später in seiner Todesstunde tun wird – in das Geheimnis der Liebe Gottes hinein. Sein Schrei ist getragen von einer Hoffnung, die durch nichts zu brechen ist, auch nicht durch diejenigen, die ihn zum Schweigen bringen wollen, weil er ihnen lästig ist. Doch wer zum Schweigen bringen will, was gehört werden möchte, löst keine Probleme. Er verstärkt sie eher. Daher heißt es von Bartimäus: Er schrie noch viel lauter.

Da bleibt Jesus stehen und sagt: „Ruft ihn!" Durch seine Jünger also erreicht er den Blinden, erreicht er uns. Markus hat festgehalten, was sie ihm sagten. Auch nach dieser langen Zeit haben ihre Worte nichts von ihrem Zauber eingebüßt: „Nur Mut, steh auf, er ruft dich." Jeder von uns sollte diese Worte auf sich selbst beziehen.

– „Nur Mut!" Diese Ermunterung und Bestärkung, daß es aus jeder ausweglosen, undurchsichtigen Finsternis einen Weg gibt, läßt uns alles überwinden, was uns in irgendeiner Weise gefangenhält.

– „Steh auf!" Das würde bedeuten: Fange neu an, nimm das Risiko eines neuen Anfangs auf dich, gehe das Abenteuer ein, dich in das dir Unbekannte hineinzuwagen. So beginnt jeder Glaube.

– „Er ruft dich!" Dieser Ruf ist das Wichtigste. Er gibt die Kraft aufzubrechen, das heißt, sich zu öffnen und auf den Weg zu machen. Auf diese Weise wird unser Leben wieder zu einem Weg, der hinführt zu Gott. Es hört auf, sich nur um sich selbst zu drehen, was ja das Zermürbende an jeder seelischen Krankheit ist.

Da warf er seinen Mantel ab, er sprang auf und kam zu Jesus. Was müßten wir abwerfen, um aufspringen und zu Gott kommen zu können? Den Mantel des Mißtrauens, der Zweifel, des Kleinglaubens und der Mutlosigkeit.

Da fragt ihn Jesus: „Was soll ich für dich tun?" Der Blinde sagt: „Meister, daß ich wieder sehe!" Und Jesus: „Geh hin, dein Vertrauen hat dich gerettet." Jesus heilt den blinden Bartimäus, indem er ihn ganz zu sich selbst, das heißt bis hin zu Gott als der tiefsten Mitte menschlichen Wesens, zurückführt. Das gibt ein ungeheures Gefühl der inneren Freiheit. Jetzt sieht er die Welt mit seinen eigenen Augen. Jetzt, da er zu sich selbst gefunden hat, ist er bindungsfähig.

Das gilt für alle Bindungen. Je mehr ein Mensch von Gott zu sich selbst zurückgeführt worden ist, um so bindungsfähiger ist er. Bei einer echten Bindung geht es ja nicht um ein Nachlaufen, ein Mitlaufen, ein Nebenherlaufen, sondern es geht darum, daß man dasselbe im Auge hat, daß man dasselbe liebt und erstrebt. Es geht um das gemeinsame Ziel, zu dem man unterwegs ist. Bartimäus, durch Jesus er selbst – und dadurch sehend geworden, kann gar nicht mehr anders, als fortan mit Jesus den Weg zu Gott zu gehen; denn er hat erkannt: Jesu Weg ist der einzige, der nicht im leeren Dunkel endet. Darum bleibt keiner, der sich auf ihn einläßt, ohne Licht und Hoffnung – kein Sünder, kein Leidgeprüfter, kein vom Tod Geängstigter. *Rudolf Stertenbrink OP*

Allerheiligen: Mt 5,1–12a

Anleitung zum Glücklich-Sein

Als Jesus die vielen Menschen sah,
die ihm folgten, stieg er auf einen Berg.
Er setzte sich, und seine Jünger traten zu ihm.
Dann begann er zu reden und lehrte sie.
Er sagte: Selig, die arm sind vor Gott;
denn ihnen gehört das Himmelreich.
Mt 5,1–3

Mir scheint, in diesen Seligpreisungen verkündet Jesus Gleichheitsrechte der Menschen, und zwar mit besonderem Akzent auf die Benachteiligten in unserer Welt und in unserer Gesellschaft. Es ist, als wollte er sagen: „Auch ihr habt ein Recht auf Glück!“

Und sofort sehe ich alle, die heute mit ihren demonstrativen Erklärungen durch die Straßen ziehen, ihre Forderungen lautstark unter die Leute bringen und sich zu wortreichen Schlußkundgebungen auf großen Plätzen versammeln. So berechtigt und wichtig die vorgebrachten Anliegen auch sind, dennoch unterscheidet sich Jesus in der Art und Weise, wie er seine Rede zum Thema „Auch ihr habt ein Recht auf Glück!“ den Leuten vermittelt, wesentlich von den Veranstaltern solcher Massenveranstaltungen.

Ich höre in diesen Text zu Beginn der „Bergpredigt“ hinein. Verschafft Jesus seinen Ansichten von der Seligkeit der Armen, der Trauernden, der ungerecht Behandelten, der Hungernden schreiend Gehör? Ich lese nur: „Als Jesus die vielen Menschen sah, die ihm folgten, stieg er auf einen Berg. Er setzte sich. Dann begann er zu reden“ (Mk 5,1–2). Er ist offensichtlich kein Einheizer, der Sprüche klopft, an die er sich selbst nicht hält.

Was Jesus sagt, das tut er auch. Er macht Traurige glücklich, weil er ihnen zuhört. Er hilft Kranken und Leidenden, weil er sich Zeit für sie nimmt. Er ist für die Gewaltlosen ein Vorbild, weil er selbst nicht zurückschlägt, wenn er geschlagen wird. Er übt Gerechtigkeit gegen jedermann und macht damit allen Mut, die nach Gerechtigkeit hungern. Er ist barmherzig zu allen und voller Bereitschaft zu verzeihen – auch denen gegenüber, die das Elend anderer verschuldet haben. Er hat nicht nur für Tiere und Kinder ein Herz, sondern für alle Menschen. Er ruft zur Versöhnung auf, wo andere Haß predigen.

Weil Jesus selbst tut, was er seinen Zuhörern verkündet, deshalb kann er ihnen sagen: „Wenn ihr so handelt, dann seid ihr glücklich, dann seid ihr selig – auch in eurer Traurigkeit, in eurer Armut und in euren vielfachen Sehnsüchten. Ihr seid es, weil ihr ein Stück Glück und Seligkeit in diese Welt bringt; denn das ist es, was euer Leben sinnvoll macht.“ Das ist keine Augenwischerei und erst recht keine Schönfärberei in bezug auf die Situation dieser Welt. Es ist vielmehr Ausdruck einer echten Solidarität.

Die Bergpredigt und die Seligpreisungen sind demnach keineswegs Provokationen, die die Armen gegen die Reichen, die Hungernden gegen die Satten, die Schwachen gegen die Gewalthaber aufhetzen wollen. Sie sind auch nicht die Blauäugigkeit eines Träumers, sondern der demütige Blick eines wirklichen Realisten, der weiß, daß alle Menschen auf dieser Erde arm, hungrig, traurig und einsam sind. Das ist die Unseligkeit, die uns allen gemeinsam ist. Aber gerade diese sollen wir verlassen, indem wir andere glücklich machen und dadurch selber glücklich werden.

Keiner hat diese Botschaft so gut verstanden wie die, die wir Heilige nennen. Sie haben sich nicht in ihr eigenes Leid versponnen, sondern sie taten, was sie tun konnten. Weder durch Gewalt noch durch Härte, sondern aus Solidarität haben sie ein bißchen Seligkeit verbreitet. Sie taten es nicht, um dafür einen Lohn im Himmel zu erlangen, sondern weil ihnen durch Jesus aufging, daß man nur dann glücklich und selig wird, wenn man für andere ein Stück dieser Welt lebenswerter, friedlicher und gerechter macht.

Glück kann man sich also nicht kaufen, und man kann es sich auch nicht verdienen. Es ist ein Geschenk, das sich von selbst einstellt, wenn man aus seiner eigenen Unseligkeit ausbricht, um andere glücklich zu machen. Dabei geht es nicht einmal primär um materielle Güter, sondern um die Zeit, die ich für andere habe, um die Geduld, die ich aufbringe, um das Verzeihen und Verstehen, kurz: Es geht um die Liebe. Nicht umsonst folgt unmittelbar nach den Seligpreisungen Jesu das Wort: „Ihr seid das Salz der Erde. Ihr seid das Licht der Welt!" Wer versucht, anderen das Leben ein wenig schmackhafter zu machen, wer versucht, aus seiner eigenen Dunkelheit heraus anderen ein Licht anzuzünden, der gehört zu den Seligen und Heiligen, die uns Jesus in seinen Seligpreisungen vor Augen hält. *Maternus Einig OP*

Das weiseste Wort, das je gesprochen wurde

Ein Schriftgelehrter ging zu Jesus und fragte ihn:
Welches Gebot ist das erste von allen?
Jesus antwortete: Das erste ist:
Höre, Israel, der Herr, unser Gott, ist der einzige Herr.
Darum sollst du den Herrn, deinen Gott, lieben
mit ganzem Herzen und ganzer Seele,
mit all deinen Gedanken und all deiner Kraft.
Als zweites kommt hinzu:
Du sollst deinen Nächsten lieben wie dich selbst.
Kein anderes Gebot ist größer als diese beiden.
Mk 12,28b–31

Konzentrieren wir uns hier vor allem auf das Wort: „Du sollst deinen Nächsten lieben wie dich selbst." Der Dichter Hermann Hesse hält es für das weiseste Wort, das je gesprochen wurde; denn es bringt das Wesen aller Lebenskunst und Glückslehre auf die kürzeste Formel. Warum? Man kann seinen Nächsten weniger lieben als sich selbst. Dann ist man ein Egoist, ein Raffer, der zwar Geld und Macht besitzt, aber kein frohes Herz hat und dem die feinsten Freuden der Seele verschlossen bleiben. Oder man kann den Nächsten mehr lieben als sich selbst. Dann ist man ein armer Teufel, der voll von Minderwertigkeitsgefühlen ist und in einer Hölle lebt, die man sich selber täglich heizt. Dagegen ist die Liebe zu sich selbst, die keinem etwas schuldig bleibt, eine Liebe, die das eigene Ich weder verkürzt noch vergewaltigt. „Wenn man will, so kann man es auch nach der indischen Seite hin drehen und ihm die Bedeutung geben: Liebe den Nächsten, denn er ist du selbst!"

Es ist nicht zu leugen, daß ganze Generationen von Christen dazu erzogen wurden, sich selbst völlig außer acht zu lassen, von sich selbst vollkommen wegzugehen, ihr Ich und ihr Selbst durchzustreichen, ganz selbstlos zu sein, nichts mehr für sich selbst zu wollen, sich wirklich zu verleugnen und zu vergessen. Das kommt nicht von ungefähr; denn im Neuen Testament gibt es auch Sätze, die dies nahelegen. Man denke beispielsweise an das Wort bei Markus: „Jesus rief die Volksmenge und seine Jünger zu sich und sagte: Wer mein Jünger sein will, der verleugne sich selbst, nehme sein Kreuz auf sich und folge mir nach“ (Mk 8,34). Noch stärker formuliert es Johannes: „Wer sein Leben liebt, verliert es, wer aber sein Leben in dieser Welt haßt, wird es bewahren bis ins ewige Leben“ (Joh 12,25).

Hier geht es also um jene, die ihren Nächsten mehr lieben als sich selbst. Der Dichter Hermann Hesse bezeichnet sie als arme Teufel, die sich selbst die ärgsten Feinde sind, voll von Minderwertigkeitsgefühlen.

Sehen wir einmal davon ab, daß es sehr schwer ist, sich mit seinen vielfältigen Bedürfnissen restlos aus den Augen zu verlieren, so bleibt doch bestehen, daß das Doppelgebot ein Doppelsatz ist. Der zweite Satz: „Liebe deinen Nächsten wie dich selbst“ steht da; man kann ihn nicht streichen. Also geht es auch um mich, so eigenartig und fremd das klingen mag, weil wir es gewohnt sind, Nächstenliebe als Selbstverleugnung zu verstehen. Und nebenbei erwähnt: Ich kann das Interesse an mir, die Frage, was ich für meinen Einsatz bekomme, gar nicht zurückweisen. Man denke hier an Petrus, der Jesus daran erinnert, daß er und die anderen alles verlassen haben, um ihm nachzufolgen. Im Hintergrund steht die Frage, was sie dafür bekommen. Da antwortete ihm Jesus, sie würden dafür das Hundertfache empfangen (Mk 10,28–30).

So gehört zur Nächstenliebe auch die Selbstliebe. Der Grund dafür liegt in uns selbst. Ohne Liebe zu mir selbst ist Liebe zum Nächsten gar nicht möglich. Mit anderen Worten: Die Liebe zu sich selbst ist die Voraussetzung aller Nächstenliebe. Wir stoßen hier auf einen eigentümlichen Befund, den schon Aristoteles und Thomas von Aquin gesehen haben: Wie ich mich sehe, wie ich mit mir umgehe, so sehe ich auch die anderen, so gehe ich mit anderen um. Das bestätigt unsere alltägliche Erfahrung, die uns lehrt: „Wer nicht genießen kann, ist selbst ungenießbar!" Das heißt, wer sich nichts gönnt, gönnt auch anderen nichts; wer keine Freude am Leben und an sich selbst hat, der macht auch anderen keine Freude.

Das erlebe ich oft in der Beratung. Dort begegne ich immer wieder Menschen, die glauben, daß sie nicht ankommen, daß keiner sie mag. Immer fühlen sie sich ausgeschlossen. Bohre ich dann ein wenig nach, dann kommt heraus, daß sie sich selbst nicht mögen, daß sie sich selbst nicht annehmen. „Wie kann man mich lieben?" fragte mich einmal eine Frau. Ja, wie aber kann man sie lieben, wenn sie sich selbst nicht liebt?

Hier zeigt sich: Die Liebe ist unteilbar. Wenn ich mein Leben bejahe, wenn ich Achtung vor mir, vor meiner Einmaligkeit habe, wenn ich für mich Sorge trage und gut zu mir bin, dann achte, bejahe, sorge ich auch für andere, für den Nächsten. Die Liebe zu mir selbst ist mit der Liebe zum Nächsten untrennbar verbunden. Sie beide sind notwendig, damit die Liebe nicht ihr Gleichgewicht verliert. Das besagt der Satz: „Liebe deinen Nächsten wie dich selbst."

Davon zu unterscheiden ist der Selbstsüchtige. Doch er liebt sich nicht wirklich, sondern er zerstört sich. Von ihm sagt Hermann Hesse, er sei ein Egoist, ein Raffer, ein Kapitalist, ein Bourgeois, der zwar Geld und Macht sammelt, aber kein frohes Herz hat und dem die feinsten und schmackhaftesten Freuden der Seele verschlossen bleiben.

Man könnte nun meinen, die Liebe zu Gott sei jetzt nicht mehr von Bedeutung. Wenn wir uns nur selbst lieben, dann ist alles gut. Doch das wäre nichts anderes als ein Selbstbetrug; denn die Liebe zu Gott ist bei allem das Wichtigste. Sie steht an erster Stelle. Warum? Weil sich keiner aus eigener Kraft zu lieben vermag. Nur weil Gott mich und alle Menschen ganz annimmt und liebt, kann ich mich und auch die anderen annehmen und lieben. Genau das meint Johannes, wenn er betont, Gott habe uns zuerst geliebt (1 Joh 4,10).

Schließen möchte ich mit einem Wort von Meister Eckhart:

„Hast du dich lieb, so hast du alle Menschen lieb wie dich selbst. Solange du einen einzigen Menschen weniger lieb hast als dich selbst, hast du dich selbst nie wahrhaft lieb gewonnen ... So steht es recht mit einem solchen Menschen, der sich selbst lieb hat und alle Menschen so liebt wie sich selbst, und mit dem ist es gar recht bestellt.“ *Rufus Keller OP*

32. Sonntag im Jahreskreis: Mk 12,38–44

Wirkliche Liebe handelt immer verrückt

Diese arme Witwe hat mehr
in den Opferkasten hineingeworfen als alle andern.
Denn sie alle haben nur etwas von ihrem Überfluß hergegeben;
diese Frau aber, die kaum das Nötigste zum Leben hat,
sie hat alles gegeben, was sie besaß,
ihren ganzen Lebensunterhalt.
Mk 12,43–44

In die Dominikanerkirche St. Andreas, die mitten in der Altstadt von Düsseldorf liegt, kam unlängst ein ärmlich gekleideter Mann in mittleren Jahren und warf ständig Geld in den Caritas-Opferstock. Eine Frau, die sich am Schriftenstand umschaute, suchte das Gespräch mit ihm. Sie fragte ihn: „Warum werfen Sie Ihr ganzes Geld hinein?“ Da erzählte ihr der Mann: „Ich bin Straßenmusikant, kein guter. Unweit von hier habe ich einen guten getroffen. Ich stellte mich dazu und klimperte mit. Da wurde er böse, weil ich nicht gut spielte. Ich wollte ihn versöhnen. Deshalb nahm ich meinen Hut und bin für ihn bei den Leuten herumgegangen, um zu kollektieren. Als ich ihm meinen Hut mit dem Geld geben wollte, weil er ja gespielt hat, sagte er: ‚Aus deinem dreckigen Hut nehme ich nichts.‘ Da habe ich mir gesagt: ‚Ich habe das Geld nicht verdient; also gebe ich's den Armen.

Und jetzt bin ich fromm; denn manchmal spüre ich, daß Er hier drinnen ist, und das macht mich froh!“

Die Frau war erschüttert. Dieser arme Teufel schenkte das, was er selber gebraucht hätte, den Armen. Im Gespräch mit ihm ging ihr auf, was in einem Menschen los ist, der Gottes Gegenwart erlebt, nachdem er etwas Gutes getan hat. Der um sein Leben besorgte Mensch wird vielleicht sagen: „Was dieser Mann tat, ist verrückt. Er hätte wenigstens etwas für sich selbst behalten sollen.“ Doch das Verhalten jenes Mannes läßt sich nur von der wirklichen Liebe her verstehen. Es ist die Liebe eines Menschen, der sich von der Liebe Gottes ergriffen weiß. Solche Liebe ist immer ver-rückt; denn sie paßt nicht in das rechnende und berechnende Denken des Menschen hinein.

Das sehen wir vor allem an Jesus. Was er lehrte und wie er lebte, läßt sich nicht mit menschlichen Maßstäben messen. Man denke beispielsweise an sein „Gleichnis vom verlorenen Schaf“: „Wenn einer von euch hundert Schafe hat und eins davon verliert, läßt er dann nicht die neunundneunzig in der Steppe zurück und geht dem verlorenen nach, bis er es findet? Und wenn er es gefunden hat, nimmt er es voll Freude auf die Schultern, und wenn er nach Hause kommt, ruft er seine Freunde und Nachbarn zusammen und sagt zu ihnen: Freut euch mit mir; ich habe mein Schaf wiedergefunden, das verloren war. Ich sage euch: Ebenso wird auch im Himmel mehr Freude herrschen über einen einzigen Sünder, der umkehrt, als über neunundneunzig Gerechte, die eine Umkehr nicht nötig haben“ (Lk 15,3–7). Dieses Gleichnis, in dem sich die alles überbietende Liebe und Güte Gottes spiegelt, hat Goethe mit dem Hinweis kommentiert: „Ich weiß nichts so Erschütterndes in der Welt wie dies, daß neunundneunzig Gerechte vor Gott weniger sind als ein Sünder im Augenblick der Umkehr!“ Genauso ver-rückt ist es, wenn Jesus in seinem „Gleichnis vom barmherzigen Vater“ hervorhebt, daß dieser Vater dem verlorenen Sohn auch noch entgegenläuft (Lk 15,20).

Der intensivste Ausdruck solcher Liebe ist die Menschwerdung Gottes in Jesus Christus, sein Leiden und Sterben. Bemerkenswert sind einige Worte der hl. Therese von Lisieux, die sie in einem ihrer Briefe schreibt: „Das einzige Vergehen, das Herodes Jesus zum Vorwurf machte, war, daß er ein Narr sei, und ich denke wie er. Ja, es war eine Narrheit, auf die Suche nach armen, kleinen, sterblichen Menschen zu gehen. Er, dessen Gegenwart die Himmel nicht fassen können, war ein Narr, da er auf die Erde kam, um Sünder zu seinen Freunden zu machen, zu seinen Vertrauten, zu seinesgleichen. Nie könnten wir für ihn die Torheiten vollbringen, die er für uns beging, und unsere Handlungen verdienen diesen Namen nicht, denn sie sind sehr vernünftig und weit unter dem, was unsere Liebe vollbringen möchte."

Von hierher verstehen wir, warum Jesus, der im Tempel dem Opferkasten gegenübersaß, jene Witwe nicht übersehen konnte, die in ihn zwei Kupfermünzen warf. Über dieser Erzählung, die uns Markus überliefert hat, liegt eine auffallende Stille. Die Begebenheit hatte sich in den letzten Tagen Jesu zugetragen. Sein Kreuzestod war in unmittelbare Nähe gerückt. Obwohl diese Tage voll ungeheurer Spannung waren, bemächtigte sich seiner Seele keine Unruhe, keine Aufregung. Er wußte sich in der Hand seines Vaters geborgen. Daher hatte er auch in dieser Situation einen Blick für das Kleine, für das Unscheinbare, für das Unauffällige, für die arme Witwe.

Was macht die Größe ihres Opfers aus? Ist es die Tatsache, daß die zwei Münzen für sie mehr waren als das, was die Reichen von ihrem Überfluß gaben? Das mag es gewesen sein. Doch damit ist noch nicht alles gesagt. Wir müssen die Geschichte vom Motiv, vom inneren Beweggrund, von der Gesinnung der Frau her deuten. Diese Frau liebte mit aller Einfalt ihres Herzens Gott, den Tempel und seine Gottesdienste, in denen sie immer wieder Gottes Nähe erfuhr. Weil sie Gott liebte, deshalb wollte sie alles, was sie hatte, den im Elend lebenden Brüdern und Schwestern geben und durch diese hindurch Gott. Es war der Dank für die empfangenen Gnadengaben. Das machte ihr Opfer groß. Darum gehört das Opfer auch in den Gottesdienst der Gemeinde. Es gehört zu seinem Bestandteil. Und wer weiß, wem das Opfer gilt, der weiß auch um das Wieviel.

Aber wir müssen noch tiefer hinabsteigen, um das Vorbildliche jener armen Witwe ganz zu erfassen. Indem sie alles, was sie hatte, gab, verzichtete sie auf die eigenmächtige Sicherung ihres Lebens. Gott allein vertraute sie ihr weiteres Leben an. „Hier steht die Gabe für den Geber. Arm wie sie ist und ihrer letzten Armut, ihrer Armut vor Gott bewußt, gibt sie sich in einem nicht mehr mit bloßem Verstand nachzuvollziehendem Vertrauen eben diesem Gott, dem Gott ihres Volkes, anheim: Er möge ihr Retter sein, weil er ihr Vater ist. Diese Tat nimmt der Herr zum Anlaß einer Jüngerbelehrung. Sie mag ihn selbst erschüttert und zugleich mit Jubel erfüllt haben. Sie hat ihn ermutigt für die kommenden Tage und ihm eine neue Zuversicht gegeben. Ist er nicht um eines solchen Glaubens willen in die Welt gekommen?" (Friedrich Wulf). Ob die Jünger Jesus verstanden haben, wird nicht gesagt. Wichtiger ist die Frage, ob wir verstehen, weshalb er uns diese nach menschlichem Ermessen unvernünftige Frau vor Augen stellt. *Rudolf Stertenbrink OP*

Nicht wir sind auf dem Weg zu Gott, sondern Gott ist auf dem Weg zu uns

Jesus sprach zu seinen Jüngern:
In jenen Tagen, nach der großen Not, wird sich die Sonne verfinstern,
und der Mond wird nicht mehr scheinen;
die Sterne werden vom Himmel fallen,
und die Kräfte des Himmels werden erschüttert werden.
Dann wird man den Menschensohn
mit großer Macht und Herrlichkeit auf den Wolken kommen sehen.
Mk 13,24–26

Wie sich eine Maus, durch den Anblick der Schlange gebannt, ihrem Schicksal ohne Gegenwehr ergibt, so schauen wir Menschen wie gelähmt und mit Schrecken auf das große Ende, das unserer Welt bereitet zu sein scheint, wenn sich die Menschheit nicht selbst das Ende bereitet. Die Schwierigkeiten sind zahlreich und die Prognosen düster. Man denke an den Hunger und das Elend in der Welt, an die Bevölkerungsexplosion, an das ständig neue Aufflackern von Konflikten und Kriegen, an die unberechenbaren Ausbrüche von Feindschaft und Haß zwischen den Völkern, an Terror, Rassismus und Nationalismus, an die Unsicherheit in der Beherrschung der Atomenergie und an die Umweltverschmutzung.

All das macht Angst für die Zukunft. Es kommt ein Ende auf uns zu, hinter dem nur das Nichts zu liegen scheint. Stehen wir am Beginn dessen, was die Bibel als das Ende der Welt schildert? Ist die Unordnung, die wir in unserem eigenen Leben beobachten, nicht auch ein Zeichen für die Erschütterung der Grundfesten unseres Glaubens, unserer Überzeugung und unserer Gewohnheiten? Vieles von dem Bedrohlichen im Weltmaßstab beginnt ja beim einzelnen, bei seinem ungeordneten Streben nach Macht, Genuß und Selbstherrlichkeit auf Kosten anderer.

Zu allen Zeiten gab es Menschen, die glaubten, Jesus habe mit der Rede von seiner Wiederkunft, bei der die Mächte des Himmels erschüttert werden, eine solche Katastrophe vorhergesagt. Und doch ging es Jesus in seinen Bildern nicht um das Ausmalen einer Katastrophe kosmischen Ausmaßes, wie es Unglückspropheten damals und heute tun; denn was er über das Ende der Welt sagt, hat nichts mit den Möglichkeiten menschlicher Selbstvernichtung zu tun. Er sagt uns vielmehr: Das Ende der Welt ist eine freie und souveräne Tat Gottes. Mit anderen Worten: Die Welt ist, weil Gott sie wollte; deshalb hört sie auf, wenn er es will. Das Ende der Weltgeschichte liegt also im Geheimnis Gottes verborgen.

Das bedeutet zugleich, daß keiner zu sagen vermag, wie das Ende aussehen wird. Die Bilder, in denen die Bibel davon spricht, entstammen der Vorstellungswelt damaliger Zeit. Die Erschütterung aller irdischen Mächte, die aus diesen Bildern spricht, will vor allem dies sagen: Herr der Weltgeschichte ist nicht der Mensch, sondern Gott allein. Durch seine Macht wird am Ende der Zeit eine ganz neue Welt hervortreten. In diesem Zusammenhang spricht die Offenbarung des Johannes vom neuen Jerusalem, das von Gott aus dem Himmel herabkommen wird: „Seht, die Wohnung Gottes unter den Menschen! Er wird in ihrer Mitte wohnen, und sie werden sein Volk sein; und er, Gott, wird bei ihnen sein. Er wird alle Tränen von ihren Augen abwischen: Der Tod wird nicht mehr sein, keine Trauer, keine Klage, keine Mühsal. Denn was früher war, ist vergangen“ (Offb 21,2–4).

Von hierher sind die biblischen Texte über das Ende der Welt keine Drohbotschaft, sondern eine Frohbotschaft, zumal das Ende, von dem in ihnen die Rede ist, seinen Höhepunkt im Kommen des Sohnes Gottes findet. Das ist das Entscheidende. Am Ende der Welt steht nicht die Katastrophe, sondern die Vollendung der Welt und des Menschen in Gott.

Das ist die Botschaft und ihre tröstliche Verheißung, die uns Jesus Christus in der Schilderung seiner Wiederkehr mitteilen will. In unserer Angst, Sorge und Bedrohung will er uns Vertrauen und Zuversicht lehren. Uns nähert sich nicht das Grauen, sondern der uns liebende Gott, der sein Volk durch den wiederkommenden Christus sammelt. Wir gehen nicht ins Leere, ins Nichts, sondern in die Fülle des Vaters. Dies ist das Ziel unserer Hoffnung.

Ist das aber nicht eine Vertröstung auf ein Jenseits, wie man es der christlichen Verkündigung immer wieder nachsagt? Was ist denn bis zu diesem Ziel? Wir kommen ja zu diesem Ziel nicht an der Geschichte vorbei, die jetzt geschieht; oder vorbei an der Welt und den Menschen, wie sie jetzt sind; vorbei an der Schöpfung, wie sie uns jetzt aufgegeben ist. Nein, wir können den Weg zum Ziel nicht überspringen. Nur in der Geschichte dieser Welt mit ihren Menschen und gestaltend an der Schöpfung werden wir dieses Ziel erreichen.

So ist die Frage verständlich, woran wir uns denn auf dem Weg zum Ziel halten können. Woran können wir uns beispielsweise halten, wenn wir leiden müssen, wenn sich Sinnlosigkeit einstellt, wenn Sorgen uns bedrängen, wenn uns die Angst vor Kriegen und Atom im Nacken sitzt, wenn wir unsere Zukunft und die Zukunft unserer Kinder planen wollen, wenn wir die Schöpfung nicht mißbrauchen wollen?

Unser menschlicher Verstand und unser guter Wille reichen hier nicht aus. Wir brauchen einen Angelpunkt, von dem aus wir denken können; wir brauchen einen Halt, der uns stützt und Boden unter die Füße gibt. Jesus gibt uns als Halt sein Wort, das selbst dann noch gelten wird, wenn Himmel und Erde vergangen sind. Dieses sein Wort ist das einzig Sichere. Auf dieses Wort: „Am Ende steht nicht das Chaos, sondern ich!“, sollen wir unser Vertrauen setzen und den Tag der Wiederkunft in Ruhe und Sicherheit erwarten. Doch dieser Ruf Jesu zum Vertrauen ist zugleich ein Ruf in die Verantwortung.

Die Probleme, die uns heute bedrängen und bedrohen, sind

auch für uns Christen „Zeichen“, die uns herausfordern, alle Anstrengungen zu unternehmen und zu verhindern, daß wir Menschen uns das Ende selbst bereiten; die uns herausfordern, daß wir die Unordnung in unserem eigenen Leben nach Jesu Wort ordnen und ausrichten. So ist Jesu Botschaft von seiner Wiederkunft immer auch Aufruf zur ständigen Umkehr, zur mutigen und phantasievollen Suche nach neuen Wegen, die Zukunft der Menschen und der Welt zu gestalten.

Dabei dürfen wir als Christen das Ende freudig erwarten. Denn nicht wir sind auf dem Weg zu Gott, sondern Gott ist auf dem Weg zu uns. Er allein ist und bleibt der Geber der Zukunft, aber er gestaltet sie nicht ohne uns. *Gerfried A. Bramlage OP*

Christkönigssonntag: Joh 18,33b–37

Die Wahrheit ist lebendig oder – tödlich

Pilatus sagte zu ihm: Also bist du doch ein König?
Jesus antwortete:
Du sagst es, ich bin ein König.
Ich bin dazu geboren und dazu in die Welt gekommen,
daß ich für die Wahrheit Zeugnis ablege.
Jeder, der aus der Wahrheit ist, hört auf meine Stimme.
Pilatus sagte zu ihm: Was ist Wahrheit?
Joh 18,37–38

Wahr und falsch, gut und böse, normal und krank, aber besonders wahr und falsch, das sind Unterscheidungen, die uns mehr oder weniger genau bekannt sind. Die Grenzen zwischen den Gegensätzen sind abgesteckt. Man weiß, wo man steht, vor allem: wo der Gegner steht.

„Was ist Wahrheit?“ Diese Frage disqualifiziert sich deshalb scheinbar selbst; denn Pilatus stellt sie, weil er nicht weiß, wo er steht. Vor allem aber weiß er nicht, wo Jesus steht. Die Frage wird auch gern eingeordnet als die Frage eines Ignoranten in Sachen Wahrheit, eines halt- und orientierungslosen Mannes, der zwar „Statthalter", aber gerade deshalb auch römische Marionette war.

Die Sicherheit jedoch, mit der alle Welt genau (zumindest „steif und fest") weiß, was wahr und falsch, gut und schlecht, was normal und anormal ist, ist oft Zeichen jener Borniertheit, die es Jesus so schwermachte, bei gewissen Zeitgenossen Gehör zu finden, damals und heute, und die ihn schließlich ans Kreuz brachte – trotz Pilatus.

Die Pilatus-Frage „Was ist Wahrheit?" ist möglicherweise hilfreicher als manche markige Antwort, weil hier jener winzige Spielraum des Zweifels sichtbar wird, in dem auch für andere Wahrheiten noch Platz ist und den die Wahrheit braucht, um leben, sich entfalten und in ihrer Vielfalt bestehen zu können. In dieser Frage könnte sogar schon ein Hauch von jener anderen Frage liegen, die ebenfalls aus dem Johannesevangelium bekannt ist und die von den ersten Jüngern gestellt wird: „Meister, wo wohnst du?" (Joh 1,38).

Nach der Begegnung mit Jesus und dem Gespräch über dessen Königtum wird dem Heiden Pilatus zur Frage, was normalerweise nicht fraglich ist. Doch was ist Wahrheit? Daß ein Wort, ein Satz, ein Urteil die Wirklichkeit richtig wiedergibt? Daß ein Sachverhalt in einem redlichen Prozeß der Auseinandersetzung ermittelt wird? Daß Sachen und Vorgänge offenbar werden?

Der johanneische Pilatus, der nicht unbeteiligt bleibt, sondern von der Gestalt und der Geschichte Jesu betroffen ist, scheint seine Frage aus der resignativen Grundstimmung dessen zu stellen, der zu wissen meint: Es gibt letztlich keine Antwort. Es gibt sie nicht, weil es die absolute, fix und fertige Wahrheit nicht gibt. Diese Haltung ist unter Umständen redlich und insofern respektabel. Aber sie tröstet nicht! Hier spricht der römische Statthalter, der weiß, was gespielt wird. In der Nähe Jesu mag ihm um so deutlicher bewußt geworden sein, daß nicht Wahrheit und Gerechtigkeit, sondern sogenannte Sachzwänge den Lauf der Dinge bestimmen; daß die Wahrheit mehrheitsfähig und „volkstümlich" sein muß, soll sie sich durchsetzen können, und daß es der Erfolg ist, der sich am Ende durchsetzt, der Wahrheit zum Trotz. Spätestens hier erweist sich die Pilatus-Frage als unzureichend und dürftig.

Es scheint dieser Punkt zu sein, zu dem uns der Evangelist führen will: Wahrheit, so wie die Bibel sie verkündet, besteht nicht nur in ihrer Übereinstimmung mit der Wirklichkeit, auch nicht einfach in ihrer Mehrheitsfähigkeit, schon gar nicht im Erfolg, den sie hat. Das Geheimnis der Wahrheit Jesu liegt darin, daß man sie bezeugt. Das verstand Pilatus nicht. Sagen wir es anders: Die Wahrheit Jesu liegt nicht darin, daß man sie mit dem Kopf, mit dem Gedächtnis, mit der rechnenden Vernunft weiß oder daß man sie mit Hilfe taktischer Klugheit erfolgreich manipuliert; sie liegt vielmehr darin, daß man sie mit dem Herzen bekennt, im Zeugnis der Liebe und der Solidarität. „Ich bin dazu geboren und dazu in die Welt gekommen, daß ich für die Wahrheit Zeugnis ablege." So spricht der Freund der Armen und Erfolglosen, die die Mehrheit, aber nicht mehrheitsfähig sind.

Man muß sich zu dem Gedanken zwingen, daß die Wahrheit von Liebe beseelt ist oder aufhört, „wahr" im biblischen Sinn zu sein. Wahrheit ist so beweglich wie Liebe. Wahrheit kennt keine Grenzen. Wahrheit tut dem Nächsten nichts Böses. Wahrheit ist langmütig und freundlich. Aber sie ist auch konfliktfähig. Wahrheit eifert nicht. Aber dennoch ist sie parteilich, wie Liebe parteilich ist. Ausgewogenheit ist der Wahrheit so fremd wie der Liebe. Weil die Wahrheit wie die Liebe kämpft, deshalb führt sie vor die Statthalter und Ordnungshüter.

Von dieser beweglichen, parteilichen, kämpferischen, von Liebe beseelten Wahrheit legt Jesus Zeugnis ab. Pilatus hatte für einen Augenblick die Möglichkeit, sich ihr anzuschließen. Für jeden gibt es die Stunde des Aufbruchs! An Klugheit hat es ihm nicht gefehlt. Auch fehlte es ihm nicht an taktischem Geschick. Man sieht es, wenn er sagt: „Ihr seid gewohnt, daß ich euch am

Paschafest einen Gefangenen freilasse“ (Joh 18,39). Auch fehlte es ihm nicht an jenem Mut, mit dem er festzustellen wagte: „Ich finde keinen Grund, ihn zu verurteilen“ (Joh 18,38).

Aber den größeren Mut hat er nicht aufgebracht. Dieser hätte ihn in Gegensatz zur aufgewiegelten Mehrheit, zu Herodes und dem Hohen Rat, zum eigenen Erfolg und Ansehen gebracht. Das wäre für ihn die Chance gewesen, aufzustehen und die Wahrheit, der er mit seiner Frage immerhin nahegekommen schien, näher als mancher Wahrheitsfanatiker, zu ergreifen und sie in ihrer lebendigen Wirklichkeit gegen die Arroganz der religiösen und politischen Herrschaft mutig zu bezeugen.

Tiemo Rainer Peters OP

Rudolf Stertenbrink im Verlag Herder

Weisheit aus dem Bauch

Jeder erlebt Jonas Geschichte

1992, 172 Seiten, gebunden
ISBN 3-451-22644-8

Der bekannte Kölner Dominikaner und vielgelesene religiöse Schriftsteller Rudolf Stertenbrink entschlüsselt hier dem modernen Menschen die verborgene Lebensweisheit der alten Jona-Erzählung. Dem Leser fällt es wie Schuppen von den Augen. In den märchenhaften Bildern, in den dramatischen, drastischen und auch grotesken Szenen dieser biblischen Meisternovelle entdeckt er nichts Geringeres als sich selbst, seine Sehnsüchte, Ängste und Enttäuschungen, seine Verhaltensweisen und Lebenskrisen. Und wie Gott in diesem Wirrwarr liebevoll-souverän mitspielt und alles zu einem guten Ziel führen will.

„Ein vorzügliches, sehr breit einsetzbares Lese-, Meditier- und Geschenkbuch" (Das neue Buch/Buchprofile).

„Ein Blick in das Literaturverzeichnis verrät, wie umfassend sich P. Stertenbrink mit der exegetischen und theologischen Literatur vertraut gemacht hat. Sein Buch kann der persönlichen Meditation gute Dienste leisten" (Pastoralblatt).

Verlag Herder Freiburg · Basel · Wien

Rudolf Stertenbrink im Verlag Herder

Allein die Liebe

Ein Lebensbrevier aus tausend Texten
der Theresia von Lisieux
7. Auflage als Sonderausgabe, 320 Seiten, Paperback
ISBN 3-451-21051-7

Theresia von Lisieux gehört zu den Klassikern der modernen Spiritualität. Rudolf Stertenbrink legt hier eine ebenso gründliche wie praktische Auswahl ihrer Texte vor: ein meditativ-religiöses Begleitbuch für das tägliche Leben.

„Die Spiritualität dieser jungen Frau eröffnet sich aus neuen Blickwinkeln in ihrer Klarheit und Tiefe, in ihrer Radikalität und Einfachheit, die all das beim Namen nennt und umgreift, was für jeden von uns von existentieller Bedeutung ist: Hoffnung und Erfüllung, Verlangen und Entbehrung, Angst, Hingabe, Liebe, Versuchung. So kann dieses Buch werden, was es verspricht: ein Lebensbrevier" (Der Rufer).

„Ein Buch von vielfachem Wert. Es ist eben nicht Theorie, die erst mit Leben zu füllen wäre, sondern ist aus wahrhaftigem Leben geboren" (Dienender Glaube).

Verlag Herder Freiburg · Basel · Wien